睹物

梁超 著

历史的展示及其层级消费

广西师范大学出版社
·桂林·

牧野之战、拉美西斯二世征服叙利亚、莱克星顿的枪声，对于历史知识的消费者而言都是无法眼见为实的往事。

历史是『自在』的，不能证明和证伪。

历史不提供任何证据，它不屑于被凡人信任，因为历史不信任凡人。

所以，凡人最好也不要无条件地信任历史。

目录

序

睹物——历史知识公众传播的语境和态度

潘行紫旻

我不是一个文艺理论方面的学者，也不是一个广义上美术相关方向的艺术家，我至今仍然很惊讶本书作者梁超教授会把写序这样一个颇具分量的任务交给我。在深感压力的同时，其实我也是窃喜的，因为虽然现在从事音乐创作的职业，但从少年时期开始，我内心一直有一个没有泯灭过的作家梦。

作为一本主要探讨历史知识在公众社会传播途径的书，《睹物》有着巨大的信息量。作者同时融汇中西，在东方和西方的文化遗迹中探寻内在的关联，在信手拈来引经据典之中透露出深厚的学术功底。书中不止一次提到时间的力量。当某种观念的历史知识被一位闻听者（受众）接受，那么我们就说这位闻听者完成了一个历史知识的消费过程。这种知识的接受随即会成为他自己（闻听者）知识体系的组成部分，在不同观念的陆续消费之中，这种知识有可能被其他更具有说服力的观念所替代，也可能经年累月愈发根深蒂固。而当这位闻听者本身作为历史知识展示的主体，出于某种目的——也许是激励，也许是炫耀——向他人展示这一则接受来的知识的时候，我们认为这一则历史知识的传承算是完成了，它成了人类心智的组成部分，薪尽火传，历久弥新。但是，其实我对那些经过漫长的岁月更替，大家的认知产生了变化的人物和事件更感兴趣，因为它能激发起一种在阅读学术著作时难得的历史鲜活感。就像《睹物》的开篇，作者描写遥远的文艺复兴时期时展示的那种鲜活感一样，不仅让我读到了历史，也看到了活生生的人。

这种当下和未来的大众认知偏移，在各类艺术史中尤为常见。就像上文提到的那样，艺术史读物往往习惯于用各种充满学术感的中立叙事向读者呈现各种艺术理念和技法的演变，以及各个时期各个重要艺术家的代表性作品。读者被这些历史知识"消费"，艺术家的形象变得不再立体，他们不再是一个个的人，而在历史长河中变成了一个个的符号。若干年前我读过一本书：《音乐谩骂辞典——贝多芬时代以来对作曲家的批判性人身攻击》，作者是俄罗斯音乐家和作家尼古拉斯·斯洛宁斯基（Nicolas Slonimsky，1894—1995）。可能对于很多读者来说，这本书会造成他们心中音乐偶像的形象坍塌，因为已经在历史洪流中胜出的这些作曲家们以及出自他们之手的在当今被视作人类文化瑰宝的一些音乐作品，在当时竟然是被外界用各种恶毒的言语嘲讽甚至是咒骂的。而对于我来说，阅读这本书体会到的却是难得的愉悦感，原因同样是因为这种可贵的历史鲜活感。

和历史鲜活感相关联的一个重要概念可能是"语境"。当我们习惯于把一个信息放回到一个特定时期的语境中时，对这个信息的理解可能就会生动起来。对于今天的音乐听众来说，哪怕是资深的音乐爱好者，很多人也不能接受20世纪初开始出现的无调性音乐。今天有些音乐学家会把无调性音乐的出现归因于20世纪初欧洲社会的巨大动荡和生活方式的极大变化造成的人面对社会时心理状态的不稳定性，以及表现主义艺术思潮的兴起。但是，这些原因之外，这段时间里，我发现了一个新的"历史语境"：西班牙流感。1918至1920年间肆虐的西班牙流感，最终感染人数大概有5亿人，接近当时全球总人口的三分之一，最终死亡人数也有几千万。1918年，也是音乐界将无调性音乐的开拓性人物、作曲家勋伯格（Arnold Schoenberg，1874—1951）的音乐冠以"表现主义"名头的一年。作为一个音乐创作工作者，设身处地想一想，在这样一种历史语境下，艺术创作者应该是没有办法表现传统审美意义上的"美"的吧。在这种社会状况下，"美"其实是很无力，甚至是不合适的。让我很惊讶的是，为什么在正统的音乐史叙事中，这个信息完全不见了，为什么在知识的传递过程中，一战、表现主义等信息成了无调性音乐的关联因素，而西班牙流感却被人们选择性地忽略了。这种随着时间的推移，人们在历史信息"消费"中产生的认知偏移，的确是大量存在的。

两天前，我的女朋友离开了我。说来有点不可思议，她的离开，本让我无法继续任何工作上的事情。我取消了学院所有的课，也推掉了我所有的私人学生，一个音符都写不出来，也不想出门。但是，在一部接一部看恐怖片以排解内心压抑情绪之外，为这本书写序成了我唯一想要做的事情，因为它的标题"睹物"对我产生了直接而强烈的冲击。书中提及："顾闳中的使命是前往韩熙载的家庭聚会，描绘他的'态度'，也就是察其行观其色，并为之记录，为唐后主在做出是否强制任命韩熙载为相的重大政治决策时提供参考。"这个视角让我深受启发。女友留下来的满屋子的物品和生活痕迹，何尝不是一种态度呢。她进入到我的生活，带来自己的物品，填满我们的家，是她的一种态度；她果断地离开，甚至不再在意这些物品，也是一种态度；而现在，面对这些物品，我选择保持它们原来的样子，不去做任何挪动，也是一种我的态度。"睹物"中的"物"，不管是细微层面的一个小人物生活中的物品，还是宏大叙事中占有更重要意义的历史、社会、文化信息，如果没有"物"以外的态度，那么都将瞬间失去自身的所有意义。书中的第二部分，作者以博物馆陈列的一个战国时期的"嵌错赏功宴乐铜壶"为例，列举了四种陈列解说文案。这些文案中，有的从纯粹的艺术品工艺和审美角度出发，有的从饮食文化角度出发，有的从人的阶级区分和对立角度出发，只有第四种解说文案是纯粹客观的："嵌错赏功宴乐铜壶，1965 年四川成都百花潭出土，高 40 厘米，重 4.5 千克。"客观虽然正确，但在历史叙事中，却很难存活下来。面对纯粹的客观描述，人们的态度可能只有一个字："哦。"但是，人也是不会满足于一个"哦"的，挖掘客观背后隐含的信息，甚至是人类的一种本能。"历史就是一场庞大而豪华的、观念的自助餐宴会。"而让我感到庆幸的是，在我生活的这个年代，相当多的人，在某种程度上，都有——或者说，至少自以为有——选择观念的自由，或者说，部分的自由。在历史知识的公众传播过程中，如果这种态度的自由得不到保证，那么不仅我喜欢的"历史鲜活感"会不复存在，可能知识传播本身也会很难做到。

就写到这吧，我要继续去看恐怖片了。

* 本文作者系潘行紫旻博士，当代青年作曲家，毕业于美国犹他大学，现为华南师范大学音乐学院研究员。作品曾由 Schott Music 出版，在国内亦有广泛影响。

第一部分

展示与文明

I 文明即展示——历史展示与历史叙述的缔造

青春是多么美好，
可又何其短稍！
莫犹豫，请君及时欢乐，
明天的一切虚无缥缈。
巴科斯和阿里阿德涅
用炽热的爱恋互相温暖，
情意缠绵、长相倚靠；
年华常流逝，谁人能知道？
美丽的少女和后生，
该总是快活逍遥。
莫犹豫，请君及时欢乐，
明天的一切虚无缥缈。

......
愿每一个人都知晓，
切莫对"明天"执迷不悟；
无论男或女、老或少，
快把患得患失抛诸九霄，
今朝让我们尽情享受、
载歌载舞。

莫犹豫，请君及时欢乐，
明天的一切虚无缥缈。

热恋吧！少女和后生们！
万岁啊！爱情！
万岁！巴科斯！
让每个人歌唱、舞蹈！
让甜蜜在每个心灵里燃烧！
莫要悲伤、莫要操劳，
放任万物，自行其道。
莫犹豫，请君及时欢乐，
明天的一切虚无缥缈。

在这首《酒神巴科斯与仙女阿里阿德涅的胜利》抒出胸臆的早期文艺复兴时代，1489 年的一天，佛罗伦萨的街头载驰载驱，世俗而喧闹。在艺术家多梅尼格·基尔兰达约（Domenico Ghirlandaio，1449—1494）工作室外的空场上，一个少年正在挥汗如雨地劳作，雕刻着一尊老年人的雕像。时近中午，几个妇人窃窃私语着走过左近，女人们说私房话永远摆出一种居心叵测的密谋姿态；几个顽童在远处吵闹着，跑得满头大汗，这些熊孩子声嘶力竭的喧闹让这个尘土飞扬的白昼躁动得更加令人难以忍受；还有一位过路的中年骑士，长着个不怎么讨人喜欢的、铲子一样的大下巴，坐在不远处的树荫里歇脚，也不知道他是什么时候来的。天有点闷热，树叶纹丝不动，一条狗在色厉内荏地冲他吠叫。

即便这位少年日后成了改变整个艺术史的大师，但此刻路人纷纷，没有人对他多加丝毫注意。何况当下他手头的这件作品，不必讳言，生硬而外行，对于苍老气质的表现又稚嫩又肤浅。这位少年日后至死难改的那种自负和固执的坏脾气，此刻还全部表现为一种年轻人盲目的激情，他全身心投入到这件缺乏细致刻画的作品之中，物我两忘、神游八荒。

错误，错误无处不在，令人齿冷。甚至连他修修补补的动作都是就事论事、毫无章法的。冷眼旁观的过路骑士目不转睛地看着雕像，突然轻轻地说："老年人的嘴里，不应该有那么多牙齿的。"少年一愣，直起腰向他看去，目光变得柔和、迷惘而又恍然大悟。骑士冲他微微一笑，上马就走了。

不多日，少年意外地收到了一份佛罗伦萨自由美术学校（美第奇学院）的录取通知书，欣喜若狂。就是在这所柏拉图主义思想浓厚的高雅学院绿草如茵的校园之中，他被扶上骏马，驰入永恒之门。他，就是日后的盛期文艺复兴三杰之一、米开朗基罗·博那罗蒂（Michelangelo di Lodovico Buonarroti Simoni, 1475—1564），那一年他只有十四岁。

至于亲笔签发这封录取通知书的，正是那位下巴好像铲子一样突出且翕动不已的过路骑士，他乃是佛罗伦萨自由美术学校校长洛伦佐·德·美第奇（Lorenzo de' Medici, 1449—1492）。此人在世时权势熏天、富可敌国，他是佛罗伦萨美第奇家族的第四任族长、银行家、诗人、佛罗伦萨城邦最高决策者、城邦外交斡旋家、教皇利奥十世（Leo X, 1475—1521）的生父、教皇克莱门特七世（Clement VII, 1478—1534）的伯父兼养父、教皇利奥十一世（Leo XI, 1535—1605）母亲的外祖父，也是本书开头的那首闲诗的作者。

尽管美第奇家族在他的时代还难改其药材生意出身、银行业发迹的暴发户印象，但是洛伦佐本人却是公认的风度翩翩、学识修养俱臻上乘的贵公子。还在新婚燕尔的时候，就有七百多位绅士在圣安东尼奥修道院的集会中全体推举他担任他父亲"痛风的皮埃罗"(Piero di Cosimo de' Medici, 1416—1469)过身后统一的佛罗伦萨的统治者。对于这个公选大会的结果,洛伦佐半推半就地逊谢了一下,也就别别扭扭地同意了。在他中年的回忆录里,他谈到这个任命的时候还不无感慨地说:"他们的建议当然是与我年轻的天性不相符的。"[1] 不过联系上下文和当时情形看起来,这句话倒并不是故作姿态的违心之言。洛伦佐接下来说:"基于这件事责任和危险之巨大,我只好无奈地同意。但是我这么做完全是为了保护我们的朋友和财产;因为有钱人不能当政对于佛罗伦萨有害无益。"[2]

美第奇家族的发迹可以说奠定了至今流行于世界的富人当政的传统。就好像本书写作时刚刚大选胜出的美国新总统唐纳德·特朗普(Donald Trump, 1946—),从黄金装饰的特朗普大厦(Trump Tower,地址是第五大道 725 号)搬到环堵萧然的白宫而觉得度日如年那样,洛伦佐·德·美第奇那一年还不到二十一岁,对于诗歌、艺术、骑术和习武充满了热忱、兴趣和敏锐的感受力,家族积累的亿万财富让他的这些玩闹变得庞大而奢华,甚至脱离了玩闹的本质而变得慷慨不群,充满了对于往昔英雄岁月的思慕。从这样花团锦簇的生活中一下坠落到无边现实的意大利城邦政治之中,无怪乎他不情不愿,他的话不算是无病呻吟。

《酒神巴科斯与仙女阿里阿德涅的胜利》这首诗显然是他这种繁花似锦的优沃生活的写照。英国人克里斯托夫·赫伯特(Christopher Hibbert, 1924—2008)在《美第奇家族兴亡史》这

1　[英]克里斯托夫·赫伯特:《美第奇家族兴亡史》,吴科平译,上海三联书店,2010,第105页。

2　同上。

本书里这样描写道:

> 他对每一件事情都倾注了无比的热情,身边的人都会被他感染到。马尔西奥·费奇诺这样说道,他是"天生的乐天派"。他还热衷于一种非常快的、类似足球的运动,叫作"卡尔切欧"(calcio)……他放鹰行猎;虽然歌喉不怎么样,却喜好唱歌,他在饭桌上唱、在马背上唱,甚至有一次,他在三十英里的旅途中又唱又讲笑话,使同行的人和他一样全程兴致高昂。[1]

他的才华不算出众,写出的诗歌只能算是中平之作,但在养尊处优的纨绔子弟之中已然十分难得。他的武功应当不弱,因为《巨人摩尔干提》的作者路易吉·浦尔契(Luigi Pulci,1432—1484)曾经写过一首题为《马上比武的洛伦佐·德·美第奇》的长诗盛赞他的马上功夫。而他的眼光和艺术品位则是一流的,虽然他并没有直接出面给他的那些好朋友诸如桑德罗·波提切利(Sandro Botticelli,1445—1510)、列奥纳多·达·芬奇(Leonardo diser Piero da Vinci,1452—1519)还有安德烈阿·德尔·委罗基奥(Andrea del Verrochio,1435—1488)等人提供很多的工作,但由他发起和倡导的享乐主义风气和富人阶层具有浓厚人文思想的艺术品位,为这些人提供了源源不断的订单和工作机会。因此认为他在艺术鉴赏品位方面具有法眼无虚的伯乐之才也是毫不过分的:正是他的学生、他发现的那位米开朗基罗,在他死后花了十五年时间,为他设计了一座足以令奥林匹斯诸神都羡慕不已的纪念礼拜堂。

现在,这位笑傲江湖的佳公子不得不收起他的玩心,肩负起整个家族乃至于整个佛罗伦萨的政治命运了。时代在他稚嫩的

1　[英]克里斯托夫·赫伯特:《美第奇家族兴亡史》,第95页。

政治生涯的一开始就给他来了两个下马威：沃尔泰拉（Volterra）一处铝矿的所有权问题引发的暴动以及教皇西克斯图斯四世（Sixtus IV，1414—1484）为了购买伊莫拉（Imola）镇向美第奇银行借款的事件。对于前者的斡旋虽然磕磕绊绊，但结果尚算差强人意；可是教皇的狮子大开口却不能不慎，鉴于这笔钱很有可能肉包子打狗有去无回，年轻而缺乏治事经验的洛伦佐——那个时候他的政治气魄也确实不够大——本能地婉拒了对方的无理要求。西克斯图斯四世怀恨在心，开始转而倚重美第奇家族的竞争对手博尔古亚家族，美第奇和罗马教廷的融洽关系开始出现裂痕——这种敌对关系发展到最后终于刀兵相见，直接导致了他爱弟的身亡。

他变得忧愁了，眉头锁得更紧，这是以往肥马轻裘的生活中所从来不曾有过的。那些少不更事的无忧无虑就好像被风吹散的柴烟一样，遥远得就好像别人的事。从二十岁执掌大权一直到去世，紧锁的眉头和满脸愁容就没有离开过他，好像被岁月固定成了一副悲惨的面具，牢牢地锁在他的脸上。其实我们每个人都是如此，到忙碌的人生如火如荼之际，某一天你才突然发现，镜子老了，不知何时开始镜中之人早已不复那如水的容颜。

这也就无怪乎在现存的七件可以表现洛伦佐·德·美第奇容貌的艺术品中，除去表现他幼年婴儿容貌的、贝诺佐·哥佐利（Benozzo Gozzoli，1421—1497）的《三博士来朝》（约1459—1461），以及在他死后根据其他作品和描述演绎的、乔尔乔涅·瓦萨里（Giorgio Vasari，1511—1574）的《洛伦佐·德·美第奇像》（约16世纪中叶）之外，在其他的五件作品——桑德罗·波提切利《三博士来朝》（1475）、贝尔托洛米奥·迪·乔万尼（Bartolomeo di Giovanni，生卒年不详，活跃于1488—1500年前后）《博尔吉亚阴谋》（1478）、安德烈阿·德尔·委罗基奥

《洛伦佐·德·美第奇雕像》（1480）、列奥纳多·达·芬奇《肖像素描》（约1483—1485）、多梅尼格·基尔兰达约《法则的确立》（1485）——之中，这种忧郁、若有所思继而麻木不仁的神情如影随形，没有一件作品的精神面貌是舒展的。

看得出来，早期文艺复兴的艺术家还是敢于言真写实的——这么说的意思是，以《洛伦佐·德·美第奇死亡面具》为标准对比所有这些作品可以发现，艺术家们的描绘还是非常实事求是的。这些肖像彼此之间非常相似，没有试图把他画成阿喀琉斯（Ἀχιλλεύς）或是埃涅阿斯（Aineías）那样的模样，也没人给他安上一个身份不明的美少年的脸，所有的画像都表现了一个富贵的佛罗伦萨绅士在中年岁月的安静姿态，这可能出自被画对象本人的要求，毕竟他已经度过了自己年少轻狂的时代。洛伦佐的面部缺陷——大下巴，甚至在瓦萨里的作品中看得出可能还有一点点斗鸡眼——在所有的作品之中都得到了忠实的再现，这些艺术家，无论是他的朋友、他的学生还是他的受赞助人，没有一个人试图在这方面进行任何掩盖藻饰。

这就要说到为洛伦佐·德·美第奇所抱憾终身之事了：他不够漂亮。马基雅维利（Niccolò Machiavelli, 1469—1527）的《佛罗伦萨史》和克里斯托夫·赫伯特的《美第奇家族兴亡史》等很多历史掌故谈到这位伟人的仪容特点的时候，甚至不约而同地运用了"丑陋"这个词。这是没有道理的，因为就在权势熏天的洛伦佐·德·美第奇被人描述为"丑陋"的同时，他的二弟朱里亚诺·德·美第奇（Giuliano de' Medici, 1453—1478）却是佛罗伦萨首屈一指的美男子，江湖诨号"新雅典的阿波罗"，惜乎二十五岁就在西克斯图斯四世策划的博尔吉亚家族袭击事件之中遇刺身亡，身中十九刀，神仙难救。朱里亚诺恰似他大哥年轻的时候，甚至更加快乐，他的情人众多，其中最为艳名远播的是西蒙奈塔·维斯普奇（Simonetta Cattaneo Vespucci, 1453—1476），这位美女的容貌至今都在一件艺术品中为很多人所熟悉（只是大多数人不知道那就是她）——波提切利的《维纳斯的诞生》中维纳斯（Věnus）的脸部就是以西蒙奈塔作为原型。

那么这位掷果盈车的朱里亚诺·德·美第奇究竟是怎样的一副尊容呢？美第奇教堂一座石棺上的一尊罗马甲胄武士坐像为我们提供了答案，它因为与大卫同是出自米开朗基罗之手且发型相似，而被来自中国的游客和美术史学家戏称为"小卫"，意思是"小大卫"（David Jr.）。甚至这座雕像的面容也是和大卫近似的：瓜子脸，挺括的鼻子，有一点眼袋，两只眼睛的距离不远不近。这件作品表现出来的不属于凡人的、永恒的恬静曾经感动了很多人，那就是朱里亚诺·德·美第奇本人。

这就让人想不通了，弟弟如此俊美，哥哥怎会被冠以"丑陋"之名？对比小卫和《洛伦佐·德·美第奇雕像》，兄弟俩的相似之处主要在于都长着挺括的大鼻子，山根之处几乎和额面拉平，典型的希腊鼻，再就是发达的下巴，但是朱里亚诺的下巴向前突出，相比之下洛伦佐的下巴则有点横向发展，像铲子一样又扁又阔，这应该是他面部最大的缺陷之所在。

我们再单独看《洛伦佐·德·美第奇雕像》，说它没有小卫那种宛如奥林匹斯诸神般的、不切实际的、神性的俊美是没有错的，但是说它"丑陋"则似乎有点过分了。在这尊彩陶雕像里，洛伦佐戴着当时文人流行的侧垂巾，双眉紧锁。这是一张看起来颇似格利高里·派克（Gregory Peck, 1916—2003）的脸，只是下巴宽一点，其他部分如五官没什么缺陷。他那著名的大下巴两侧咬肌突出，这个下巴过大的缺陷在这件作品中反而为人物的容貌加了分："地包天"的下嘴唇使得人物看起来正牙关紧咬，这个姿态给人以一种特别忧国忧民、坚毅果决的印象，这是很多英雄雕像共同的精神面貌。丑陋与否现在已然不再重要了：它（这尊雕像）正在我们的灵魂之中以思想的神性取代俊美的神性。

顺带一提，这二者——属肉体的俊美与属灵的义愤——在米开朗基罗的另一件惊世之作《大卫》身上得到了完美的结合。创作这件作品的 1501 年前后，佛罗伦萨人和罗马教皇以及欧洲列强的关系越来越僵。那些年，洛伦佐·德·美第奇早已去世，而利奥十世则要等到 1513 年才登基。1494 年，法国国王查理八世（Charles VIII, l'Affable, 1470—1498）入侵意大利，占领了佛罗伦萨，美第奇家族被迫流亡。洛伦佐·德·美第奇的长子、美第奇家族族长皮耶罗（Piero di Lorenzo de' Medici, 1472—1503）在这次战乱中客死异乡，后人给他起了个"倒霉者"的绰号。为了号召人们奋起反抗侵略者，尽管大卫在《撒母耳记》之中只是一个孩子，但米开朗基罗还是坚持将他塑造成一个喷薄着正义怒火的、充满斗争意向的青年人的形象。

在这个持续了二十年的、混乱的权力真空时代，有一个叫皮耶罗·索代里尼（Piero Soderini, 1450—1522）的政治新星横空出世，担任佛罗伦萨的执政官，在谋士马基雅维利的辅佐下成立了一个短期的、政治和艺术环境相对比较宽松的佛罗伦萨共和国。佛罗伦萨因此成为当时欧洲列强的眼中钉。1512 年，红衣大主教乔万尼·德·美第奇（Giovanni di Lorenzo de' Medici，后来的教皇利奥十世）乞师于神圣同盟（威尼斯同盟）的阿拉贡国王斐迪南二世（Fernando II, el Católico, 1452—1516），与一个名叫卡多纳的西班牙大将带领一支西班牙大军从博洛尼亚攻回了佛罗伦萨。共和国政权风雨飘摇、朝不保夕。西班牙军队攻破了位于佛罗伦萨西北十二英里处的普拉托（Prato）城，烧杀抢掠了数日。佛罗伦萨市民吓破了胆，在亲美第奇势力的主持下请愿执官，要求索代里尼辞职。本身也无力挽回败局的索代里尼黯然下野，和马基雅维利分别离开了佛罗伦萨。红衣大主教乔万尼·德·美第奇随即成立了一个四十人的、全部由亲美第奇派组成的城市议会，美第奇政权复辟了。第二年，利奥十世登基，马基雅维利则隐居在一个小农庄里写出了他那本惊世骇俗的《君主论》。

言归正传。另一方面，这尊十七英尺（约 5.18 米）高的、充满了谜团的惊世之作也是"艺术即展示"这个公理的又一个绝佳范例。凡人看到它的第一个印象无一例外都是，大卫虽然满面义愤，但站立的姿势却很"放松"——这么认为的理由是他的身体重心右倾，右腿直立，左腿三道弯。很遗憾，这两种观感（认为他身体重心偏右和左腿放松）都是错误的，这正是米开朗基罗展示给观众并且希冀他们理解到的效果。如果大卫是个活人——一个十七英尺高的巨人，正在咬牙切齿地盘算着怎么去放翻另一个比他更高大（也许有七十五英尺）的巨人，这样的站姿可能真的很放松，但是，请不要忘记，眼前的这位仁兄并不是活人，它只是一块石头。对于一块好几吨重的巨石而言，它没有关节，它的稳定不依赖于站姿，而只是依赖于形状。如果我们在大卫的腰际划一根分界线将雕像分成上下两个部分的话，我们就会发现大卫的上半身其实是"直立"的，因为抬起的左肘的关系，重心甚至有点左倾；而他的双腿虽然叉立，但也可以理解为仅仅是一块中心镂空的、斜边角度很小的直角梯形而已。这个雕像其实是一块长方形的大理石被搁置在一块直角梯形的大理石之上，而且摆放得还稍微朝左错开了一点点，直角梯形的底边所受到的压力是均匀的。它的左腿并不像人们所想象的那样放松，而是承担了多于一半的体重。实际上，大卫胸大肌的朝向——这被看成是人体的"面向"，与他双足足尖角度分角线的方向——这是人体的"站向"，之间存在着一个角度，也就是说，他的身体是扭曲的。这种扭曲是米开朗基罗的拿手好戏，它的作用不仅限于表现体态的美观，其实还大有深意。因为，这种扭曲，它根本不存在。还是那个原因，如果我们按人体的结构来看，扭曲的定义就是以腰部为活轴的角度变化，可这不是人，是一块大石头，它是整块的，没有这样的轴。所以大卫的面向和站向之间的角度——被凡人理解为扭曲的那种设计，除了令它看起来更美之外完全没有必要。而正确答案是：这种扭曲，就是对上文提到的、大卫的上半身比下半身向左错出一点点做出的"解释"。而如果观察得足够仔细，我们就能发现除了这种看似的扭曲之外，大卫的种种姿态——歪肩膀、低头和抬起左肘，都是为了扰乱观者整体的视觉，目的在于掩盖某种真相。这个真相就是作为古希腊雕刻不传之秘的"重心转移"法则：大卫雕像的重心其实是偏左的，是那条看似轻松的左腿承担了雕像的大部分分量。艺术就是展示，艺术之伟大的证据近在呼吸之间：眼前的这块巨石，几乎所有观者都以活人的身体来理解——误解它的一切细节。

伟大近在咫尺，但它不属于凡间。

有的时候，伟大的展示甚至要倚靠错误，也许在永恒的伟大面前，是否错误并不像凡人以为的那么重要。略微细心一点的观众都会发现，大卫的手部和头部特别大，非常不符合人体比例，很难想象米开朗基罗会犯这样的错误。其实，一切都是有意为之，大卫雕像本来是要被放置在离地几十米的屋顶上的，出于视角因素的考虑，在细节的处理上不能不深思熟虑。如果不是出了一点点小意外，这种夸大面部和手部的设计，它的用意本来就是让凡人仰视、永恒地仰视。这个小意外就是人类的历史与神的意志最终分道扬镳，就好像王尔德（Oscar Wilde，1854—1900）笔下的悲情故事，一尊忧伤的雕像栉风沐雨，一只来不及迁徙的候鸟冻死在它的身旁。

言归正传，说大卫是美第奇兄弟的结合印象也不为过，这个形象既有朱里亚诺·德·美第奇的俊美，又有洛伦佐·德·美第奇的坚毅果决，米开朗基罗将此看成他所理解的、一个佛罗伦萨人荷枪实弹踏上战场的方式——当然，这只是一点题外话罢了。

把他画得最丑的应该是瓦萨里的《洛伦佐·德·美第奇像》，在这幅作品之中他瘦得皮包骨头、眼球突出，脸颊上胡子拉碴，看起来非常落魄。不过这幅画据说是根据洛伦佐·德·美第奇的死亡面具所作，可信程度反而最高。瓦萨里是米开朗基罗的学生，佛罗伦萨美术学院的创始人。作为画家他是不重要的，他的画技一般，没有什么特点，现在时常被人用作风格主义（样式主义）的反面教材，何况他画这幅画的时候洛伦佐已经死了至少四十年，也得罪不到谁了。现在我们在思索上开始逐步接近本书主题，即在艺术品中"表现"出一个人的美与丑究竟有什么"作用"？这个问题的答案看似不言而喻，正是这种不言而喻的特性令它很少被人正经八百地思考。正如我们所分析的美第奇兄弟的雕像里面，朱里亚诺的俊美单纯而不食人间烟火，没有什么值得为之沉思之处，这种形象和他短暂而吊儿郎当的一生相当契合；洛伦佐则忧心忡忡、愁眉苦脸，眉宇间凝结的每一缕忧思都让人联想到沃尔泰拉铝矿暴动、伊莫拉借款事件、1478 年复活节礼拜日刺杀事件、那不勒斯合约、七十人委员会的建立等一系列历史事件，这位富可敌国且学识过人的老绅士波澜壮阔的一生影响到了意大利乃至整个世界未来的历史。与这种带有神圣性的忧思相比，朱里亚诺雕像里那种无可挑剔的俊美反而显得轻飘飘的。

推崇朱里亚诺·德·美第奇像——"小卫"的艺术爱好者则会辩称，小卫雕像表现出来的是一种艺术上炉火纯青的造诣：他扭曲的体态与西斯廷教堂天顶画中的十二先知（女巫）肖像如出一辙，他面部表情的柔和充满了古希腊美学神性的光辉，他有血有肉、充满知性的俊美则一改中世纪美术僵化刻板的肖像风格——这些都没有错，但是请注意，这些和朱里亚诺·德·美第奇这个"人"，一点关系都没有。创作这件作品的时候他已然去世，这件作品再具有非凡的神韵，也无法给他年华虚度的一生加上任何一点分量。

而《洛伦佐·德·美第奇雕像》那种令人心塞的忧心忡忡呢？我们不由得想到，他在不得不放弃花团锦簇的享乐生活的时候、他在被西克斯图斯四世敲诈的时候、他在目睹兄弟倒在血泊之中的时候、他在威逼利诱那不勒斯国王费迪南德一世签订合约的时候……他牙关紧咬的脸上浮现的都是这样的神情。

这就是说，我们在史书上读到的比萨大主教弗朗切斯特·萨尔维亚蒂（Francesco Salviati Riario，1443—1478）策划的行刺事件，只是一个因果关系的条目，可当我们站在这尊雕像面前的时候，这一段历史就好像突然"活"了。我们也许会不自觉地模仿雕像脸上悲愤欲绝的神情，这表情引发我们内心的活动，它自动寻找我们自己人生中所有的患得患失与之匹配比较，有人得出的结论是同样伟大，而更多人则会自惭形秽，觉得自己韶华空逝——我们随即在情感上理解了历史人物之后做出的所有选择，这种理解从认识上反而更接近于一种设身处地的"代入"，这是任何一种对于知识条目的"阅读"所不能企及的。

我们且不论洛伦佐被评价为"丑陋"的容貌特征是否特别适合表现这种忧思，但这种忧思确实是以这个人——洛伦佐·德·美第奇为主题的艺术品最应当被表现出来的气质。这么说的意思是，即便他的容貌和朱里亚诺一样俊美，对这种忧郁和若有所思的表现也应该优先于俊美和欢乐。

我们可以找一个可被用作与"小卫"对比的艺术品，为了表明这种分析的公正与普适，我们特地选择一件时间上荏苒百年、空间上关山万里而且艺术特色上毫无相似点的作品，陕西乾县永泰公主墓壁画中的襦裙少女。她青眉如豆，表情宁静秀丽，被誉为中国古代壁画中的第一美少女。这位少女的画像和"小卫"一样，唯美而无忧无虑，千百年岁月的流逝中历史的沉重感好像并没有在他们的脸上留下什么深刻的痕迹。

对这个对比不服者则认为，永泰公主墓壁画中的这个宫女，很可能根本没有这样一个人，她（它）只是墓葬仪式中的一种观念，烘托墓室审美氛围的一种配置、一种更可辨识的"符号"而已。这倒是有可能的，再负责任的画师都没可能也没有必要给背景画面中的每一个人物找个对应的群众演员。她从未介入过历史，当然不会受到历史的侵蚀。我们承认这位美少女很有可能确实是一位虚构的人物，但依然固执于这种对比，原因是显而易见的。刚刚评价这位虚幻的少女的那些描述，用以评价朱里亚诺·德·美第奇也完全不用改动任何一字：这位不存在的少女当然没有机会介入历史，可是那个声色犬马的花花公子，又何尝"介入"过历史？

这就是说，一个人刚好长成什么容貌与在一幅画像里刚好被作者画成什么容貌，这两者其实没有什么区别。我们根本无从知道米开朗基罗的《朱里亚诺·德·美第奇雕像》"像不像"死者本人，而且那也并不重要。这位佳公子的一生除了留下几段绯闻和一个后来当了教皇的儿子之外对于历史没有直接的影响。而实际上即便他的儿子当了教皇，对于他本人的描绘是否客观、是美是丑，都不受历史知识的监督。他只是一个活过的人，仅此而已，他和永泰墓壁画少女的区别也仅限于此。

用以和《洛伦佐·德·美第奇雕像》做艺术对比，我们选择的作品是五代画家顾闳中（约910—约980）的《韩熙载夜宴图》。这件作品被完全展开之前，差不多被所有人误解为是且仅是一次觥筹交错、世俗而欢乐的家庭派对的场景。可是画面中的主人韩熙载（902—970）本人，神情凝重、忧思满面，从这张脸上看不到丝毫欢乐的神情。他格格不入就好像游离出了当下时空，在沸反盈天的狂欢之中，他的孤独和忧思仿佛是一个拒人于千里之外的孤岛。

陆游（1125—1210）在《南唐书·卷十二·列传第九·韩熙载传》中的记载披露了他举办这样豪华盛宴的真实用意：

> 熙载……畜妓四十辈，纵其出，与客杂居，物议哄然。熙载密语所亲曰："吾为此以自污，避入相尔。老矣，不能为千古笑端。"坐托疾不朝，贬右庶子，分司南都。熙载尽斥诸妓。后主喜，留为秘书监，俄复故官，欲遂大用之，而去妓悉还。后主叹曰："孤亦无如之何矣！"

而欧阳修（1007—1072）在《新五代史·卷六十二·南唐世家第二》中对于韩熙载逃避为相的原因记载得更具体：

> 熙载……初与李毂相善。明宗时，熙载南奔吴，毂送至正阳，酒酣临诀，熙载谓毂曰："江左用吾为相，当长驱以定中原。"毂曰："中国用吾为相，取江南如探囊中物尔。"及周师之征淮也，命毂为将，以取淮南，而熙载不能有所为也。

按照现在的一般意见，《韩熙载夜宴图》超越了类似《高士图》这样的一般中国文人艺术品"不介入历史"的性质，它实际上更接近现代的新闻纪实摄影。《宣和画谱·卷七·人物三》中说：

> 李氏（李煜）……欲见樽俎灯烛间觥筹交错之态度不可得，乃命阎中夜至其第窃窥之，目识心记，图绘以上之。故世有《韩熙载夜宴图》。

综合前面两则五代史史料以及《宣和画谱》中的这段画家传记，

我们得出的结论是，顾闳中的使命是前往韩熙载的家庭聚会，描绘他的"态度"，也就是察其行观其色，并为之记录，为唐后主（937—978）在做出是否强制任命韩熙载为相的重大政治决策时提供参考。这种时候所描绘的这种"态度"，精神特质非常纯粹，它超越了人物的样貌甚至神态而深入心灵。这种忧郁的气质，可以认为等同于我们前面所说过的、洛伦佐·德·美第奇雕像上面除了他的大鼻子和大下巴之外表现出来的那些不可捉摸的东西。这种气质的描绘超脱了一般的艺术装点的境界，它不美、不柔和，甚至是麻木不仁的，但是它深刻。类似的气质还有雅克-路易·大卫（Jacques-Louis David，1748—1825）的《扈从给布鲁图斯抬回他儿子的遗体》中布鲁图斯（Lucius Junius Brutus，？—前509）那宛如白痴般的神情，这是一种历史人物、英雄所特有的精神面貌，它并非是不可摹写的，但是一般层次的、唯美的艺术氛围承担不起它的分量。

顾闳中显然了解了他的使命，也许李后主在下达命令时两人曾有一番深谈，总之他将韩熙载向隅不欢、忧思浓重的内心活动刻画得入木三分。而另一方面，如果这件作品真的好像历史记载那样足够写实的话，那么韩熙载显然没有发现顾闳中的窥视行为，或者说对于这个老画师的到来没有起任何疑心。证据就是在画面上，他以沸反盈天的欢乐来掩饰他对人生的失望，然而窥视还是如影随形，隐匿在这些欢乐之中，在世俗和欢乐的拱卫之中他自以为安全，并没有试图进一步地掩饰他的忧伤和失落。

历史就是观看、记录和展示。历史哲学的全部思想，在于其应当被如何展示和理解之中。

有趣的是，《宣和画谱》在接下来的描写之中避开了《新五代史》中的那些分析，而将唐后主命令顾闳中描绘韩府夜宴的动机解释为了满足某种偷窥的古怪癖好，满足纯粹的好奇心：

> 李氏虽僭伪一方，亦复有君臣上下矣，至于写臣下私亵以观，则泰至多奇，乐如张敞所谓不特画眉之说，已自失体，又何必令传于世哉！一阅而弃之可也。

以这样的角度来看待这件事，《韩熙载夜宴图》似乎又成了唐后主胸无大志、荒唐倦政的铁证，而且最有意思的是这种说法也完全说得通，因为这非常符合北宋征服南唐之后，在敌视态度之中对李煜个人形象的负面宣传。

这就是说，《新五代史》中那位求贤若渴、志在中兴、通过情景记录观察人心、精明入微的唐后主，到了《宣和画谱》之中变成了一个昏庸无道、不务正业的唐后主，然而这两者是同一个人。这种态度的差异也体现出历史知识的展示与理解特性，这是一种思想流派自身的正统性问题，也就是说，一种思想在全部话语权中所占的份额越重，它对于后世的影响就越居于主导地位。历史就是一场庞大而豪华的、观念的自助餐宴会，对一个历史事件，解释也许有一百种，但是任何人都只能选择其中之一。

李煜是一个沉溺声色犬马的亡国之君，这一点是毫无疑问的，《新五代史·南唐世家》中说他"煜性骄侈，好声色，又喜浮图，为高谈，不恤政事"。但是正史的成熟之处在于述而不作，除了这一点之外也不忘忠实记载他也有励精图治的一面。然而《宣和画谱》这种层次的野史逸闻，却更愿意相信他是且只是一个无道昏君，对于历史知识的选择动机永远都是出于个人的印象。

这是不言而喻的，《新五代史》和《宣和画谱》之间的区别，是正史与野中的区别，是通史与专史的区别，是国史与逸事的区别，两者对于话语权的掌控不在一个数量级。而且这两者之间最重要的一个区别在于，北宋朝廷的权力意志横亘其间而无法逾越，造成了二者的云泥之别。正史超越于时代的权力意志之上，而野史则只能为当下的权力话语所引导。

"史鱼秉直""史笔如铁"是中国这个历史之国的一种基准道德基石。在这种价值观方面最早也是最令人唏嘘的一个故事见于《左传·襄公二十五年》：

> 大史书曰："崔杼弑其君。"崔子杀之。其弟嗣书，而死者二人。其弟又书，乃舍之。南史氏闻大史尽死，执简以往。闻既书矣，乃还。

这样我们的话语权力的梯纵关系就相当明确了，在一时的权力意志之下云集了一个时代大部分的传播观念，不可能不受到权力意志的影响，但是观念个体的展示性偏弱，展示影响也难以久远；而在任何时代的权力意志之上，总有一种传播观念超越一切权力法则，也许是正义，也许是信仰，也许是对人性的理解，这种观念虽然来自历史，但是超脱了历史自身的暂时性而成为一种恒常的规律。权力意志的好恶无法对这种规律造成任何影响。

也就是说，无论韩熙载经过个人权衡多么希望自己给世人留下一个荒淫无才的印象，顾闳中还是将他落寞的一瞬间之中的精神层次发掘并且记录了下来；无论北宋朝廷出于正统思想多么希望将唐后主塑以一种昏庸无聊的形象，《新五代史》还是根据历史事实的推算还原了他精明绝伦、求贤若渴的英明姿态。历史的记录和展示永远凌驾于一时的权力意志之上。

展示就是记录。洛伦佐·德·美第奇和韩熙载的一生被用一个表情概括并且展示出来，而朱里亚诺·德·美第奇和永泰墓壁画少女却无此殊荣。人类的历史就是展示的历史。

前文的描述是为了使我们的讨论从一个最为适合的角度切入正题，因为谈到"展示"二字，大多数人最先联想到的都是一种视觉印象，并且因为那是直观的而以为它们是一种客观存在的反映。而实际上视觉印象从属于观念，只是观念的一种载体，虽然在认识上因为视觉感官的主要性特质而在位置上被排在前面，但因此而认为它们就是真理，这还是一种误读。观念是决定性的，知觉印象是最先接触到的本性的外延，任何理解都是自身的创造。这种看法揭示了文明的展示性质。作为证据，我们来看看下面的几句诗，对象都是雪景。第一首是南宋杨万里（1127—1206）的《雪后晚晴四山皆青惟东山全白赋最爱东山晴后雪二绝句》，在这首诗中雪作为一种赏心悦目的审美对象而存在：

> 只知逐胜忽忘寒，小立春风夕照间。

> 最爱东山晴后雪，软红光里涌银山。

但是在唐代白乐天（772—846）的《卖炭翁》里，雪却是一种致死的灾祸，是社会冷酷无情压榨面貌的帮凶：

> 可怜身上衣正单，心忧炭贱愿天寒。

> 夜来城外一尺雪，晓驾炭车辗冰辙。

在唐代李益（约750—约830）的《从军北征》中，雪是一种豪壮的战天斗地的激情：

> 天山雪后海风寒，横笛偏吹行路难。

> 碛里征人三十万，一时回向月明看。

而南宋卢梅坡（生卒年不详）的《雪梅》却感慨雪就是诗思，雪景是孤独的沉思的背景：

> 有梅无雪不精神，有雪无诗俗了人。

> 日暮诗成天又雪，与梅并作十分春。

雪就是雪，雪景是一种自在的视觉事实，但是这种视觉印象令人产生怎样的理解则视个人的情绪背景而定，与当下时空的其他经验具有共时关系。乐观者与悲观者眼中的雪景，在理解上大相径庭；即便是同一个人，根据不同时空环境中的具体心境，理解也不可能始终如一。我们再来读一下杜甫（712—770）的《春夜喜雨》：

好雨知时节，当春乃发生。

随风潜入夜，润物细无声。

野径云俱黑，江船火独明。

晓看红湿处，花重锦官城。

唐肃宗上元二年（761），杜甫因为他的朋友、郑国公严武（726—765）的接待和照顾，结束了一段颠沛流离的生活，已寓成都草堂两载。此时的杜甫生活稳定，心情愉悦，因为躬耕垄亩而惊喜于春雨的润泽。然而生逢乱世、丘垄黄土下的悲剧主义情怀已经深入骨髓，每当氛围适当——例如越来越昏暗的暮色、越来越潮湿的雨前空气、越来越叵测的邻人私议——的时候，忧从中来的心理焦虑都很容易被诱发。到了这一年的秋天，草堂坏于秋风秋雨，万千感慨又如影随形。在彷徨无依的困顿岁月里，看着暮色渐渐挤入窗棂，这样的雨，在绝望和无聊之中成了寂寞的背景色。我们再来看看《茅屋为秋风所破歌》中的这几句：

床头屋漏无干处，雨脚如麻未断绝。

自经丧乱少睡眠，长夜沾湿何由彻？

《春夜喜雨》与《茅屋为秋风所破歌》写于同一年，上元二年的杜甫，心情从整体上来说是舒畅的。严武曾作诗"莫倚善题鹦鹉赋，何须不着鵔鸃冠"，用东汉祢正平（173—198）之典延请杜甫为其幕僚，直到永泰元年（765）严武因急病突然去世为止，杜甫的生活一直很稳定。但是长年的颠沛流离令他在创作上很容易靠近一种消极侧面的情绪，这种瞬息万变的诗思带有很浓厚的杜甫的个人特色，乃是一种宛如惊弓之鸟般的、心理焦虑层面的安全感的严重缺乏。

不消说，这一切和雨、和雪都是没有关系的，就好像前文所说的米开朗基罗的巧夺天工与朱里亚诺·德·美第奇没有半点关系一样。展示是天地与人心之间的一道桥梁，世界之于展示者（历史学家）而言是一种展示，展示者的个人理解之于世人（历史知识的消费者）而言又是一种展示。有时候历史学家自己也是历史知识的消费者，有时候这种展示和理解则止于个人的玩味而不再向下传播。但是这种展示和理解的过程则是永恒的。

人文主义思想的伟大之处在于承认人的感情是瞬息万变的，历史的精深之处在于它是可以被理解的，但是这种理解是循序渐进的。司空见惯的雨雪如此，一些语焉不详、昙花一现且难以再现的历史事件更是如此，乃至于对于很多这样的案例而言，展示和理解仿佛成了事实，而真正的事实已然不重要了。那位碌碌无为的朱里亚诺·德·美第奇就是这样一个人，他的容貌在他身后已经成了一个公开的话题，任由艺术家发挥，而且人们也并不介意米开朗基罗或者波提切利（波提切利画过《朱里亚诺·德·美第奇像》，还有一件作品《维纳斯与马尔斯》中的两个人物也被认为实际上就是西蒙奈塔和朱里亚诺两人）作品中的人"像"或是"不像"他本人。

对于一些历史的悬案，展示和理解更加反客为主。这种展示和理解分成两个层面，对于历史本体——黑格尔用 Res gestae 这个拉丁词来表示发生过的事情本身——人们的理解基本只是接受，即便有所争论也仅限于是否相信其存在；而对于历史知识——拉丁文是 historia rerum gestarum，表示对于过往发生的事情的见闻以及这种见闻的理解和传承——则众说纷纭，越具有形而上意味的观念在展示和理解上越能体现出人类思想的精华。

这是不难理解的。历史展示的第一层面，即历史本体的展示和信任层面，对于一个值得被记忆的事件，只要它是很多人所有目共睹的，它的模样基本上没有什么歧义。这种记忆的唯一危险是它会失传，永远迷失在历史的洪流之中。但这是不可撼动的，历史本体不仅由值得记忆的事件组成，它的更大部分是那些不值得被记忆的事情，所以历史的本质是遗忘。这一点我想毋须多做解释。

值得注意的一个细节是，尽管遗忘是自然发生的，但这不等于说不需要强调它的形而上形态。按照凡人的理解，遗忘就是遗忘，不应该有什么"形而上"形态，但是我们还是要在这里加入一个历史展示的门类，这是"遗忘"的一种"反语法形态"：历史的"无中生有"，这是不存在于自然界的一种纯粹的语言形态，它在历史中产生的影响可谓不小。因为遗忘是合法的，所以无中生有也就同样无法被质疑了。无中生有而被铭记，这是遗忘的一种特殊形态。

我们来看看下面的这则史料，出处是《荀子·宥坐》：

> 孔子为鲁摄相，朝七日而诛少正卯。门人进问曰："夫少正卯，鲁之闻人也，夫子为政而始诛之，得无失乎？"孔子曰："居！吾语女其故。人有恶者五，而盗窃不与焉：一曰心达而险，二曰行辟而坚，三曰言伪而辩，四曰记丑而博，五曰顺非而泽。此五者有一于人，则不得免于君子之诛，而少正卯兼有之。故居处足以聚徒成群，言谈足以饰邪营众，强足以反是独立，此小人之桀雄也，不可不诛也。是以汤诛尹谐，文王诛潘止，周公诛管叔，太公诛华仕，管仲诛付里乙，子产诛邓析、史付。此七子者，皆异世同心，不可不诛也。诗曰：'忧心悄悄，愠于群小。'小人成群，斯足忧矣。"

这是历史上"孔子诛卯"事件的第一次记载。荀子（约前313—前238）之前，诛卯事件未曾见诸任何一部历史典籍；荀子出生之时，孔子已死近一百五十年，荀子著此不是亲见，甚至即便诛卯事件真的有目击者，到荀子著述时也不可能有人活在世上了。这样看来，诛卯事件的展示难以考证到有效的流传顺序，其可信程度就会大打折扣。

一百五十年，就个人的记忆来说，白云苍狗，足以断开任何一个事件与尘世之间的"肉体联系"。这个词的意思是，任何通过肉身——视觉、记忆、口述和耳闻——和一个历史事件发生的联系，在这个事件发生一百五十年以后，也必然都被切断了。但是一百五十年，从纯粹历史知识的整体时间范围来看，却又是弹指一挥间。举个例子，本书写作时间的一百五十年前是1867年，那时中国的鸦片战争在近三十年前已经爆发，近代史的转型已然完全完成。对于1867年，我们可以找到浩如烟海的资料证明一段历史的存在，例如皇帝的起居注，历史人物的书信、日记，时闻的报纸，等等，如果要编撰一部足够琐碎的历史，一百五十年间可以说每一天都有很多事情可资记录。

这就是说，在三皇五帝的时期杜撰一个名叫"仓颉"的长着五只眼睛的奇人，这很容易；可是在1867年、大清同治六年、日本庆应三年、阿尔弗雷德·诺贝尔（Alfred Bernhard Nobel, 1833—1896）发明火药的那一年，无中生有地捏造虚构一个事件（甚至只是传承一个见证者不够多的真实事件），在可信程度上却几乎无法做到。荀子和孔子之间的这个一百五十年也是如此，我们如果以三十到五十年作为历史讲述资料的一"代"，除非在荀孔之间能找到两代以上的记忆资料证明诛卯事件的流传顺序，否则荀子的论述就始终难以洗脱无中生有的嫌疑。

无怪乎从朱熹（1130—1200）开始，许多学者包括现代的唐君毅（1909—1978）都认为，根本就没有孔子诛少正卯这档子事。主要理由涵盖以下的三方面：

第一，诸子百家著作中寓言居多，不足为全信。道家学派甚至记载列子（生卒年不详，约活动于前450—前375）能够"御风而行"，这没有人会相信。同样的道理，诛卯事件很可能只是一个寓言而已。不仅《论语》上完全没有此事的记载，成书早于《荀子》的《左传》《国语》《孟子》乃至于《列子》《庄子》等，都没有提到这件事。尤其是《左传》，左丘明（约前502—约前422）其人史笔如铁，单就《左传》《国语》来看，孔子在《论语·公冶长》中说"左丘明耻之，丘亦耻之"，而左丘明在书中提及孔子，也多说"仲尼曰"而非"子曰"，可见孔子和左氏之间的关系是平等的，他既无必要也不会为孔子掩盖任何行述。何况左氏虽为《春秋》作传，但是《春秋》对于《左传》而言只起到了一个提纲的作用，《左传》记述并不完全以《春秋》的好恶为标准。相较于孔子，左氏记载历史更加务实、更述而不作，譬如为孔子所反感而不书的"下克上"的晋文公（前697—前628），《左传》中对之论述备至。所以假如孔子真的曾有过诛卯的举措，左氏首先不会缄口不言。而以左丘明为首的诸子无一提及此事，可见历史上并没有孔子诛杀少正卯的事。

第二，孔子代行宰相职务才七天，以一个大夫的身份去杀掉另一个大夫，这不啻是一场宫廷政变，是不可能轻描淡写地就做到的。

第三，孔子提倡仁，坚决反对轻易杀人。在《论语·颜渊》里，当鲁大夫季康子（？—前468）提出"杀无道，以就有道"的想法时，孔子的回答是："子为政，焉用杀？子欲善而民善矣。君子之德风，小人之德草。草上之风，必偃。"明确表示反对。杀少正卯一事，与孔子的一贯思想不相吻合。

不独历史事件需要被证明，历史记忆的流传本身也需要被证明。

一个事件该不该被记忆是一种责任，乃是个人以一身面对历史时，他自己选择这种面对所需要肩负的责任。圣处女受胎的事情至今有很多人相信，因为这种相信的信仰责任重于诚实责任。与此类似的一些历史事件就无此幸运，在《后汉书·卷九十·乌桓鲜卑列传第八十》中也记载了这样一个故事：

> 桓帝时，鲜卑檀石槐者，其父投鹿侯，初从匈奴军三年，其妻在家生子。投鹿侯归，怪欲杀之。妻言尝昼行闻雷震，仰天视而雹入其口，因吞之，遂妊身，十月而产，此子必有奇异，且宜长视。

这个倒霉婆娘把这个自以为天衣无缝的故事说给它的第一个倾听者时，对方的第一反应就是直接不信。檀石槐（137—181）的母亲被投鹿侯（生卒年不详，活动于公元二世纪中叶）赶出家门，只得在旷野之中含辛茹苦地将这位一代征服者抚养成人。这个故事以及吞卵怀孕（简狄，商朝始祖契之母）、月光受孕（阿兰豁阿，元朝始祖孛端察儿蒙合黑之母）、吞红果怀孕（佛库伦，女真始祖布库里雍顺之母）等一系列的故事基本上无人相信，因为这些故事是真是假，在现代性的智慧体系中与任何历史认知者个人的责任毫无关系。

一个事件"是否存在"根本不值得介怀，对于它的存在或不存在"是否相信"还略有一点发人深思之处。这是历史展示的第一个层面。这个问题我想我们以后还会进一步探讨。

历史展示的第二个层面是对于历史知识的展示和信任，对于一个确定的事件，深究一些诸如征兆、意义和教训之类的抽象概念，这带有很强的阐释性，基本上完全出自历史展示者——历史学家的主观意志。我们再稍稍延续一点点关于前面那个案例的分析：到了新文化运动时期，诛卯事件在议论里的出现方式由以往的"圣人治奸"向"孔子污点"的方向转化，到了"文革""批林批孔"时期，这种论调发挥到极致，少正卯被粉饰为法家革新人物，诛卯事件被看作孔子排除异己的重要罪状，谁不相信诛卯的真实性就会被看成历史的保守主义者。

如前所言，历史的结构存在于展示和理解之中，然而对于一个事件的某种理解一经诞生，其自身也会变成一种可以被展示的东西，也变成了一个事实——虽然这个事实是"次生"的，但是它确实是事实——于是又产生了很多对这个次生的事实的再理解，历史的梯次知识结构也就随之产生了。在不同层面和不同侧重的认知过程中，理解者关注的方面不同，但肯定在有些认识体系之中，原本的那个"事头"的原生状态以及由此而来的一些诸如真伪、细节之类的问题并不重要。诛卯事件就是一个最好的例子。这是一个"很可能不存在"的事件引发的一连串伦理辩论，但你已经不能再以本源事件"可能没有发生"为理由，而否认其后的探讨在构建中华文明伦理框架时所起到的基石作用。这段讨论自身的重要性早已远超是否曾经发生过这样一个诛杀少正卯的历史事件，甚至少正卯这个人是否存在也变得不那么重要了。我们不应该简单地以对待"谎言"的态度来认识这一段历史知识上的因果关系，因为纯粹的观念虽然并非原生于自然界，但它却是普罗米修斯（Προμηθεύς）的天火，是缔造人类文明的最终所需之物。我们必须承认在理性所体认的世界之中，"发生"是一种事实，"不发生"同样是一种事实，"应该发生""可能发生"都是事实，"应该发生"而"未发生"的因果关系，在强度上丝毫不弱于那些眼前的、明摆在那里的事实。

有的时候，对于一件毫不起眼的小事的只言片语的注解，就宛如开启了一扇大门，让人看到一个崭新的世界，历史学家这个职业的有趣之处在于，这种不经意间发现的秘密成了很多人为之奋斗一生的事业。我们来看看下面这个例子，典故出处是《春秋公羊传·桓公五年》：

> 大雩者何？旱祭也。然则何以不言旱？言雩，则旱
> 见；言旱，则雩不见。

"雩"是"大雩"的简称，是古代的一种求雨的祭祀，但较"暴"之类的进献祭品的正式祭祀而言体量稍轻。《说文解字》解释"雩"字时说："雩，夏祭，乐于赤帝，以祈甘雨也。"《周礼·司巫》则说："则帅巫而舞雩。"可见"雩"的主要方式是歌舞表演，规模则视情况而定。

而当"雩"以官方主持的面貌出现时，正确的理解是一种社会福利，以此证明统治者爱育黎首的政治清明程度，证据是汉代何休（129—182）注、唐代徐彦（生卒年不详，活动于贞元长庆年间）疏的《春秋公羊传注疏》对于"雩"的这种文艺表演性质也有一段非常有价值的记载：

> 君亲之南郊，以六事谢过，自责曰："政不一与？民
> 失职与？宫室荣与？妇谒盛与？苞苴行与？谗夫倡与？"
> 使童男女各八人，舞而呼雩，故谓之"雩"。

这算是一次仪式性较为正规的"雩"，看得出参与者是十六人。在《论衡·卷十五·明雩》中，王充（27—97）认为"雩"是一种统治者应当摆出的姿态：

> 何以言必当雩也？曰：《春秋》大雩，传家左丘明、
> 公羊、谷梁无讥之文，当雩明矣。

王充的意见是中肯的，"《春秋》大雩"——刻意夸大"雩"的意义，三传均无异议，所以结论是：当"旱"见"雩"，是统治者应该承担的社会责任。"言雩，则旱见；言旱，则雩不见"是《春秋》于此处"微言大义"的正确理解方式。

讨论到了这个层次，一个以往隐藏的问题逐渐凸显。我们来看下面的这个统计：

《春秋》记"雩"一共二十一次，分别是桓公五年秋、僖公十一年八月、僖公十三年九月、成公三年秋、成公七年冬、襄公五年秋、襄公八年九月、襄公十六年秋、襄公十七年九月、襄公二十八年八月、昭公三年八月、昭公六年秋、昭公八年秋、昭公十六年九月、昭公二十四年八月、昭公二十五年秋七月因逐季氏雩二次、定公元年九月、定公七年秋、定公七年九月又雩、定公十二年秋。

《春秋》记"旱"一共两次，分别是僖公二十一年夏、宣公七年秋。

可以肯定的是，明确记为"旱"的那两次，僖公二十一年夏、宣公七年秋，按照《公羊传》"言雩，则旱见；言旱，则雩不见"的理解，确实没有"雩"。我们暂以僖公二十一年为例，何以旱而不雩？这是隐藏在历史条目里面的一个隐秘的问题。

这个问题的第一种解释见于《谷梁传》："得雨曰雩，不得雨曰旱。"以及清代陈立（1809—1869）《公羊义疏》："则凡书旱，皆是雩而不雨。"认为并不是没有"雩"，而是没有求到雨，所以还是记载为"旱"。

第二种意见认为，孔子其实是反对"雩"的，因为"大雩"是天子礼，周公居摄，尚且不能僭越，何况鲁君只是一个侯爵？《春秋》记录"雩"是反语讥诮。清代高士奇（1645—1704）《左传纪事本末·卷十三·郊祀雩祭》中有这样几句话：

> 大雩者，天子雩五方上帝，配以其帝。周公不得配天，已阙陪祀之位。诸侯祈旱山川于上帝五，人帝何与？
> 故鲁之郊、禘、大雩，皆非礼也。

这种意见与《春秋》大雩看起来相反，但这没有什么关系，解释无所谓正确和错误，冲突在沉思之中尤为可贵。

除此二者之外，我们若进一步追求其他解释，就要分析这则记载的时代背景。僖公二十一年，鲁国的国事因为臧文仲的主持而蒸蒸日上，齐强鲁弱的局面有所改善。对于僖公二十一年的那次大旱，《左传》记载说：

> 夏，大旱。公欲焚巫、尪。臧文仲曰："非旱备也。修城郭、贬食、省用、务穑、劝分，此其务也。巫、尪何为？天欲杀之，则如勿生；若能为旱，焚之滋甚。"公从之。

"尪"这个字，《春秋左传正义·僖公二十一年》杜预注云："巫尪，女巫也……瘠病之人，其面上向，俗谓天哀其病，恐雨入其鼻，故为之旱。"是指一种脖颈变形、只能仰面朝天的畸形人，古人认为由于雨水会灌到他们的鼻孔里，上天因为同情这种人而停止降雨。焚杀这种人源自上古的"尞"祭，梁朝顾野王（519—581）《玉篇》的解释是："交木然之，以尞祡天也。"与此类似的还有一种"暴"祭，也就是晒太阳，例如《礼记·檀弓下》："岁旱，穆公召县子而问然，曰：'天久不雨，吾欲暴尪而奚若？'"都是上古时期较为常见的求雨祭仪。但是臧文仲认为这种祭祀是无稽之谈，理由是上天既然可怜尪者，就不该让他们降生到世上，僖公也就听从了他的意见。既然认为应当"修城郭、贬食、省用、务穑、劝分"而反对"尞"祭，那么在务实的施政方针中取消了"雩"也是可以想象的。

如果僖公二十一年的"雩"确实是因为应当"修城郭、贬食、省用、务穑、劝分"而与"焚巫、尪"的计划一起被否决，那么臧文仲的实干风格与孔子"《春秋》大雩"——注重古礼的守旧思想之间的分歧就渐渐显露出来了，礼实之争也许就是我们顺藤摸瓜所能找到的这一段记载的"微言大义"之所在。其实臧与孔的政治观点差异，史书早已明文记载，也不需要仅靠这一段臆测的史料予以证明。我们来看一下孔子对这位前辈的几则评价：

> 子曰："臧文仲居蔡，山节藻棁，何如其知也？"（《论语·公冶长》）

> 子曰："臧文仲其窃位者与！知柳下惠之贤而不与立也。"（《论语·卫灵公》）

> 仲尼曰："臧文仲，其不仁者三，不知者三。下展禽，废六关，妾织蒲，三不仁也。作虚器，纵逆祀，祀爰居，三不知也。"（《左传·文公二年》）

除了《左传》中的记载，另外两则都是已经证实的孔子原话。这几段话的核心是臧文仲"居蔡"和"下展禽"。关于"居蔡"，"蔡"是古代用以占卜的灵龟，因产于蔡地而名，春秋的王室都有专门的机构培育和收藏这种灵龟，所以说臧文仲"居蔡"是没有错的，但是臧文仲用以"居蔡"的房子"山节藻棁"，也就是把斗拱雕成山形、在梁柱上雕上水草的花纹，这是古代天子宗庙才允许使用的装饰，这在孔子看来就是非礼犯上的了。关于"下展禽"，"展禽"是柳下惠的名字，我们来看看《国语·鲁语》的记载：

> 海鸟曰"爰居"，止于鲁东门之外二日，臧文仲使国人祭之。展禽曰："越哉，臧孙之为政也！夫祀，国之大节也；而节，政之所成也。故慎制祀以为国典。今无故而加典，非政之宜也。"

臧文仲就和老百姓祭祀水鸟的问题与柳下惠发生了争执，而孔子坚定地站在柳下惠一边。祭祀水鸟当然不是古礼，而是一种应对突发事件的对策，臧文仲此举的目的显而易见是为了安抚老百姓的不安情绪，与韩愈（768—824）撰写《祭鳄鱼文》道理相近。从这几段话中可以看出，臧文仲行事是以实干主义为原则，不太考虑过时的繁文缛节，这也是他和展禽、孔子等守旧主义文人之间的冲突焦点之所在。

这样，我们就僖公二十一年"言旱而不言雩"的事实，得出了以下的几条线索：

1.《春秋》大雩，三传皆无异议，孔子对"雩"这种古礼的态度是推崇备至。

2. 僖公二十一年的大旱，僖公曾考虑"焚巫、尪"，被臧文仲阻止。

3. 僖公二十一年的"雩"可能与"焚巫、尪"同时被阻止。

4. 孔子因为其他的一些事件对臧文仲的整体评价不高。

这四条线索里，除了第三条是臆测之外，其他的三条都是有明文记载的。所以我们几乎可以认为，这"臆测"的第三条线索正是《春秋》此处的"微言大义"，也就是历史的隐秘条目之所在。

因为臧文仲阻止"雩"的事件确实没有史料证明，历史研究的实证主义依然会顾忌"臆测"这两个字，但实际上这两个字并没有大多数学人想象的那样糟。不要忘记，虽然《春秋》是一部历史著作，但是数千年来中国文人理解它的视角包括哲学、伦理学、修辞学……历史学理解的优先层级反而排在最末。《春秋》的经学，"从来就不是"一种考证学问，其要点在于理解、思索和阐发，《公羊》和《谷梁》二传中的所有精华都是《春秋》里原本没有的。而这种"以圣人之心为心"的对于历史的"臆测"，是中国两千多年思想传承的生存模式。

这就是说，对于思想而言，有的时候真实没有用，还会束缚它奔跑的步伐。历史知识与历史本体不同，它具有形而上的性质，要点不在于它"真实不真实"，而在于它"有用没有用"。例子是层出不穷的。北宋嘉祐二年（1057），苏轼（1037—1101）二十一岁应会试，作《刑赏忠厚之至论》时引用了这样一段史实：

> 当尧之时，皋陶为士。将杀人，皋陶曰"杀之"三，
> 尧曰"宥之"三。

这个故事令小试官梅圣俞（1002—1060）困惑不已，在考试结束后的一个场合，他与东坡私下交流并迫不及待地问起这个典故的出处，年轻的东坡不好意思地笑笑说："想当然耳。"

II 文明即观看——公众社会的观看与知识权力博弈

我们继续思索一下《祭鳄鱼文》与臧文仲"祀爰居"在用意上的对比，以保证我们的思路不致中途断绝。唐宪宗元和十四年（819）四月二十四日，韩昌黎因谏迎佛骨被贬至岭南潮州任刺史已三月有余，因潮州境内鳄鱼成灾而撰写此文。对于这篇散文的现实意义，历来文人的见解主要包含以下两方面：

反方意见来自一些更加铮铮铁骨的、在风格上比韩愈更为务实的文人士大夫，譬如北宋王安石（1021—1086）认为韩愈此举有故弄玄虚之嫌，容易引起舆论的骚动，实属不智之举，王在《送潮州吕使君》诗中就有"不必移鳄鱼，诡怪以疑民"的句子。但是考虑到韩愈在"古文运动"中推崇并且自己一生奉行不移的真挚简洁的文学理念，这种做张做智之举可能不太符合韩愈的性格。

中国佛教协会创始人之一、佛学家郭朋（1920—?）在著作《隋唐佛教》中也认为，韩愈是一个类似堂吉诃德的书呆子，祭鳄鱼事件是一出愚蠢的闹剧。这种观点同样站不住脚，因为韩愈本就是因为谏迎佛骨的无神论观点而触怒皇帝的，我们可以看看《谏迎佛骨表》最后一段中这几句特别愤世而几至于肆无忌惮的话：

孔子曰："敬鬼神而远之。"古之诸侯，行吊于其国，尚令巫祝先以桃茢祓除不祥，然后进吊。今无故取朽秽之物，亲临观之，巫祝不先，桃茢不用，群臣不言其非，御史不举其失，臣实耻之。乞以此骨付之有司，投诸水火，永绝根本，断天下之疑，绝后代之惑。使天下之人知大圣人之所作为，出于寻常万万也。岂不盛哉！岂不快哉！佛如有灵，能作祸祟，凡有殃咎，宜加臣身，上天鉴临，臣不怨悔。无任感激恳悃之至，谨奉表以闻。臣某诚惶诚恐。

所以，正方看法——对于韩愈祭鳄鱼之举的赞扬——占据了史笔的全墨，也就不足为奇了。其中观点又聚焦于韩愈此举的公众舆论意义。清代有个叫周玉衡（生卒年不详，嘉庆十二年举人）的人曾作过一首叫《谒韩文公祠》的诗，诗中"驱鳄文章非异术，化民诗礼亦丹心"两句话被看成为大多数历史学家所接受的祭鳄鱼事件的真实意图。

无论是祭鳄鱼还是祀爱居，都是一种对自身政治态度的展示，所选用的方式都只是经过深思熟虑的、最适宜于被理解的手段。这种手段是必要的，因为这是达到"被理解"这个目的最为快捷的途径。

不管怎么说，这种"明白人"刻意为之的举动令人不太舒服之处在于总是难脱一种阴谋色彩，看起来好像是老百姓被算计了。其实仔细想想，这个过程在我们的人生之中如影随形，比比皆是，丝毫不值得大惊小怪。老师用两个干巴巴的橘子给小朋友们解释地球和月亮的运转关系的时候，还不一样是揣着明白装糊涂？这就是教育自身。

对于《论语·阳货》中的"唯上知与下愚不移"这句话，数千年来的解读都以孔子的十世孙、西汉孔安国（前156—前74）《论语训解》的注解"上智不可强使为恶，下愚不可使强贤"为蓝本。孔安国的注解就如同马斯洛（Abraham Harold Maslow，1908—1970）的需求层次理论，在我们面前绘制了一幅有关社会智力层次的结构图，而且这些层次之间的关系还不怎么融洽。实际上，认为"上智"必"贤"、"下愚"必"恶"的观点同样没有任何道理，过于褒贬分明，夸大了这句话的情感结构，而容易使人误解其中真意。孔子的原话其实是一句说得不太得体的大实话，《论语》中孔子所说的、像这样逞一时口舌之快的话还有很多，我们实在没有必要过分为之牵肠挂肚。

我们假设在文明的任何一个时代里，都有适宜于任何一位公民的一种"充分教育"，借由这种教育所达到的知识层次，能使受教育者俯仰无愧于古今，配得上人类社会此刻的文明层次。然而遗憾的是，这个假想的指标（"充分教育"）被创造出来的目的只是为了证明它不存在：我们几乎同时可以直接得出的一个残酷结论是，在所有的社会里，大部分的公民都是无缘达到这样的教育层次的。教育实质上就是历史经验的展示，是应对受教育者的消费诉求的，不同的受教育者消费的分量不可能一样，这其中的多寡是一个很重要但却是隐性的社会指标。大多数人只享受了"充分教育"中最基本的部分，随即从此在知识的殿堂中不再出现。如果我们想象"充分教育"是一个社会教育层次的高标准，它处在"全部教育"总轴上位置较高的某个点的话，那么事实证明这个点根本没有用，从来没有在普适的教育中被达到过，所有阶段人类文明的平均教育层次永远徘徊在中级以下。因为阶级、因为经济、因为事故，最重要的是因为天性，总之这个"大多数人"并没有像那个十四岁就被洛伦佐·德·美第奇所青睐的幸运家伙那样，得到跻身永恒的机会。

公众社会的义务教育以及福利教育看起来似乎是解决这个困境的一把钥匙，但实际上收效甚微。我们所能承认的结果只有这项仁政确实提高了社会知识层次的"下限"，但是并不能改变知识层次的结构："下愚"变得"聪明"，这个事实的唯一结果就是

"上智"变得"更聪明"，而非人们一厢情愿地想象的那样，两者相对距离缩短。按照孔安国"贤恶"注解中的对抗思想来看待这个局面，如果说有一种办法能使"愚"变得更聪明和更有能力对抗"智"的话，结果也只可能是"智"随之变得更难对付。

以对抗思想来看待贤愚之间的相处之道，这种观点有失宽厚，但却很鲜明地凸显了一个事实："不移"的并非"上智"与"下愚"掌握知识的数量，而是社会知识的比重结构。社会的知识层次是一种权力结构，不同知识层次者之间的相处是一种权力的博弈，展示和观看是实现这种权力博弈唯一的短兵相接的方式。如果说社会教育的重头戏是展示历史经验的话，那么对于这种展示的观看——历史消费，也是有层级结构的。

多年身为大学教授的经历偶尔也使我悲观地将教育过程感受为一种斗争、一种对抗，至少是一种"斗智"，手段是不一而足的展示观念的合适方式。因为人类教育的灌输本质，这个局面愈发无解。如果是一个人"愿意说"而很多人"拒绝听"，那么结果只有两个，要么是言说者放弃，要么是言说者说服倾听者由拒绝变为心甘情愿；如果一个人的言说很多人无法理解，那么结果就只有一个，他要让他的言说变得易于理解。这两个情境都揭露了教育的阴谋本质，认为教育过程是一个"斗智"的过程是毫不过分的，你必须通过威逼利诱种种手段——私塾先生的板子、考试的分数和职业的资格认证——来迫使对方就范。而任何一个受教育的人对于这个过程的本能抗拒，使得对抗变得更加波诡云谲。

很多老师在课堂上咆哮"这是为你们好"的时候总是觉得伤感，我们好像总在吃力不讨好地强迫人们做一些对他们自身有益的事情，其实这种风萧易水的情绪化悲壮感似乎也是没有必要的。因为教育的过程中受益最大的根本不是受教育者，而是社会自身。"为他们自己好"云云，其实只是让受教育者在为社会服务的过程中变得更加平滑。古埃及建造金字塔的奴隶学会了怎样在搬运巨石的时候避免受伤，达到这种程度，教育就终止了，不需要进一步学习莱因哈特（Fritz Leonhardt，1909—1999）的"土木工程倒退分析法"——这不是说他们只需要学会不受伤就"够了"，而是法老认为这样已经"够了"。尼采（Friedrich Wilhelm Nietzsche，1844—1900）认为人类社会道德——这是教育的主要内容——的真相是一种"高尚道德"，即社会地位高，也就是掌握话语权者，制定并规定社会地位较低者所必须遵守的道德规则，这样的道德规则对谁比较"有利"是不言而喻的。尼采认为，为了对抗古埃及法老的皮鞭，建造金字塔的奴隶们发动了一次道德范畴的大起义，至少是使用了某个人们至今不明就里的高效率方法渡过红海，逃离了这种"高尚道德"的势力范围。当他们的后代受到罗马皇帝的亏待时所采用的也是近似的方式，只是持续时间更长，但也更加一劳永逸地解决了问题。公元311年，君士坦丁（Gaius Flavius Valerius Constantinus，272—337）与李锡尼（Gaius Valerius Licinianus Licinius，263—325）联合发布《宽容敕令》，准许基督教徒自由信教，不受歧视；公元313年他们又共同颁布《米兰敕令》，承认基督教的合法地位，发还过去迫害时期没收的教会财产。公元323年，君士坦丁废除四帝共治，战胜李锡尼统一罗马帝国后，基督教再一次得到了大发展。不过，常常为世人所误解的是，君士坦丁自己并没有皈依基督教，基督教成为罗马国教还要再晚半个世纪。公元392年，罗马皇帝狄奥多西一世（Flavius Theodosius Augustus，347—395）颁布谕旨，废除一切原始宗教，规定基督教唯一合法。罗马帝国时期的这一次道德起义看起来是成功了，可结果怎样呢？罗马帝国晚期开始，经历中世纪、文艺复兴至于资产阶级革命爆发，这近一千五百年里，也只是梵蒂冈教皇的"教士道德"取代了埃及法老和罗马皇帝的"道德"成为新兴的"高尚道德"而已。

如果说目的是为了更好地服务于社会，那么"受教育"——历史消费——是一种义务而非权利就很容易理解了。尽管相较于埃及法老，我们尽量采用较为温和的方式，但受教育而变得更"优秀"——为社会服务时更有效率——也依然不属于个人自由的范畴，没有讨价还价的余地。体罚曾经是督促教育的主要手段，现在依然占很大比重，只是从皮鞭戒尺变成了学分。另一个主要的手段是说服——诱使，让受教育者相信自己"应该"这么做显然是一种文明得多的选择。

成书于唐代大中年间（847—859）的《历代名画记》是中国最早的绘画通史著作，在开宗明义的篇章里，张彦远就定义了艺术的社会教育职能：

> 夫画者，成教化、助人伦、穷神变、测幽微，与六籍同功，四时并运，发于天然，非由述作。

所以，人们在观看这种社会展示时，可以理解为同时签订了一条如他们的前辈一般为社会奉献的契约：

> 故鼎钟刻，则识魑魅而知神奸；旗章明，则昭轨度而备国制。清庙肃而樽彝陈，广轮度而强理辨。以忠以孝，尽在于云台；有烈有勋，皆登于麟阁。见善足以戒恶，见恶足以思贤。留乎形容，式昭盛德之事；具其成败，以传既往之踪。……曹植有言曰："观画者，见三皇五帝，莫不仰戴；见三季异主，莫不悲惋；见篡臣贼嗣，莫不切齿；见高节妙士，莫不忘食；见忠臣死难，莫不抗节；见放臣逐子，莫不叹息；见淫夫妒妇，莫不侧目；见令妃顺后，莫不嘉贵。"

无独有偶，我们在德拉克洛瓦（Eugène Delacroix, 1798—1863）

遗稿一处不显眼的地方发现了一小段日记，它读起来像是一时感悟，思绪飘忽而语焉不详，很像是德拉克洛瓦自己都没想清楚，而且很快就把它给忘记了（这倒是有可能的，因为这段话写于1857年1月25日，那时的德拉克洛瓦已经是花甲老人了），因而一直不受艺术史学家的重视，但对于我们的论述来说却意外如点铁成金的神来之笔。在这一小段话中，这位浪漫主义的超级英雄又一次重拾他卷帙浩繁的日记、笔记和散文中反复出现的、对鲁本斯（Peter Paul Rubens，1577—1640）不遗余力的盛赞：

> 鲁本斯比某些古人都更加荷马化。他几乎具有与荷马同样的天才，妙就妙在传神。安格尔则不然，除了顾盼自得这一点而外，没有一点像荷马的地方。他只能描写一些属于外表的东西。鲁本斯则是个荷马，他善于表现人物的精神状态，对于外表若何，则认为无足轻重，或者就以其本时代的服装加以表现。他也比维吉尔更加接近荷马，他的禀性使得他易于如此。[1]

一直为人们津津乐道的、浪漫主义与新古典主义之间唇枪舌剑的敌视关系在这段话中可谓昭然若揭。德拉克洛瓦笔下的"荷马"当然不单指那位身世难考的盲眼诗人——有人甚至认为根本就没有这个人——而是在探讨一种精神状态、一种英雄的气概，这一点是很容易理解的。按照德拉克洛瓦的分析，安格尔（Jean-Auguste-Dominique Ingres，1780—1867）似乎和维吉尔（Publius Vergilius Maro，前70—前19）是同一种人，特别注重形式美、和谐与叙述的平衡，但却失去了鲁本斯和荷马的那种并非尽善尽美但却狂放挥洒的英雄气概。

1　[法] 欧仁·德拉克洛瓦:《德拉克洛瓦艺术日志》，李嘉熙、文佩琳译，金城出版社，2012，第309页。

德拉克洛瓦认为新古典主义的不足之处此时就凸显出来了，因为形式不是永恒的。就好像我们阅读"千里走单骑"的故事，谁都知道蜀汉建立王朝的努力到最后还是失败了，但是这并不影响我们对于千秋忠义的英雄气概的倾心。对于任何一个脍炙人口的故事，艺术史上总能找出成百上千的相同题材的描绘——当故事耳熟能详、因果关系烂熟于心之后，能感染人的就只有精神面貌了。这种理解与《历代名画记》里记载的绘画的玩味性、"见高节妙士，莫不忘食；见忠臣死难，莫不抗节"如出一辙。

当然这只是一家之言而已，形式的重要之处不言而喻。还是前面那个比喻，"千里走单骑"的故事令人热血沸腾，可是如果缺乏了刀光剑影的描写就变得干巴巴的，成了陈寿（233—297）的《三国志》，没有几个人会喜欢看。面对德拉克洛瓦对精神面貌和气度的夸大，安格尔不可能不反唇相讥。我们来看看他在笔记里对鲁本斯的评论，读之令人失笑：

> 确是这样！鲁本斯无疑是一位大艺术家，但这是一位失掉一切的大艺术家。

> 鲁本斯给人的感觉是卖肉的；在他的观念里，首先是新鲜的肉，而全画的布局配置则简直是肉铺。

> 你们是我的学生，因而也是我的朋友，所以当你们在大街上遇到我的任何一个敌人时，你们不应当去招呼他。同样，当你们在博物馆里见到鲁本斯的画时，你们也应该不予理睬地走开。[1]

早在他生前，就有一个名叫凯拉特里（de Kératry，生卒年不详）的艺术批评家指出《大宫女》的形根本不准，人物的背部比常人

1　[法]让-奥古斯特-多米尼克·安格尔：《安格尔论艺术》，朱伯雄译，辽宁美术出版社，2014，第59页。

要长，差不多相当于多出了三节脊椎。这话传到安格尔耳中之后，他也只是付之一笑，不屑一辩。在坚持"唯优美主义"的艺术理念之上，安格尔从来都是态度坚决。与他的作品里透露出来的无忧无虑的柔弱感不同，安格尔生前是出了名的尖酸刻薄。虽然没有对德拉克洛瓦的诘难做出明确回应，但是安格尔在指名道姓抨击德拉克洛瓦在盖兰（Pierre-Narcisse Guérin，1774—1833）门下时的同窗好友籍里柯（Théodore Géricault，1791—1824）时也丝毫不留情面：

> 我希望把那幅《梅杜萨之筏》和另两幅硕大的"龙骑兵"从鲁佛尔博物馆内剔除出去。让人把前一幅放到海军部的某个阴暗角落，另两幅放进陆军部里去，免得它们败坏观者的趣味，应该让观众习惯于接受美的事物……我不想看这幅《梅杜萨之筏》和别的一些解剖学的表演，这些画给我们展示的只是死尸样的人物，刻画得毫无生气，令人作呕；不，我不想看这种东西！艺术所应反映的只是美的东西，必须由美的事物来教育我们。[1]

顺带一提，安格尔在这段话里鄙夷不已地列举出的"另两幅硕大的'龙骑兵'"分别是籍里柯绘于1812年的《骑兵团军官》和1814年的《受伤的胸甲骑兵》。

德拉克洛瓦和安格尔小孩子负气般的意气之争在一个"不小于"整个艺术圈的世界里掀起了轩然大波，但就仿佛后文将会谈到的中国唐宋时期的古文运动和新古文运动，其实所考虑的都是怎样感动人——用什么形式将观念展示给观看者，并没什么其他的焦点。看起来，上升到一个更统一的观念层面，这种唇枪舌剑似乎就没有什么必要了。因为形式和气度都是为这个更统一的观

1　［法］让-奥古斯特-多米尼克·安格尔：《安格尔论艺术》，第64—65页。

念服务的侧面，这个"更统一的观念"就是我们一直在探讨的文明的展示特性。

艺术品要给观众"观看"，一切技法都服务于如何向观众展示自己的思想。当一个人、一个历史消费者"观看"某种被"展示"的观念而成功地产生了思慕之情的话，我们就说这次学习过程，这本书或这幅画，没有白看，"展示"的社会教育意义也就成功地达到了。人们在《自由引导人民》旁驻足沉思时充塞心胸的为了自由慷慨捐躯的豪情，或是在《大宫女》前流连忘返时油然而生的对优美和典雅的景仰，都是这种"展示"被"接受"的载体。换言之，这些在观看中被诱发的高尚的情感都具有令文明变得更伟大的点铁成金的神效。

然而这个载体不是形而上的，它并非不食人间烟火，无论优美还是壮美，都只是调动观众自身欲望的一种手段。这个"思慕"之情里的"慕"字的意思是观看者也要产生"动机"，没有达到这一层的展示观念没有教育意义。我们承认值得敬佩的人生，其意义在于个人的努力推动自身人生的缔造、无数个人的逐步努力成就了文明的发展。但是这种个人的"逐步"努力十之八九是非常现实的，非常之"个人"，如果不贯之以某个可以看得到的目的的话，大多数人甚至不知道应该为了自己的人生而奋斗，更不用说为了文明了。诚如叔本华（Arthur Schopenhauer, 1788—1860）所言，一切行为的动机都无出于利己、恶毒和同情三者之外，这三者都相当易于被利用。

如何挑唆和利用个人的动机，成了艺术的历史、文明的历史以及其他一切伟大的观念的历史。

为此，文明——生存意志（Der Wille des Leben）为了谋求自身的发展，不得不与一群只知道追着棍子上的胡萝卜走的蠢驴虚与委蛇。文明中的一切表象（Vorstellung）都具有利诱的性质，看穿了这一点，就好像所有东西都在一瞬间学会了说话——

金字塔仿佛在说："想像我一样伟岸吗？"

维纳斯仿佛在说："想像我一样美丽吗？"

所罗门的宝藏仿佛在说："想像我一样豪富吗？"

而马拉美（Stéphane Mallarmé，1842—1898）的诗句则仿佛在说："想像我一样永恒吗？"

形式和气度在此达到了统一，不管你是谁，这里面总有一个击中你的弱点。

所谓威逼利诱者也，如果说从古埃及法老的皮鞭、罗马皇帝的法西斯笞杖到哈佛大学教授的学分成绩单都是教育的"威逼"的侧面的话，那么艺术的美、令人倾心的永恒和美好的意象毫无疑问就是教育的"利诱"侧面。

我们再来分析一个例子。在华盛顿，坐地铁蓝或橙线到国会南站（Capitol South Metro Station）下车，向北步行几分钟，就能看到美国国会大厦坐落在国会山山顶，白色大理石的拱顶在一碧如洗的蓝天之下、丝草如茵之间，气势非凡。穿过哥伦布门，置身于举世闻名的国会大圆厅之中，很多不明就里的游客会忽略此处的一个人文景观，很多人在东张西望之余却唯独没有想到仰望天穹，因此错过了国会大圆厅的穹顶画，意大利人康斯坦蒂诺·布鲁米迪（Constantino Brumidi，1805—1880）作于1865年、用以讴歌华盛顿（George Washington，1732—1799）和美国开国的《华盛顿入圣》(The Apotheosis of Washington)。

布鲁米迪出生在罗马，父亲是希腊人。他曾在梵蒂冈为教皇格列高利十六世（Gregory XVI，1765—1846）画过三年画。1854年，他因完成某项工程而从墨西哥回纽约，途中路过华盛顿，新修的国会大厦内部庞大的空间给他留下了很深的印象，他因此而向一位名叫蒙哥马利·梅格斯（Montgomery Cunningham

Meigs, 1816—1892）的主管官员——此人在内战期间曾任北军盟军准将——毛遂自荐，争取到了绘制国会大厦壁画的工作。

1854年至1865年，这十多年间的美国，自由主义的精神处在最后破壳而出的啄啐之机，奴隶制的存废之争是美国缔造成熟的现代文明所需迈过的最后一道门槛。辉格党的四位巨头，第六任总统亚当斯（John Quincy Adams，1767—1848）、第十任总统约翰·泰勒（John Tyler，1790—1862）、第十二任总统扎卡里·泰勒（Zachary Taylor，1784—1850）和前国务卿卡尔霍恩（John Caldwell Calhoun，1782—1850）在数年之内凋零殆尽，辉格党陷入了群龙无首的困境。在面对奴隶制度的态度上，辉格党最后分裂为支持奴隶制的"棉花辉格"和反对奴隶制的"道德辉格"，从此一蹶不振，再也没出过任何一位辉格党总统。民主党方面虽然党务一致，但是几位候选人之间势均力敌，尤其是在北方颇负盛名的刘易斯·卡斯（Lewis Cass，1782—1866）和在南方德高望重的詹姆斯·布坎南（James Buchanan，1791—1868），在奴隶制问题上的争端也同样是暗流涌动。

在这双方势均力敌的胶着态势之下，一匹政治黑马脱颖而出，他就是新罕布什尔人、律师富兰克林·皮尔斯（Franklin Pierce，1804—1869），在党内三十五轮投票以前，没有人知道他是谁，为了应对大选过于平均的局面，弗吉尼亚代表团把他提名出来临时凑数。这位政治幸运儿却从此平步青云，在第四十九轮投票时以三分之二的得票率获得了民主党候选人资格，到了正式大选的时候得票51%，就任美国第十四任总统。

皮尔斯少年新贵，虚伪无德。他醉心于美国领土的扩张，向西班牙提出强买古巴，逼迫奕䜣（1833—1898）内阁签订《中美友好条约》（《天津条约》），但却缺乏身先士卒的胆色，一辈子只当过三年的兵。他狂热地支持波洛克总统（James Knox Polk，1795—1849）吞并墨西哥的主张，1846 年美国侵略墨西哥的战争爆发以后，皮尔斯高调参军，仅仅入伍八个月就当上了准将，将自己装点成投笔从戎的民族英雄。但是后来有好事者在《路易斯维尔杂志》上揭他老底说，皮尔斯在行伍之中统共遭遇四次战役，刚一进入第一次战斗便从马上摔下来，昏厥过去；第二次战斗一打响，他又昏倒，摔下马；第三次战斗前夕，他染上了病，只好卧床休息；第四次战斗，他因晚来了大约一个小时，未能参战。

皮尔斯就职以后，对奴隶制的支持态度越来越露骨。在 1854 年，皮尔斯政府废除了 1820 年的《密苏里妥协法案》（*Missouri Compromise*）——该法案规定北纬 36 度 30 分以北的地区在建州时，都应作为自由州（非蓄奴州）加入联邦——而代之以《堪萨斯—内布拉斯加法案》（*Kansas-Nebraska Act*），规定领土及由领地形成新州内的一切有关奴隶制的问题，应留给住在那里的人民通过他们的代表去解决。这条法案看似很民主，但实际上的基调是允许奴隶制在美国全境无限扩张。堪萨斯成了暴政与自由交锋的前线。1855 年，奴隶主集团在勒孔顿建立了州政府，自由土壤派随即在托皮卡建立了州政府，双方在移民中的摩擦其实已经演变为堪萨斯的内战。皮尔斯决心保护奴隶主集团，他在 1856 年初的咨文中承认勒孔顿政府是堪萨斯的合法政府，并于其后下令强制解散托皮卡州政府。美国南北战争实际上从堪萨斯内战已然开始。

皮尔斯刻薄寡恩，他的继任者布坎南老迈颟顸，美国联邦政府其实已然走到了风雨飘摇的绝境。无怪乎 1861 年布坎南参加林肯（Abraham Lincoln，1809—1865）就职典礼时曾经悲观地说，联邦之船已经驶入了穷途末路。在这主暗国疑、山雨欲来之机，美国人难免回首沉思开国先贤们如何在四面楚歌之中举步维艰地缔造国祚，思考什么才是令国运立于不败的美国精神。因此上有一席谈，更有了这一幅《华盛顿入圣》。

很多人仰观画面时都误以为画中那位身穿黑色燕尾服、留着华盛顿式卷边马尾辫——顺带一提，时至今日还有很多人，几乎所有人都以为那是假发，实际情况则如普利策传记奖得主、传记作家罗恩·切诺（Ron Chernow, 1949— ）在《华盛顿的一生》中所言："华盛顿从不戴假发"[1]，那是华盛顿天生的头发。这种发型起源于一种普鲁士士兵的发式。雪白的颜色倒是化妆的结果，从古画上看华盛顿天生的发色是深棕色，染色的具体方法是用罩子盖住脸以后，往头发上撒白粉——坐在沙发上的绅士就是华盛顿，实际上……那是罗伯特·莫里斯（Robert Morris, 1734—1806），《独立宣言》的五十六位签署人之一，印在十块钱美国银元券票面上的那位胖绅士。此人年轻时富可敌国，号称"费城商业王子"，后来被时人看作"革命财政家"，在独立战争最艰难的时期，莫里斯曾经周游列国，用自己的信誉作担保向法国银行贷款，竭力维持战局，支持华盛顿获得胜利。

看起来，这位青年革命、晚年破产、经历了壮怀激烈的一生并业已名垂青史的"费城商业王子"正在用心倾听并认真用笔记着些什么。在莫里斯身旁和他倾谈并且递给他一袋沉甸甸的金币的那个形象，没有人会感到陌生：他戴着双翼冠、手持双蛇杖，正是罗马诸神中的商业之神墨丘利（Mercurius），他正在向新兴国家的商人子孙们传授着财富积累的不传之秘。

穹顶画的一圈，像这样构图的画面小区域，一共是六组人物群像，除了墨丘利与罗伯特·莫里斯交谈之外，另外的五组人像

1　Ron Chernow, *Washington*: *A life*, （U.S.: Penguin Press, 2010）.

分别是:

1. 战争女神与白头雕相伴，挥剑指引人们前进。这位女神并不是古罗马的神，她在美国独立战争时的代号是哥伦比亚（Columbia），这个名字来源于哥伦布（Christopher Columbus，1451—1506）的姓氏，加上 ia 的拉丁词尾缀，表示地名，也就是哥伦布之国，用在此处的意思是美洲大陆自身的神格化，也就是美洲自己的女神。

2. 智慧女神密诺瓦（Minerva）向科学家们传授现代印刷术和机电知识，这区图中可以辨认的历史人物是美国科学的骄傲富兰克林（Benjamin Franklin，1706—1790）、电报发明人摩尔斯（Samuel Finley Breese Morse，1791—1872）和轮船发明人富尔顿（Robert Fulton，1765—1815）。

3. 海神尼普顿（Neptunus）和海中出生的爱神维纳斯指挥人们铺设海底电话电缆，背景是人类赖以征服海洋的铁甲舰船。

4. 火与锻冶之神伏尔甘（Vulcan）传授查尔斯·托马斯（Charles Thomas，生卒年不详）锻造加农炮和炮弹的精要，查尔斯·托马斯是一位著名的锻冶工业师，曾参与建设国会大厦。

5. 农业谷物女神色瑞丝（Ceres）向人间散布丰收，她头戴小麦叶编成的花环，坐在美国生产的麦考密克（McCormick）牌收割机之上。

现在我们可以概括出这件作品第一方面的中心思想，即美国建国的罗马思想特色，这可不是丹·布朗（Dan Brown，1964—　）小说里无中生有的桥段，而是美国人切切实实地思考过自己国家与罗马帝国之间的继承关系。如果说意大利的文艺复兴是欧洲人在文艺思想上向古希腊致敬的话，那么时间已经流逝了数百年，人类文明下一次革新的粉墨登场已经近在呼吸之间。《华盛顿入圣》中的罗马样式所想表达的隐含寓意就是，美国建国在人类历史上的重要性堪比文艺复兴：文艺复兴是艺术层面的古典主义追思，而美国的两次资产阶级革命是在政法层面上的一种古典主义复兴。但是在政法层面上，古代希腊的城邦政治只能供人景仰其民主主义的神髓，此外是没有什么东西可学的。城邦政治的本质是一种"方国"——这是中国上古历史中的一个名词——介于部落与国家之间，它们小国寡民，在整体上一盘散沙，而且发展到后期纷纷堕落为僭主政治，也难以战无不胜地面对波斯皇帝的觊觎。这最后一点证明城邦政治对比波斯帝国的阿契美尼德王朝（前550—前330）的君主政治，并没有什么特别可圈可点的优越之处，这本身就表明了这种原始民主政治制度的薄弱性和不可取性。所以，恰好比惊叹于拜占庭帝国灭亡的欧洲人几经思索而将本民族的文艺精华定位于古希腊时期一样，美国人认为罗马帝国的统治时代是欧洲政法思想的精髓之所在。政法思想的古典主义是什么？几经思考，美国人相信就是在合理的政治制度下的"宛如罗马帝国般的"霸权，这个思想时至今日都在被坚定不移地奉行着。

认为美国的繁荣依赖于它经历过两次资产阶级革命的看法固然没有错，但是上升到与文艺复兴同等的地位来看待这个年轻国家的建立，我们发现恰好比意大利之于古希腊，美国就是新时代的罗马帝国，美国人也认真思考过罗马之何以为罗马。美国独立战争就好像罗马共和国从埃特鲁斯坎（Etruscan）文明的统治中汲取养分并最终脱颖而出，美国内战又很像奥古斯都（Gaius Octavius Augustus，前63—14）结束三头政治后在罗马共和国的基座上缔造了罗马帝国——不要拘泥于这二者之间是否具有必然的可比性，历史似是而非的周而复始本来就是一件司空见惯的事情。

如果说意大利对于古希腊的追思就是文艺复兴，面对的是精神世界的领主、但是已然日薄西山的天主教皇的话，那我们完全可以将美国的新罗马情结看成是一种"政法复兴"，然而华盛顿可没空像洛伦佐·德·美第奇那样一天到晚吃酒看戏胡吹大牛：年轻的美国所要面对的是同样少壮的、刚刚经历过地理大发现和资产阶级革命、扛鼎之力尚存的"骑士国王"——我们借用这个中世纪历史名词以表明有别于精神领袖的世俗权威：英国国王乔治三世（George III，1738—1820）、俄罗斯沙皇亚历山大一世（Александр I，1777—1825）、西班牙国王卡洛斯三世（Carlos III，1716—1788）、奥地利皇帝弗朗茨二世（Franz II，1768—1835）、普鲁士国王腓特烈·威廉三世（Friedrich Wilhelm III，1770—1840）……

美国人的罗马情结体现了颠覆欧洲天主教主体的新正统思想，这一点是不言而喻的，因为美国刚刚经历过一场生民凋敝的、与欧洲世界的殊死决战。而在这场战争中的欧洲"文明世界"，恰好就是罗马帝国眼中"野蛮人"的后裔。罗马帝国曾经特地建造"长城"以抵御的盎格鲁-撒克逊人，现在他们的子孙在他们新大陆的行省上干着同样的事情，试图拖延同样的结局……所以在美国人看来，经历了中世纪、文艺复兴和资产阶级启蒙运动的欧洲天主教文明并没有什么大不了的。早在美国第五任总统门罗（James Monroe，1758—1831）时代，1823年，英国外交大臣乔治·坎宁（George Canning，1770—1827）致函门罗，提议英美结盟，联合控制拉美事务，以对抗"神圣同盟"——俄罗斯沙皇亚历山大一世、奥地利帝国皇帝弗朗茨二世和普鲁士国王腓特烈·威廉三世——在拉美影响的扩大，这个提议遭到后来的美国第六任总统、时任国务卿的亚当斯的反对。门罗最后采纳了亚当斯的意见，婉拒了英国人的要求，决定由美国独当一面，反对欧洲列强干涉美洲事务——门罗主义其实是亚当斯提出的，可见美国人已然意识到，切断与"蛮族欧洲"的联系是罗马精神在美洲复兴的必要保障。

这六组人物群像代表了罗马诸神对美国开国的祝福。那么，华盛顿在哪里呢？请向中间的画面主体部分看，他身穿古罗马王者的紫色长袍——这也是他不容易在图中被一眼找出来的原因——端坐在云端，身边两侧是两位女性形象，是两种核心价值的人格化意象。他左手边的那位手持号角，所以很容易辨认，乃是胜利（Victoria）；右侧的应该是自由（Liberty），理由是她头戴红色垂尖圆锥帽，在古罗马，孩子成年后离家时或者奴隶被解放时，都会戴这种帽子以示自由。再周围的一圈是十三位仙女，象征美国最早的十三个州。与他的战友莫里斯、富兰克林依然作时人装束不同，华盛顿身穿古典的神祇的服饰，这表明他最终迈入永恒之门，超越了凡人的历史，获得了神格。

华盛顿确实具有恺撒（Gaius Julius Caesar，前102—前44）的气质，但绝无恺撒的恋栈。那位死乞白赖要当皇帝的恺撒，结局无人不知：身中二十三刀，最后绝望中以红袍覆面，在元老院的穹顶下断了气。而华盛顿呢？1789年他被告知当选美国首任总统的时候，还在弗农山庄土里刨食，连前往临时首都纽约的路费都拿不出来，最后不得不问朋友举债六百美元。这种令人颇有好感的气度绝不是皮尔斯高调参军的"表演"所能达到的，而是一种个人对于人类精神高贵性、道德自律性的天生领悟和由衷钦许。

比华盛顿早一千年的中国散文家柳宗元（773—819）在《骂尸虫文》中说过的一句"聪明正直者为神"可谓知音之谈。这种对于人品的赞许和宣扬以树立一个时代的道德标杆的用意就是这幅作品的第二方面现实意义。所以说，尽管那个脍炙人口的、华盛顿小时候砍樱桃树的故事——威姆斯（Mason Locke Weems，

1759—1825）在写于 1800 年的《乔治·华盛顿的生平与难忘事迹》一书中首次讲述了这个故事，在此之前以及之后，我们对总统和他父亲华盛顿老爹（Augustine Washington, 1694—1743）之间的关系都是一无所知——肯定是虚构的，但人们联想这位老绅士诚实、正直、恬淡的一生，都觉得未必不该是如此，是不是真的有过这样一棵倒霉的樱桃树，反而不重要了。这个故事就好像韩昌黎祭祀鳄鱼以及其他很多耳熟能详的圣徒故事或是神迹故事，它宣扬的诚实正直的人性几乎符合一切宗教对于"神性"的界定标准。与此类似，另一位画中人富兰克林，一位以身许国的老科学家，直到八十高龄还在为国事奔波操劳，但去世后却只肯在墓碑的头衔上刻上"一个印刷工人"。连华盛顿谈到这位老朋友的时候都感慨不已地说：

> 因为善行而受景仰，因为才华而获崇拜，因为爱国而受尊敬，因为仁慈而得到爱戴，这一切将唤起人们对你的亲切爱戴。你可以得到最大的欣慰，就是知道自己没有虚度一生。

> 在我的一生中，能让我佩服的人有三位：第一位是本杰明·富兰克林，第二位也是本杰明·富兰克林，第三位还是本杰明·富兰克林。[1]

所以华盛顿和他的战友们升天成神看起来似乎有一种蛮荒的、迷信的、不符合时代的荒诞感，但是在逻辑上却挑不出什么毛病：所有宗教都承认神性是人性的升华，途径是如同《吉尔伽美什史诗》一般为苍生立命，这也符合华盛顿和富兰克林波澜壮阔的人生经历。

1　[美] 本杰明·富兰克林：《富兰克林自传》，王正林、王权译，中国青年出版社，2013，封底。

在一般程度的历史观基础上我们恐怕只能同意，并没有这样一条一厢情愿的、古代和现代的分界线，在这条时间线"之后"的人类文明与诸神从此分道扬镳。维科（Giambattista Vico, 1668—1744）在维吉尔的《农事诗》中读到了这样一句：

朱庇特大神充盈一切（Jovis ominia plenta）[1]

而感到困惑——一个投掷闪电的大胡子，如何"充盈"一切？在很多人眼中，这似乎不成其为问题：任何一种宗教都尽量甚至是过度地宣称神力的这种靡远弗届的特性。但是，请注意，维吉尔这里说的是朱庇特这位"神"自己"充盈一切"，而不是他的某种抽象的、符合介质传播特性的力量。我们对于任何有身体、有容貌和有性格的存在，在时空定位上都是体认为非此即彼的——这位大胡子仁兄，要么在家里，要么在公司，别说"充盈"这两个地方，他要保证上班不迟到只怕都费劲。实际上这种看法——神的渗透性和充盈性，这一点我们后面章节还会谈到——非常古老，远远早于维吉尔的时代。维吉尔的这句诗的灵感有可能（仅仅是有可能）来自比他早五百年的那位在公元前 585 年就能预言日食的泰勒斯（Θαλῆς，约前 624—前 547）曾经说过的一句类似的话：

万有森罗，尽是神明弥满。

可维科却为之醍醐灌顶，因此而觉察到了古人与现代人思维的迥异向度。

不过，还是很难界定这种天渊之别究竟是"何时"发生的。大多数人想到古埃及的豺狼神（Ἄνουβις）、宙斯（Ζεύς），还有孙行者和因幡仙兔（いなばのしろうさぎ），都会联想起一些古

1　［英］以赛亚·柏林：《浪漫主义的根源》，亨利·哈代编，吕梁等译，译林出版社，2008，第 12 页。

老的神力，但绝不会去想到现代性和科学，更不会想起电话和互联网科技。无论是多么粗制滥造的神庙和教堂，都尽力而为，使得建筑和装饰看起来像是一种具有古典意象的、不伦不类的怪东西，仿佛神只属于古代。这样一来，我们想象中的诸神，就好像某些好莱坞电影中的庸俗桥段那样，完全不具备在现代城市生活的能力，我们的误解使得他们看起来不过就是一群值得尊敬的，但是对现代生活一无所知、连电视遥控器都不会用的乡巴佬而已。对于听惯了外祖母睡前故事的我们而言，这种现实的、与时俱进的神谱非但难以想象，而且难以面对。为此，小说家尼尔·盖曼（Neil Gaiman，1960—　）在《美国众神》这部2001年获布拉姆·斯托克奖，2002年获雨果奖、星云奖的作品中忍不住调侃了一下这些人老珠黄的往昔神祇。在这部小说中，一位满脸青春痘、看起来像是肥胖高中生的新谱系的神，在边喝着减肥可乐边谈到他的一位前辈的时候刻薄地说：

> 你告诉他，他已经是历史了，他被遗忘了，他老了。告诉他，我们才是未来，我们不会给他或任何像他一样的家伙任何机会。他应该被关进历史垃圾博物馆，与此同时，和我一样的人，将在属于明天的超级高速公路上驾着豪华轿车飞驰。……告诉他，我们他妈的已经为现实重新编制了程序。告诉他，语言是一种病毒，信仰是一种操作系统，祈祷不过是他妈的垃圾邮件。[1]

任何文化人类学主题的博物馆都是现代的神庙，是凡人为往昔的神祇建造的养老院。没有信仰，敬意不过是一种积习。

凡人将诸神禁足于过去，以便他们自己独占未来。

1　［英］尼尔·盖曼：《美国众神》，戚林译，四川科学技术出版社，2006，第41页。

可是不要忘记，如果神真的存在，真的是人们口口相传的那种形式的存在的话，那么属于他们的就不仅仅有掌控生死、变幻莫测和飞天遁地的能力，同样有电话、轮船甚至是量子物理。所以，尽管古怪，我们却很难用神话自身的逻辑性去否认尼普顿和维纳斯摆弄海底电话电缆的合理性。这一切只是在我等进化的潜移默化中变得越来越陌生了而已。

那么问题就浮上水面了，当我们听说轩辕黄帝鼎湖乘龙升仙天界，或是奥赛里斯法老在被制成木乃伊之后荣膺冥王这些故事的时候，觉得份属平常；听说汉高祖斩白蛇起义以及仙女佛库伦吞红果而生女真族，也觉得能够接受；可当我们听说各地涌现祥瑞，征兆洪宪皇帝（1859—1916）尽早登基，所有人都大摇其头，把这当成了一种丑闻——其实祥瑞在《二十四史》中史不绝书，很多国史甚至有谶纬志或是述异志这样的专门篇章备闻其事，虽然同样都没人相信，可古人一点都不觉得有什么不妥之处。

对于华盛顿而言也是如此，这位美国的开国总统，直到数百年后人们都还在像谈论一个老朋友一样如数家珍地回顾着他诚实、正直的一生，甚至包括那个根本不存在的关于樱桃树的传奇，还有他在卸任之后办了一个威士忌酒厂赚钱养老——这是真的，赚了七千五百块钱，这在当时相当可观——这样鸡毛蒜皮的小事。可这位可敬的老绅士居然变成了一个身穿着娘娘腔长袍的罗马的神？光是想象一下都令所有人觉得难以接受。

这种意见反馈，可不是空穴来风。1841 年，有一个名叫霍雷提欧·格里诺（Horatio Greenough，1805—1852）的颇负盛名的雕塑家，出于某种古典主义的构思，尝试着创作了一件雕塑作品，在这件雕塑中，华盛顿的头被配上穿着古罗马袍衫的身子，他裸露出几乎整个上半身，坐在罗马皇帝的狮足宝座上，左手持剑，右手如同拉斐尔《雅典学院》中的柏拉图（Πλάτων，前427—前347）一般指着天。华盛顿这样的服饰叫作托伽袍，在古罗马很常见——可古罗马人在托伽袍里面一般都穿衬衫，鲜有裸体披袍的——与奥古斯都的一尊坐像装束完全相同；而这两只手的姿势，看起来又很像是模仿韦斯帕芗皇帝（Titus Flavius Vespasianus，9—79）的一尊立像，只是后者右手指向前方，左手拿着一卷文书。不可否认，这种僵硬的姿态符合古典主义审美的崇高性，兼具庄严的气势和严谨的结构。

可是当雕像面向公众展示之后，所有慕名赶来欣赏的人都倒抽了一口凉气，觉得别扭得不得了。这个无须老头的脸配上古罗马的托伽长袍，看起来就像个满脸横肉的老太太似的。雕像里的华盛顿肌肉发达，这个身体和他的头部怎么也协调不起来。何况雕像还是半裸，这简直是个国际笑话。确实如此，我们见惯了《大卫》的裸体，看到布歇（Alfred Boucher，1850—1934）的《卡米尔》会觉得很美，甚至我们看到收藏于佛罗伦萨旧宫的那尊令人哭笑不得的《赫拉克勒斯和狄俄墨得斯》——在这尊雕像表现的那个瞬间里，两个大力士正在裸体摔跤，看起来赫拉克勒斯（Ηρακλής）已经稳操胜券，他已经把狄俄墨得斯（Διομήδης）倒提起来，准备扔他个八丈远，狄俄墨得斯情急之间使出了一招猴子偷桃，猛扭赫拉克勒斯的私处，比武陷入了无比尴尬之中——都觉得没什么，可是华盛顿？这位严肃的老绅士，连他笑起来是什么样子都没人见过，况乎裸体？国会大厦和马萨诸塞州议会大楼的设计师、波士顿人查尔斯·布尔芬奇（Charles Bulfinch，1763—1844）觉得，人体美的时代已经过去，这可能是这尊雕像让人感到这么不舒服的原因。在接受采访的时候他诚恳地说：

我们的人民希望看到那个伟大人物如他们想象中的那

样，面对发达的肌肉几乎不可能（有人会）感到满意。我担心（这尊雕像）只能让人想到准备沐浴或是刚刚出浴。如果要我给出意见，它应当被送往雅典，安放在帕台农神庙里，与其他赤身裸体的伟人在一起。

几乎所有人都觉得，华盛顿大概就是那种从出生到去世从来没有裸体过的人，持这种观点者肯定比认为"华盛顿一天到晚戴假发"的人要多。有一个叫霍桑（Hawthorne，生卒年不详）的时事评论家在谈及这个雕像的时候可就没有布尔芬奇那么客气了，他幽默而刻薄地说了这样一段话，闻之令人发噱：

有人见过华盛顿裸体吗？这难以相信。他从来没有裸体过，我猜想他生来就穿着衣服，头发一丝不苟，第一次出现在这个世界上的时候就在庄严地鞠躬。

现存的一张1899年的照片表明，那时候这个雕像还被放置在某个类似于公园的开放空间之中、被簇拥在一群目瞪口呆的围观者之间，供人凭吊、发思古之幽情，之后就杳无音信了。根据可靠的情报，这尊雕像现在的位置是华盛顿杰斐逊路西南1000号（1000 Jefferson Dr SW, Washington, D.C.），被闲置在史密森学会的地下室里。

看来如果天庭的诸神都穿得这么凉快，华盛顿大概是无此福缘了。我们发现了这样一个有趣的现象，即对于越是古代的历史人物，在评价上我们对他的"苛责"就越少，这可不仅仅是穿不穿衣服的问题。吉尔伽美什年轻的时候曾经欺男霸女、无恶不作；恺撒和克莱奥帕特拉（Kleopátra VII，前70—前30）之间的关系也是不清不楚，没人会介意他们这样的污点。可面对华盛顿或是林肯，哪怕只是碌碌无为的比尔·克林顿（William Jefferson Clinton，他其实名叫威廉·杰斐逊·克林顿，不过因为威廉太难写，所以美国人经常把威廉昵称为比尔），我们都会用一种近乎苛刻的道德标准要求他们。这并不是现代人厚此薄彼，而是文明的整体心智水平在微弱而难以觉察地进步，老百姓越来越不好"蒙骗"，这是我们面对《华盛顿入圣》这幅佳作时应当沉思的第三个方面。

提醒人们历史是一个整体，伦理之河从来没有中道断绝过，这大概是艺术的使命。既然恺撒、奥古斯都、克劳狄乌斯（Tiberius Claudius Caesar Augustus Germanicus，前10—54）和韦斯帕芗都因为人品和德行而被后人尊奉为神，那么就必须承认华盛顿和富兰克林也具有同样的资格，只有这样，道德和神性超越时间的不可置疑性才不是一句空话。所以尽管华盛顿成神令人感到古怪，但是没有逻辑错误。而事实上，心智的进步只会使文明对道德的要求越来越高，这一点比"人因道德而神圣"还要现实：韦斯帕芗的贪财聚敛、克劳狄乌斯的糊涂惧内，这些毛病在华盛顿身上一点也没有。

公众是反映历史人物的镜子，在历史人物越来越伟大的同时，作为历史消费群体的公众的知性也在水涨船高，这才是文明发展的阳刚态势。早在帝尧之时，尧听说许由贤德，于是前往颍水造访，提出将帝位禅让给许由。许由闻言觉得受到了侮辱，一口拒绝、掬水洗耳之后，扬长而去。这个故事至今还在令所有中国人大惊小怪，觉得许由德配天地，膜拜这位先贤的痕迹在历史记载中无处不在。

许由厌瓢（这是另外一个故事：许由穷得只有一只水瓢，有一天睡觉的时候水瓢被风刮得撞来撞去，吵得他睡不着觉，于是他就把瓢给打碎了。这点鸡毛蒜皮的事也莫名其妙地受到国人的道德崇拜，看来道德真的是不可理喻的。）的三千五百年后，公元前44年3月15日，恺撒遇刺。卡西乌斯（Gaius Cassius Longinus，？—前42）和布鲁图斯（Marcus Junius Brutus Caepio，前85—前42）想象中的、铲除暴君而受到公民夹道欢迎的盛况并没有出现。血泊之中恺撒伏尸于地，看起来令人心悸，仿佛比他活着的时候更令人觉得危险。混乱中安东尼（Marcus Antonius Marci Filius Marci Nepos，前83—前30）已经逃得不知去向，人们在沉默中围观，漠然中透露出阴冷的怒意。梦魇般的孤立无援中，不断听到有人窃窃私语，宛如幸灾乐祸，但显然不是针对恺撒。罗马共和国的最后岁月里，共和政体已经演变成彻头彻尾的贵族寡头政治。可对于老百姓而言，三头政治和恺撒称帝，无所谓哪个好哪个坏，关键在于他们需要的不是在完美政体下碌碌无为、自私自利的政治家，而是在不完美的制度中长袖善舞、凝聚人心的英雄。这并不是人民愚昧，而是人类文明的土壤还没有发展到适宜于真正民主制度萌芽。就好像房龙（Hendrik Willem van Loon，1882—1944）所言，在恺撒的时代，人类本身还是个孩子。上古精神的余韵使得历史人物——吉尔伽美什、普罗米修斯、库丘林（Cú Chulainn）或是大黑天（Mahākāla）——的个人影响大过历史规律自身的作用。

布鲁图斯伏法的一千八百年后，牵牛不饮洗耳泉的故事重演了一遍。1781年约克镇大捷，独立战争再无重大战役。1782年5月22日，华盛顿收到了一位名叫刘易斯·尼古拉（Lewis Nicola，1717—1807）的老部下写的一封长达七页的信，信中列举了美国社会百废待兴的种种问题。在这封信结尾，尼古拉认为解决当下困境的不二法门其实很简单，只要华盛顿登基称帝，一切都会迎刃而解。这封《刘易斯·尼古拉劝进书》惹得向来温文尔雅、绝无脾气的华盛顿勃然大怒，他忿忿不已地给尼古拉回信说：

> 我很难设想我有什么行为竟会鼓励你写这样的一封信，在我看来，这封信包含着可能降临到我国头上的最大

危害。如果我还有一点自知之明的话，可以说你不可能找到一个比我更讨厌你的计划的人了。[1]

为此尼古拉于 5 月 23 日、24 日和 28 日三次写信道歉，两个老朋友才重修旧好。1783 年底，华盛顿辞去大陆军总司令职务，归隐林泉。

尼古拉劝进的一百三十四年后，1916 年初，袁世凯登基称帝已然两月有余。1915 年冬季，经界局督办蔡锷（1882—1916）假意逢迎袁的称帝决定，虚与委蛇，伺机逃回云南，12 月 25 日在云南起义讨袁。蔡锷认为，虽然帝制废除不过数年，但是王政时代的结束已然覆水难收，他在通电中说：

> 非自今永除帝制、确保共和，则内安外攘，两穷于术。锷等今与军民守此信仰，舍命不渝，所望凡食民国之禄，事民国之事者，咸激发天良，申兹大义。

贵州、广西相继响应，战火烧遍半个中国。对于袁称帝的闹剧，孙中山（1866—1925）在《讨袁宣言》中评论说：

> 袁氏推翻民国，以一姓之尊而奴视五族，此所以认为公敌，义不反兵。

以孙中山为代表的进步思想认为，历史已然发展到再也不可能出现一个像朱元璋（1328—1398）这样的人物，推翻一个旧王朝而建立一个换汤不换药的新王朝，共和思想的普遍确立正是民智整体进化的结果，这个过程是不可逆的。蔡孙振臂一呼，全国景从，在全国讨袁呼声鹊起之中，1916 年 3 月袁世凯不得不废除帝制，两个月后就病死了。袁世凯死后不到半年时间，蔡锷也因为喉癌恶化，在日本不治，大笑辞世。

中华护国战争之后三十年，1945 年英国战时内阁解散，人

1　Ron Chernow, *Washington: A life.*

选在即，已过古稀之年的丘吉尔（Winston Leonard Spencer Churchill, 1874—1965）踌躇满志，觉得首相宝座舍我其谁。谁知道选票统计出来之后，保守党只获得了197席，仅工党393席的一半，工党领袖艾德礼（Clement Richard Attlee, 1883—1967）当选首相。丘吉尔成功领导同盟国世界胜出第二次世界大战，功勋卓著不下于华盛顿，可是别说没人劝他百尺竿头更进一步，人们甚至在战争结束后马上就把他给选了下来。事实证明英国人做出的选择是没有错的，1942年发表的《贝弗里奇报告》明确认为战后英国政府应该以全民就业为目标，全面建立社会福利国家，而这个使命托付给工党执行确实最为合适。连斯大林（Иосиф Виссарионович Сталин, 1878—1953）听说这个结果后都为他感到不平，两人在波茨坦会面时他对他说："英国人太忘恩负义了，是您把他们从法西斯的战火中拯救出来的，现在他们居然把您给抛弃了。"

丘吉尔似乎也感慨万端，他沉思良久，引用了罗马帝国时期的希腊思想家普鲁塔克（Πλούταρχος, 46—120）的一句名言做出回答：

"对伟大人物的忘恩负义，是一个民族伟大的标志。"我带领英国人民浴血奋战，就是为了捍卫他们罢免我的权力。

丘吉尔败选六十八年之后，2013年2月11日，八十五岁高龄的罗马教皇本笃十六世（Benedictus XVI, 1927— ）以年迈体弱为由宣布退位，成为在1415年格列高利十二世（Gregory XII, 约1326—1417）退位之后，近六百年来唯一退位的教皇。格列高利十二世在位时，在阿维尼翁有另外一位教皇本笃十三世（Benedictus XIII, 1649—1730），为了消弭教会的分裂局面，双方商讨为了大义共同退位。历史上主动退位的教皇，最为令人不齿者为1045年退位的本笃九世（Benedictus IX, 约1012—?），他为了和情人结婚，把教皇宝座以 650 千克黄金的价格卖给了格列高利六世（Gregory VI，生卒年不详）；情况与本笃十六世相仿的则有塞莱斯廷五世（Celestine V，生卒年不详），这位隐修僧出身的老修士当了五个月教皇就不胜其烦，在 1294 年不和任何人商量就退位了。

与亚历山大六世（Alexander VI，1431—1503）或乌尔班二世（Urban II，1042—1099）那样贪恋权位不同，权力在越来越文明的心智之中，变得越来越不值得留恋。文明的发展遵循的道路是逐渐缩小个人的作用、放大体制和历史自身的规律的作用，所以历史知识的消费变得越来越重要，这个旅途中的每一步都走得足音铿锵。在这几个例子中，我们目光关注的焦点并不是历史人物自身的去留，而是当这些历史人物做出影响历史的决定的时候，旁观者——公众的态度。从许由洗耳被人称圣直到丘吉尔被人民罢免，我们能够看出文明中的"普通人"，其心智之发展也完全跟得上历史的脚步。历史人物"展示"，而公众"观看"，这种沉默的耳濡目染保证了文明整体的进化每一天都在发生。我们不能否认人类文明正在趋同，但此外没有其他出路。像吉尔伽美什、斯巴达国王李奥尼达斯（Λεωνῑδας，约前 540—前 480）或是神圣罗马帝国皇帝红胡子巴巴罗萨（Friedrich I，1122—1190）这样的人，可谓天下无双，可在个体和整体之间的差异变得越来越不重要的岁月流逝之中，他们会变得越来越没有用武之地。

历史人物不是公众的老师，他们充其量就相当于老头老太太跳集体舞的时候，扭腰摆胯得特别卖力的那几个人，他们的行为因而引发了旁人不由自主的模仿，或是让旁人特别容易发现他们动作中的错误并且引以为戒，这些都是双方的自由，仅此而已。我们承认每一位翩翩起舞的大伯大妈都有权利注意旁人的舞姿，这就是人们对于"展示"的"观看"。"观看"也并不等同于"教育"，它不具备教育的那种不论荤素的灌输特性。人只会观看自己想看的东西，在这个范围（兴趣动机）之外，就好像我们中学时苦苦背诵那阵吹过阿留申群岛的季风——也许是洋流？——那样，观看不能引发能动效果。这是公众社会知识权力的第一个层面，这种观看乃是天赋的人权。

因"观看"而"知情"是在这种天赋人权基础上衍生出来的公众权利，但是正如前文所言，"展示"是一种"明白人"刻意为之的举动，它的令人不太舒服之处在于总是难脱一种阴谋色彩，看起来好像是公众被算计了。所以，尽管"观看"是天赋的，但这无法保证其内容在"展示"时不被做手脚，这对权力关系因此而不再纯粹，这是社会知识权力的第二个层面。

"述而不作"这句话较早出现于《论语·述而》："述而不作，信而好古，窃比于我老彭。"朱熹《四书章句集注》注曰："述，传旧而已。作，则创始也。"后世学人对朱熹的解释大多无异议。为了更明了这句话的寓意，有人试图考证后半句中"老彭"这个人的身份，因为在西汉人戴德（生卒年不详，约活动于公元前一世纪）所作的《大戴礼记·虞戴德》中还有一句孔子的话说：

> 昔商老彭及仲傀，政之教大夫，官之教士，技之教庶人，扬则抑，抑则扬，缀以德行，不任以言。

看来这位"老彭"在孔子的言论之中具有一定的师表意味。虽然很多人认为老彭就是老子和彭祖，这里引申为代表道家学派的一些思想家，但是何晏（？—249）《论语集解》中引用包咸（前7—65）的观点认为"老彭，殷贤大夫"。从语气上来看，文中与老彭并列的另一个古人"仲傀"应该是一个与他身份和学说思想相近的人。

如果不出某种历史知识上的文饰掩忘的意外的话，这个"仲傀"应该就是夏商时期的一个方国"薛"的领主"仲虺"（生卒年不详），《左传·定公元年》记载他"仲虺居薛，以为汤左相"，在汤灭夏的王朝更迭中立下不世功勋。这种将"老彭及仲傀"并列的方式，原因很有可能是，他们是同一时代的人，如果说"仲傀"就是汤时期的"仲虺"的话，那么这位"老彭"就很可能是现代可以考证的四位"彭祖"中的第三位，汤灭夏的另一位功臣，当时在任的方国"彭"的领主"彭考"（生卒年不详）。与他们的老同事伊尹（生卒年不详）出身寒微不同，商代人以鬼神治国，仲虺和彭考这样的人，出身于贵族（仲虺是禹时薛国始祖奚仲的第十二世孙）而为相的话，那必为巫相无疑。

这种身份回转过来倒又很符合《论语》中"信而好古"这句话里面的这个"信"字。在《国语·晋语一》"臣之不信，国之福也"这一条目下，韦昭（204—273）注曰："不信，卜不中也。"占卜是商代日常生活中最重要的内容，商代人最常用的占卜方式是在龟甲上钻孔，然后用火烤，观其裂纹，这种裂纹的象形文字名称是"兆"。不消说，这种曲里拐弯的天书除非巫师详加解释，否则没有人能看得懂。所以说，如果"信"就是"卜之而中"的话，那么这个"古"字就不能从字面上解释，而是一个通假字，诚如唐代孔颖达（574—648）《毛诗正义》所言："诂者，古也。古今异言，通之使人知也。"这里实际上应该写成"诂"。

看起来"述而不作"和"信而好古（诂）"似乎是两种完全相反的表达态度，不太可能集中在一个人——"老彭"身上。看来我们是时候反过来看看"述而不作"这句话了。与"古"情况相似，"作"这个字，在大篆中的写法是"乍"，没有偏旁。上古时期没有纸笔，书写不易，所以后世的很多字在上古的时候只是一个字的几个义项，往往用同一种或少数几种简笔写法来概括。因为在金文行文中"乍"字（意为制造）的使用频率很高，所以以"乍"为"作"也就成为古文字学中的一个习惯了。但这并不代表"乍"就只能是"作"。这个"乍"字在后世出于字义的需要加上偏旁可能成为不同含义的若干字，但是在三代都写成"乍"。

那么，这个"乍"字如果不是"作"，应该是什么字呢？我们来看《庄子·盗跖》"尔作言造语"句在《太平御览·卷六百八十四》中为"尔诈言造语"；郭沫若（1892—1978）在集校《管子·法法》中"倨傲易令、错仪、画制作议者尽诛"一句时也认为"作议，当读为诈讹"。所以，一个可供参考的答案是，朱熹对"述而不作"的解释很可能是不准确的，这句话本来应该是"述而不诈"。

"述而不作，信而好古"变成了"述而不诈，信而好诂"，不仅更符合老彭（以及仲傀）这些人的身份——商代巫爵的主要工作毫无疑问就是解释、无休止地解释那一堆堆破烂的、看起来除了喂猫外没有什么其他用途的甲骨——而且文义也更加通顺：展示和解释是文明传承的根本，它虽然因为只有解释者个人的信仰和品德可资依赖而总体上显得相当波诡云谲，但是我们别无他途。历史展示的消费不可能不通过解释，"述而不诈"已然很不容易，朱熹想象的"述而不作"从来就没有实现过。

"述而不作"这句话自己都不"正确"，怎么能指望以这句话作为宗旨的历史哲学思想会是"正确"的？这样看来，文明的意义在于展示（史实）和观看（理解）之中这一论点，也就很难反驳了。这种处理历史文本的方式，罗兰·巴特（Roland Barthes，1915—1980）认为可分成两个层面，可读特性和可写特性。可读的文本是物化的，它只提供一种自在（Ding an sich）的存在面貌，但是在这个基础上对其进行的全部解释，不管客观不客观，都是可写的，它具有思想的性质，出于理解的需要，它的外延很容易被扩展。无中生有是较为低级的手段，断章取义是较为中级的手段，指鹿为马是较为高级的手段。

如果仅仅依靠《春秋》，晋文公重耳（前697—前628）可能会成为一个在现代人知识中徒有其名的人，他惊涛骇浪般的一生则会完全被历史所遗忘，就好像周朝第一代酆叔，我们只知道他是文王第十七子，连名字都没有流传下来，这种存在可谓只是某种结构的填充物，无任何意义。在《春秋》中，"僖公二十三年"的条目之下完全没有一个字提到晋公子重耳，在"僖公二十四年"的条目里，关于晋国也只说了五个字"晋侯夷吾卒"，还是没有说到重耳一个字。如果不是《左传》在这两个条目的传注中留下洋洋洒洒的两千两百字，晋文公逆境中顽强不屈而终成一代霸主的人生经历将被人永远遗忘。重耳这个名字，在《春秋》中唯一一次登场是在"僖公三十二年"的这句话中：

> 冬十有二月己卯，晋侯重耳卒。

在僖公二十五年到僖公三十一年这一段时间里，特别是僖公二十八年，晋文公在《春秋》中着墨倒是不算少，但是一律用"晋侯"这个官面上的称呼，所记载的事也都是轻描淡写，诸如"晋侯侵曹，晋侯伐卫"（僖公二十八年）、"晋人、秦人围郑"（僖公三十年），完全看不出《左传》中亟欲表现出来的、一代霸主雄才大略的气度。孔子试图刻意淡薄晋文公的形象，究其原因可以引申出一个绝大的话题。除了条目化的简单陈述是为人们所一贯接受的"春秋笔法"之外，我们来看看《论语·宪问》里的这句话：

> 晋文公谲而不正，齐桓公正而不谲。

同样是称霸，他们两人的区别在于齐桓公是先打出"尊王"的旗号再图霸业，而晋文公则是霸业有成以后再做出礼尊周天子的姿态。这两者实际上并没有什么不同，可是在"礼崩乐坏"的时代，"下克上"已经成为无法改变的事实，孔子也至少希望能够为传统的、理想主义的伦理秩序保持一点名义上的敬意。所以，孔子不喜欢晋文公，一笔带过的理由就是这么简单，虽然这理由任性、不切实际而且有点孩子气，但它就是这么简单。

《春秋》的正统思想与本书"文明即展示"的观点的关系不可谓不大，但是此处我们暂且不去探讨这个方面。毫无疑问，孔子对于晋文公重耳这个人是厌恶的，但是《左传》对晋文公却是赞许备至，我们来看看"僖公二十八年"的这句话：

> 文公其能刑矣，三罪而民服。《诗》云："惠此中国，以绥四方。"不失赏刑之谓也。

左丘明根本不觉得晋文公无视周天子而称霸的"下克上"有什么不妥当之处，他对晋文公就是一种单纯的、在现实主义的历史观中对实力强者的推崇。孔子和左丘明是两种人，一个推崇理想，一个推崇实力，这两者都是缔造文明所不可或缺的。对于晋文公重耳业已存在的人生经历，在不能回避（"述而不诈"）的基础上，孔子出于"某种态度"仅仅记载了百余字，而左丘明出于"另一种态度"，光是晋文公称霸前的流亡生涯就记载了两千余字，这不能不说是"信而好诂"——历史展示者出于个人好恶，以客观面貌对观看者施加主观影响。即便是仅仅在条目的历史层面上对曾经发生过的事情的解释——甚至那几乎都不算是解释，仅仅是字数的多寡而已——我们已然很难找到一个观看者被认为是"公道"的伦理态度。然而几乎所有人至今还以为应该有"见篡臣贼嗣，莫不切齿；见高节妙士，莫不忘食"的这样一种态度。

至于再进一步，展示者真正介入了对一个客观事件的解释之中的时候，历史的波诡云谲就真正诞生了。雄才大略、老奸巨猾，这些词都可以加诸同一个人之身，譬如说晋文公、太平公主（约665—713）、明智日向守十兵卫光秀（Akechi Mitsuhide, 1528—1582）、枢机大主教黎塞留（Armand Jean du Plessis de Richelieu, 1585—1642），还有廉亲王胤禩（1681—1726），而且它们都没有错。

所谓"三人疑之，则慈母不能信也"，历史的观念就是一种信仰的争夺，它具有市场的效应：在展示者，历史观念的传播好像是市场的徕客；而在观看者，观念的选择就好像在面对一房间琳琅满目的自助餐。而另外一个符合市场规律的要点是，买家永远没有卖家精，所以展示和观看之间的权力博弈一般都表现为观念的观看者——顾客被牵着鼻子遛来遛去。

事实，事实永远不会匮乏，峰回路转而又波诡云谲。在某个版本的中学生政治经济学教材之中，一篇关于哥伦布发现美洲的文章里说过，哥伦布没有发现梦寐以求的黄金，被欧洲人骂为骗子，不久就在贫病交加的凄凉晚景中默默地死去。

这种认为哥伦布死于贫穷的说法是站不住脚的。他戴着镣铐被押解回西班牙是确有其事，这可能是令人联想他凄惨晚景的一条线索。实际上……他很快就得到赦免，虽然没有再担任任何官职，但是至死都相当富裕。

一个在中国连小学生都倒背如流的、关于青年马克思（Karl Heinrich Marx, 1818—1883）热爱学习的革命故事里说过，马克思在大英图书馆有一个固定的座位，由于他几十年如一日地在这个座位上钻研学习，读书的时候脚不自觉地在地面蹭来蹭去，结果在座位下的水泥地上磨出了脚印。

这个道听途说的故事我们都异常熟稔，它不知道从什么时候开始以讹传讹，成了信徒最多的神话。实际上……完全是假的，根本没有这回事。有好事者还专门去向大英图书馆的馆员求证，得到的答案是，很多中国访客都问过这个问题，但是，每天来这里的人这么多，图书馆是绝对不会为某一个读者安排特定的座位的。更何况，他也不可能几十年里每天坐在同一个座位上。大英图书馆现在还在，那里的水门汀地面又硬又凉，砸个钢钉进去都费劲。

几乎上千个版本的鬼话连篇的励志读物谈到天才与勤奋的话题时，都引用过托马斯·爱迪生（Thomas Alva Edison，1847—1931）的这句话：

天才就是百分之九十九的汗水加上百分之一的灵感。
应该没人会对这句话感到陌生，它成为许多资质平庸者信奉的金科玉律。实际上……很遗憾，这话爱迪生确实说过，不过原话是这样的：

天才就是百分之九十九的汗水加上百分之一的灵感，
然而那百分之一的灵感是至关重要的。
就这样，省略了半句话，意思截然相反。

在汉语言文学中，这种断章取义更加汗牛充栋。"吾生也有涯，而知也无涯"这句话被引用，通常是希望以此教育孩子们要好好读书，把有限的人生投入到无限的求知之中去。实际上……在《庄子·养生主》里面，这句话的原文是"吾生也有涯，而知也无涯，以有涯随无涯，殆已"。又是一个意思完全相反的断章取义。

在某些曾经很有市场的历史人物评价意见中，"民可使由之，不可使知之"这句话时常被解释为孔子的反人民性。这句话出自《论语·泰伯》，几乎所有人都觉得它的意思很突兀，和上下文格格不入。实际上……正确的句读应该是"民可，使由之；不可，使知之"，这是多义字和句读造成的断章取义。

历史，荆棘密布。不要以为相信与否是出自个人的自由意志。

III 展示的社会规训意义

在论述即将被卷入从左丘明、康有为到克罗齐（Benedetto Croce, 1866—1952）的，关于对历史知识的有意利用的，长达两千五百多年的争端漩涡之际，我们及时中止了这个话题。卷帙浩繁的历史文献以及比其自身更加卷帙浩繁而且五花八门的历史修辞表明，当历史知识被物化之后，它才能被有目的地展示。这一点与展示的本意——关心一个事件如何展开在对象的视野之中，并没有什么冲突。在一个时空节点上发生的一个事件令公众目睹、沉思并理解，我们因此认为这个展示和观看的过程是完整的。当这个时刻过去之后，这事件永远不会再发生，它的形象和意义却还有用处，需要被以后的公众目睹、沉思并理解，历史的传承就由此而诞生了。就是说，一个事件自身被展示之后，关于它的记忆依然被展示，我们才认为这个事件在历史中是有价值的。

1945 年，米歇尔·福柯（Michel Foucault, 1926—1984）报考巴黎高等师范学院失利，随即就读于亨利四世大学预备班。在这里他遇到了哲学方向的启蒙老师依波利特（Jean Hyppolite, 1907—1968），后者奠定了福柯一生社会学观点的基础。依波利特当然没有像他的学生那样在世界范围内享有赫赫声名，他一辈子只出版过三本书，其中在 1955 年撰写的《马克思与黑格尔研究》（*Études sur Marx et Hegel*）算是较有影响之作，但是在 1969

年英文版出版之后也再难觅踪影。他在哲学观点上属于新黑格尔主义。新黑格尔主义的哲学家并不遵从黑格尔自己的绝对理性观念，他们认为绝对的观念是自在的，但不是自释的，它乃是一种非理性的、可以被经验的精神性存在。这种绝对的观念无法理解自身，也不需要理解自身，关键只是在于它如何"被理解"。克罗齐甚至认为，在精神以外没有任何真实的存在，一切经验和认识的对象都是出于精神的创造，在人及精神之外的存在只是精神的"假设"。

世界是理性的，但理性自身是神性的。

我们姑且打个比方，有这么一位电影导演，或者说是一位神，或者说是一位职业为电影导演的神，他出于某些很个人的理由在人类的整个历史之中将群众演员们使唤得人仰马翻，但是他自己是不可理解的。也许他害怕狗，所以整个剧情从头到尾没有狗，也没有演员会笨到问导演为什么没有狗——除非他是一个菜鸟，而且不怕冒随时卷铺盖的风险——因为在这出剧里狗是不存在的，问一个本来就不存在的东西为什么不存在显然不是什么明智之举。

这样一来，历史发展的全部选择就很容易被归类了，因为出于同样的观念，事件的相似性可能一再出现，虽然事件不一而足，但是相似性则足以构成规律。当相似性的重复频繁到构成规律甚至构成必然性的时候，事件和规律之间的因果关系就很难说了。回顾以往，归纳法之所以成为经典哲学的极限，原因在于有人认为规律来自对事件的归纳，这种因果结构之中永远存在不完全归纳的可能性。但是新黑格尔主义的哲学家不这么看，规律就是宛如月饼模子那样的、曾被柏拉图称为"理念"（ιδέα）的那种东西，它决定了事件的发生，事件只能按照规律（观念）的安排来发生，所以规律是放之四海而皆准的。因此，克罗齐一生尊崇维科为自己的思想偶像，他认为历史从来就应该由哲学家来书写。

我们姑且认为《左传》这样的历史是历史学家的历史，但是《春秋》以及《春秋》的其他两传（《公羊传》《谷梁传》）是哲学家的历史。这种时候，所有的历史知识（对于历史事件的展示）都是物化的，它们的规律才是神性的。规律高于一切，不能被展示，所以反过来，物化的历史知识的展示及其观看成了人性接触神性的唯一途径，因而变得格外重要。

越明年，1946 年，福柯如愿以偿考入了巴黎高师。在这所学府中，他开始真正奠定他一生的社会学和哲学思想大厦的基础，但是来自新黑格尔主义的启蒙影响再也难以挥去。我们绝不能说福柯就是一位新黑格尔主义的哲学家，他比新黑格尔主义更加后结构化，更不可知，因而更悲观。但是与新黑格尔主义比较融洽之处在于，福柯也相信规律自身是"外结构"的，也就是说，规律决定而不受决定，哪怕它自己就是那个决定性的因素。他始终承认在人类社会的运行"之上"或至少是社会"之内"（这一点显然区别于新黑格尔主义）的某个较为形而上的位置，有一些东西在影响人类社会的运行。这些东西可能是显性的，也可能是隐性的，它们对于社会的影响可以是良性的，也可以是恶性的，可不管怎么说它们确实存在，必须被接受。

至于这种普适的权力意志究竟是什么，这个问题很抽象，我们可以试着换一个提法，就是：在这种普适的权力意志的世界之中，什么样的人通常享有更多的权力？这就很容易回答了。即便在表象上答案可以是金钱、血统、才华等指标，不一而足，但是落实到根基处则非常统一：贯穿人类阶级社会之始终者，乃是掌握知识者掌握权力。

这一点对于我们而言毫不陌生，任何教材在编写中国古代思

073

想史的时候都小心翼翼地试图回避《孟子·滕文公上》中的这一句，以免在孩子稚嫩的心灵里培育出某种对于平均主义的不信任萌芽。我们掩耳盗铃得足够久了，现在不妨来重温一下：

> 然则治天下独可耕且为与？有大人之事，有小人之事。且一人之身，而百工之所为备，如必自为而后用之，是率天下而路也。故曰：或劳心，或劳力；劳心者治人，劳力者治于人；治于人者食人，治人者食于人，天下之通义也。

解读得再直白一点，这里的"小人"就是孔子"唯女子与小人难养也"里面的那个"小人"，在夏商周三代，小人的意思就是奴隶（女子也不是指女性，而是指女奴，这也是在东亚特色的性别政治之中一直被曲解的）。金字塔落成得足够久了，但是社会的阶级本性没有变化过，从来都是比较聪明的人——掌握知识者获得主导社会的权力。例子在孟子（约前372—约前289）这里是明摆着的，譬如说禹，他是一个走起路来后步难越前步的瘸子——史书记载禹得"偏枯"之症，所以行动很是困难，这可能是风湿性关节炎一类的疾病。他的这种走姿在古书《尸子》中称为"禹步"，按照描述来看，他有一条腿的膝关节可能完全无法弯曲，只能拖着走——却能够指挥千万人移山填海、建立王朝，因为他是"古之圣王"。"圣"这个字在现代被理解为崇高、值得尊重，但我们去看看它原本的字义，《尚书·洪范》云："睿作圣。""圣"字的原意本来就是"聪明"。

这种聪明人咄咄逼人的权力意志，在精英云集的高等学府就特别突出，巴黎高师就是这种学校的典型。已故的法兰西共和国老总统蓬皮杜（Georges Pompidou，1911—1974）是福柯的校友，他在1963年受《争鸣》(Le Débat) 杂志采访的时候谈到母校，就曾经尖锐地谈到了知识的特权性质：

人，并非是"成为"高等师范学校的学生。就像是生来便是骑士，天生就是高等师范学校学生。入学考试不过是骑士的就任式罢了……归根结底，这个王国并非世间之物。正如吉罗杜的公正之言，那是从出生之时起，就已经属于某个赐福的社会。

精英思想的侵略性是一种不争的事实，就好像尼采的超人学说，智力超群者自动形成了一个阶层，对整个社会予取予夺，这构成了福柯思想的一条鲜明的线索。但对于他自己而言，也许是出于某种天性，更大的可能是出于个性，他有远超同学的才华，却缺乏那种侵略性。福柯在巴黎高师的日子并不如意，他的同性恋性取向在当时的法国得不到理解，1949 年巴黎甚至颁布了一道法令，明文规定男性不能在公众场合共舞。在这里，同侪的过于阳刚和自己的过于阴郁形成了强烈的对比，这种反差下的自卑感甚至是艺术性的、令人愉悦的，这刺激着他必须有所行动。1948 年，福柯自杀未遂，在校方和家长的商议下被安排接受精神治疗。

这次体验一直到 1979 年，即福柯去世前五年，都还在被他所回味。福柯由是而觉得，某些不能根据理性被定义的举动，在理性的一方看来是"疯癫（folie）"，这就是知识落差所造成的一种完全否定的权力。然而问题在于，这种权力的正确性是值得商榷的，甚至因为出自习惯和盲从，从而可以认为它的正确程度非常低。理性是有其时代范围的，被一个时代的理性定义为"疯癫"的人群中，有一些可能真的是他们（健全者）认为的那种疯子，但也不能排除有一些人所处的理智位置虽然不属于当下时空的理性范围，但是在不久的未来会被划入理性范畴之内。这样，这些实际上属于先知或是有远见卓识者的人就不可能是病理意义上的疯癫，但是因为他们同样身处于当下的理智范围之外，所以他们也当之无愧于"疯子"的称号。对于这两个概念，福柯并不是没有详加斟酌的。在 1954 年的处女作《精神疾患和人格》（*Maladie mentale et psychologie*）这本书里面，福柯使用"疯癫"这个词还比较谨慎，他用了"l'aliénation mentale"这个词——（精神之）自我异化失格，到了 1962 年这本书改版的时候，他干脆就直接用了"folie"——癫人，从此再也没有改变过。

顺带一提，福柯自己好像对《精神疾患和人格》这本书颇不满意，在 1962 年的版本里把它改得面目全非。l'aliénation mentale 是真的疯子，病理性的，但不能排除这样的人也具有创造力这一事实，爱德华·蒙克（Edvard Munch，1863—1944）是一个很好的例子，哈姆雷特是一个似是而非的例子。可是蒙克和哈姆雷特并不是疯得完全不可理喻，他们的创造性侧面甚至依然是尖锐的，他们因这种尖锐而更加危险，所以说 l'aliénation mentale 和 folie 之间的包含关系含糊不清，令理性健全者头疼。

所以最好的办法是把他们连根薅起，扔出墙外，以此保卫理智社会的健全性。在中世纪的欧洲，有的时候健全者会把一个城镇的疯人都抓起来，造一艘船把他们关在里面，然后把船放走，任由他们随波逐流。偶尔好心的香客遇到他们，会援以饮食。在大多数时间，这艘"愚人船"就在莱茵河与佛勒芒河上宛如幽魂般游弋。

在十五世纪，纽伦堡有不下于五十个的"愚人"被关进船里遭到放逐。当愚人船路过河畔的其他城镇的时候，水手有时候会上岸收容一两个当地的愚人，来壮大他们的旅程。久而久之，船上的空间变得拥挤，这些水手也变得阳奉阴违，他们往往收下了地方政府支付的收容费，却一转身就偷偷地将这些愚人给放了。地方政府也无可奈何，一切又要再次上演一遍。

福柯觉得，愚人船的存在绝非因为欧洲没有地方容纳这些愚人，其实在专门的疯人院被设立起来之前，在中世纪和整个文艺复兴时期，欧洲早就有很多机构专门监禁这些疯癫者，几乎每个医院都有疯人禁锢院区，此外，还有如默伦的沙特莱堡、夏纳的疯人塔、吕贝克的城门、汉堡的处女塔。所以，驱逐并不是解决愚人问题的唯一途径。

其中的区别在于，疯人院的存在具有盖棺定论的性质，适合 l'aliénation mentale，但是愚人船却好像只是一个旅途的某个未完成部分，人们似乎期望着 folie 中的某些人在经历过某种不期而遇的遭遇之后，他们的"病"被治好，他们不仅回归健全，甚至因祸得福而变得卓越非凡。

这种大胆推论的理由在于，在陆上，最早收留疯人的往往是一些圣地。在十五世纪，沙白屈哀（La Saipfitriare）医院还没有建立，弗洛伊德（Sigmund Freud，1856—1939）更是要等到四百多年以后才会降生，当年对这些愚人唯一的治疗方法，就是死马当活马医，带他们去这些圣地朝圣、祷告和驱魔。这趟旅程由市政府出资，但只有单程票：愚人们被像赶鸭子一样地驱赶到这些圣地之后如果还不见好，就把他们丢在那里不管了。

所以，愚人船很有可能也是一种性质类似的存在，福柯认为，那些具有强烈象征意义的愚人乘客是在扬帆远航，去寻找自己的理性。这个旅程一点也不陌生，拉伯雷（François Rabelais，约1493—1553）的《巨人传》讲的就是这样一个故事，庞大固埃（Pantagruel）和他的那一船活宝兄弟，没几个正常人。就好像愚人相比于健全人而显得有缺陷那样，即便是一个时代的健全人，相比于某个更健全、更具通天彻地之能的文明层级而言，也不过是疯子而已，至少是愚人。这一点不难理解，一个不负责任且令人发噱的比喻是，假如亚里士多德（Ἀριστοτέλης，前384—前322）突然穿越到现在，他毫无疑问连打电话叫外卖都不会。所以，以为自己是健全人而嘲笑船上的愚人显然不是明智之举：尽管这条航道通常只有两条路线，沿莱茵河顺流而下到比利时，或是沿莱茵河上行到贝桑松，但是它们隐喻的是整个人类的救赎文明。如果说愚人在健全人心目中的位置，就好像健全的凡人在大全能者心目中的位置那样，这趟旅程更是非但不应该被嘲笑，甚至是令人崇敬的了：我们通常将天主教徒等的这种高尚的旅途称为"朝圣"。

然而相比之下，有一个更令人担忧的问题不能不思索，那恐怕就是，万一他们要找的东西被他们找到了，这该怎么办？我们所有人都做过这样一种典型的梦，我们梦见现在的自己回到了中学甚至是小学的班级里，因为葆有成年人的才智而在一群熊孩子中间显得卓尔不群。你的同学们当然是健全的，可是你"更加"健全。这个梦是我们对过去的自己的呼唤做出的一种回答。我们因此而承认，敏锐地感受个体与他人之间的智力差异是人类的一种基本心理机制，在阿德勒（Alfred Adler，1870—1937）这里被解释为"在上意志"。我们无法容忍成绩一直比我们差的同桌突然在成绩排名单上跃居于我们之上，我们更加不能容忍一些无可救药的愚人在某趟朝圣的旅途中触发了某种我们至今不明的神秘体验，而进化成某种超越时代的全新存在，所以，可能还是疯人院比较保险一些。

这并不是危言耸听，在很多原始的信仰之中，愚人本来就比健全人更加接近不可知的力量，很多部落的萨满和巫医毕生精研怎样通过药剂或是催眠来致幻，来接近这种癫狂的状态。这样看来，比起那些一直被亏待和虐待的疯愚一跃成为超人，再没有什么更令"健全者"的社会恐惧的了。有可能引发他们进化的因素因此被剥夺，愚人们被禁锢在斗室之中，从此与健全者的社会相安无事。

所以，folie 被一网打尽，这看起来也是一种公众安全的需要。可是问题在于，在公众社会之中，两个彼此相异的个体被相互比较时，你很难说他们俩哪个比较"健全"。所以，有必要树立一个标杆，一种"理念"上的"健全者"，他具有健全者社会所期待的一切性质而仅仅是为了被比较而生。在与这位纯粹（die absolute）的健全者比较时，鸡毛蒜皮的细小差异得到了容忍，差异大到了某一种危险向度之后，便会触发社会的警觉机制。

这种纯粹健全者在最初的时候也还是有肉身的。我们回到之前的提问方式，什么样的人较多充当这种纯粹健全者？答案是一样的，最聪明的人。像阿伽门农（Ἀγαμέμνων）这样的人，他们自己虽然并不健全，但是因为他们掌握了权力，所以勉强可以行使那种健全者剔除愚人的社会职能。但因为他们毕竟不健全，所以纯粹的判断权力对这些人的腐蚀越来越大，就好像上一节里举的例子，像教皇亚历山大六世这样的人出现了。社会因此而发现将这种使命托付给任何一个世俗的、自私自利的君王都是不恰当的。如果剔除肉身的不完美性，我们是时候考虑一下纯粹健全者应当具有哪些可以被归纳的特质，这个归纳工作到后来成了一本账目，人们惊觉里面的条目耀眼夺目，显然绝非任何一个血肉之躯所能承受。不过用这些条目衡量每一个人的目的毕竟是实现了：道德诞生了，它开始被展示了。

在近现代的社会，已经没有人再相信神的存在，那么道德该如何维护自身的权威？不必担心，道德自有一套对付凡人的方法，就好像对一个顽童而言，告诫他"你应该如何如何"永远没有警告他"如果你违反，你就会被……"有效。我们通过弗洛伊德的人格结构理论得知，小孩子就是更纯粹的成人，所以这种惩罚和威胁面对成年人的社会也理所当然是最有效的。

我们只能使用这种反证的语法模式，我们故事的意图看起来很像是告诉孩子们有一个"坏人"，他冒犯了这个神圣条目中的每一条，然后他的结局当然是意想不到的凄惨：不能成为这样的"坏人"。我们没有找到纯粹的"健全者"，但是显然找到了纯粹的"愚人"。所以，什么是"人"？在写于 1966 年的《词与物》之中，福柯分析"人"这个词的时候突然发现，古人为了理解什么是"人"，通常会对照某种至高的、完美的、全能的创造者的形象，如上帝、梵天（Brahma）或是女娲；可是在现代性的思维之中，我们理解什么是"人"的唯一途径却是理解什么"不是人"——危险的罪犯、居心叵测的陌生人和不一而足的、畸变的性癖好者。所有文明社会的道德和法律都在试图展示一个道德自身"不希望"人们成为他的那种对象。福柯因此而相信，现代社会之所以多事，在于现代的语法体系过于追求知识的实证，不相信不辩自明的存在，为了解释什么是"人"，唯一的途径就是向人们展示什么"不是人"。

这种思路就很符合一般人心目中的社会印象了。对于一个正在试图理解什么是"社会"的人而言，所有人的感受都是，社会这东西就好像个唠唠叨叨的老保姆，总是首先"不允许"他干什么，然后才会允许他干什么。然而古人却不这么想，包括那些依然抱持着苟延残喘于现代社会的古典思维方式的人。时至今日，虔诚的教徒在用餐前依然会想："上帝，感谢您赐予我土豆泥色拉……"但是某个家住盐湖城、戴着一嘴牙箍、还在攒零花钱买最新款 iPhone 的十六岁女高中生在用餐前却会想："《Elle》杂志上说不能摄入过多的碳水化合物……"克罗齐和维科所构思的那种古代思维和现代思维之间的迥异之处又一次得到了证明。看起来古代的世界比现代的世界更为仁慈，现代人对于社会的理解就是一种"规训"。

1975 年，福柯写出了《规训与惩罚》，此时距离他去世已不足十年。这本书的法文原名是 *Surveiller et punir*，意即"监视与惩罚"，但是在出版英文译本的时候，经福柯本人建议，书名改为 *Discipline and Punish*。毫无疑问，这部惊世之作汇集了福柯思想之大成，他本人满意无比，乃至于有人谈起《规训与惩罚》与《词与物》之间的思想传承关系时，福柯居然很认真地思索了片刻，然后说："不不不，这是我的'第一本'著作。"

这当然是不可能的，社会的规训性质，灵感来源于《词与物》中古典意义和现代意义上的"人"的概念的对比，这种对比如上文所言，是古典的"人应当如何"和现代的"人不应当如何"之间的辩证关系，它们令人沮丧地凸显出了现代社会的"负语词特质"。

好吧，这个词是我杜撰的。Surveiller 和 Discipline 的区别在于，后者体现出了社会权威的无形特质和潜移默化的特点。律法的惩罚基础是规训潜移默化的第一方面，也是最主要的内容，这种潜移默化的价值观念在最初的时候通过惩罚的威吓性来实现其规训作用，展示的方式无疑是这个过程中最有力的武器之一。律法的本质在于一种价值观的公开展示，并且被观看和接受。这里恐怕要对前面的观点略加修正，律法的作用在所有的思维时代，其价值是恒定的，没有发生过性质的变化。但是我们还是坚称古典思维和现代性思维的迥异性，这种相异在律法层面的区别是，在古代，信仰高于法律，在现代，法律高于信仰。法律的作用之所以保持恒定不变，是因为在古代，法律其实没有这么重要，它只是维持社会稳定的一种办法而已。它太具体，不够形而上，不具备永恒的特质。而古代更为形而上的一些观念，譬如神的意志、因果律的意志，到了现代被反转之后，法律才有机会成为一种教义。

几乎所有社会，从习惯法开始，对于违反者的惩罚都是法律大厦的基石。这种惩罚从我们还是顽童的时候开始，伴随了我们的一生。在孩童看来，父母是可怕的，当然父母主要表现出慈祥和抚育的一面，但他们还是可怕的。父母对于孩童的体罚，在孩童看来是一种威胁自身安全的攻击行为，他必须为避免这种攻击行为付出代价，这种代价包括不准尿床、不准打破餐具、不准在墙上涂画、不准在草地上挖坑、不准让沙子进到鞋子里面去、不准晚睡、不准晏起、不准玩火、不准玩水、不准玩泥巴、不准爬树、不准从两级以上的台阶上跳下来、不准挑食、不准撕破书、不准……看起来我们就好像初到主人家、要被立规矩的吉娃娃狗，要修的学分还真不少。弗洛伊德认为这个过程乃是一种"自我"的确立，它是成为一个"社会的人"的必要经历，当然成为这种"社会的人"的过程充满了恐惧、屈服和阳奉阴违，其实也光彩不到哪里去。

在社会之中确立一种"道德"，而不是每次都依赖于和某个"具有道德的人"相类比，这种实体的概念越来越抽象化是很多智者所理解的、文明变得进步和制度化的标志。一个完善的社会重点并不在于越来越多的人觉得"舒适"，而在于越来越多的人觉得"习惯"。要做到这一点，必须依赖社会某些不仁慈的力量，例如规训、监视和惩罚，以及对以上几点的全程巧妙展示，将人从自私自利的温情脉脉中一个耳光打醒。社会的"负语词特质"福柯并不是最早注意到的，我们来看看《商君书·说民第五》中的这样一段话：

> 用善，则民亲其亲；任奸，则民亲其制。合而复者，善也；别而规者，奸也。章善，则过匿；任奸，则罪诛。过匿，则民胜法；罪诛，则法胜民。民胜法，国乱；法胜民，兵强。故曰：以良民治，必乱至削；以奸民治，必治

至强。

隔壁的小明玩火把被子点着了，很受了一顿好打，这种时候围观的邻家大伯大妈无论平时多么慈眉善目，也绝对不会站出来规劝一句，多半还会以此为例教训自己家的小刚小聪小强小毅。到了学校，老师更是把小明拎上讲台，当着全班小刚小聪小强小毅的面狠狠数落一番。最后，他被责令在学校广播台的大喇叭前结结巴巴地朗读不少于八百字的检讨书。出于以儆效尤的考虑，每个班级都要派出一位代表声讨他的行为，声讨演说同样不准少于八百字。没有人会关心小明此刻茫然、孤独、懊悔、无助、恐惧、羞辱、愤怒、怨恨的心情，大家在引以为戒的名义下，都在幸灾乐祸。不过令人欣慰的一点是，他以后真的不敢再玩火了，非但是他，小刚小聪小强小毅，全都不敢玩火了。

这种绝非愉快但确实原汁原味的"融入社会"的体验，并不因为小明的嗓音变粗、下巴钻出浓密的胡须而终止。在成年人的社会里，所有文明都有独特的"公开处刑"文化，在血腥程度上相差千万倍，但是基本的原则没有什么变化。福柯为此在全书一开头就举了法国的公开处决谋刺国王的罪犯的例子，地点在巴黎大教堂旁边的广场，对这个名叫达米安（Damiens）的人下达的判决书上是这么裁定的：

> 被送到格列夫广场。那里将搭起行刑台，用烧红的铁钳撕开他的胸膛和四肢上的肉，用硫磺烧焦他持着弑君凶器的右手，再将熔化的铅汁、沸腾的松香、蜡和硫磺浇入撕裂的伤口，然后四马分肢，最后焚尸扬灰。[1]

执行的刽子手是桑松（Samson），赫赫有名的一代好把式，但是

1　[法]米歇尔·福柯:《规训与惩罚》，刘北成、杨远婴译，生活·读书·新知三联书店，2012，第3页。

那天也险些阴沟里翻船。达米安居然支撑到了四马分肢的环节，但是他的四肢关节太韧，马累得趴在地上也没能拉断，最后不得不用匕首把四肢切断一半再拉。达米安相当配合，一直坚持到所有刑罚完成，四肢完全被扯离身体之后才断气。

明朝有个叫吴尔埙（1621—1645）的年轻学人，浙江桐乡人，在人生最后阶段里曾助史可法（1601—1645）义守扬州，以身许国。吴尔埙曾著一部《仁书》，里面罗列了中国古代的各种刑罚：

> 曰湛身、曰焚、曰炮烙、曰炙、曰自刭、曰不食、曰闭口、曰雉经、曰扼吭、曰立槁、曰没阵、曰触、曰坠、曰鸩、曰烹、曰菹醢、曰斋、曰斩、曰车裂、曰磔、曰锯、曰囊扑、曰剥、曰剖拉、曰杖、曰笞、曰槌击、曰刺、曰幽、曰冻、曰疽发背、曰恸哭。

但这里所列并不完全。

酷刑的作用就和小刚小聪小强小毅的父母组团带孩子围观小明爸爸打小明一样，事实证明法则的确立以恐怖作为手段是行之有效的。福柯在《规训与惩罚》的第一章里，举了那个名叫达米安的倒霉鬼的例子之后，就转而探讨肉刑和公开处决被废除的问题。名噪一时、成为人文景观（时至今日依然如此）的法国断头机"（在 1939 年处决魏德曼之后），为了防止公众接近……不得不设在监狱里，并且封锁通往监狱的街道，秘密执行死刑"[1]。这个断头机被法国的盖卢定（Guillotine）医生发明之后，就以他的姓氏作为名字，他的后人觉得羞耻，在他过身之后偷偷改了姓氏，现在这个家族已经不知所踪了。盖卢定断头机现在的职能是作为旅客的摄影背景，不过也算是物有所用：经历了风云变幻、

---

1 ［法］米歇尔·福柯：《规训与惩罚》，第 16 页。

人事更迭，它还在提醒着人们死刑的存在。

肉刑和公开处决的废除并不是——虽然很多人觉得是，我们似乎也不应该过度地大煞风景——社会变得越来越文明的结果，而是这已经没有必要了。不仅小明"经此一役"之后不会再玩火，小刚小聪小强小毅也从此"洁身自好"。小明的那顿打没有白挨，这一展示和观看的过程使得他们都变得"懂事"了。小明的"楷模"作用在语词特质上虽然是负面的，但绝非没有意义。

道德本来就是一种集体责任，在比成熟社会略早一点的人群聚居形式之中，血亲复仇是一种道德准则，并且最终发展成了不完全的法律。这就是说，如果一个人伤害了别人，等于说他同时也伤害了对方的家庭、自己以及自己的家庭。所以在很多情况下，在精密而深思熟虑的监视中，对峙往往并不发展成冲动的行为。

这就很让焦头烂额的秩序维持者省心了。如果一个家族中的人为了避免自己被卷入仇恨的旋涡之中而会竭力阻止自己的亲族去伤害他人的话，那么便证明这种自私的想法是符合道德规范的。社会的互训式监视就这样诞生了。陆威仪（Mark Edward Lewis，1954—　）在《哈佛中国史》中谈到秦汉法律中的族坐形式的时候说：

> 通过集体连带责任制和互相监控，国家希望塑造它的人民，使之能够主动地执行上级下达的法律指令。在这样的一个社会体系中，人民将裁决他的同伴；或者更精确地说，他们将裁决那些和自己捆绑在一起的亲戚或者构成集体责任纽带的同伴。[1]

1　[美]陆威仪：《早期中华帝国：秦与汉》，王兴亮译，《哈佛中国史》丛书，卜正明主编，中信出版社，2016，第237页。

而我们回顾一下整个过程，发现相对于小明挨的那顿打，他在同学（社会）的目睹下被老师（规训）批评，对他起到的惩罚作用更加重要。福柯为此感到人类文明的进步令惩罚从有形变得无形：

> 　　如果说最严厉的刑罚不再施加于肉体，那么它施加到什么上了呢？理论家们在 1760 年前后开创了一个迄今尚未结束的时代。他们的回答简单明了。答案似乎就包含在问题之中：既然对象不再是肉体，那就必然是灵魂。[1]

既然有肉体的刑罚，就必然有精神的刑罚；既然有肉体的社会，就必然有精神的社会。而在二战以后的社会，精神上的孤立足以使一个人的人格彻底死亡，这种刑罚只适宜于现代的社会。一千六百年前，陶渊明躬耕东篱还能酿点酒犒赏自己，可是在今天，一个独自生活的人连个打火机都造不出来。社会生活的整体化向度使得这个过程变得不可逆。所以，惩罚一个犯人并且以儆效尤变得越来越容易：古埃及建造金字塔的奴隶逃脱到旷野之中，他会觉得获得了自由；1788 年，736 个囚犯被流放到澳大利亚，他们虽然此生难以生还故乡，但还是磕磕绊绊地建立了一个国家；而现代呢？一个曾经在监狱服过刑的公民，他百分之九十的求职信都会石沉大海，这还不包括他周围的人看待他的异样眼光和背后的指指戳戳，他会度日如年地发现刑期比自己曾经以为的要长得多。

　　这就要谈到规训潜移默化的第二个方面，现代社会和现代人的"互训式"存在。这个词的意思是，对现代人做出规训的不是督造金字塔的监工，也不是受命于教皇的主教，现代人是在一个价值体系之下互相规训，当被旁人发现不符合这个价值体系的时

　　1　［法］米歇尔·福柯：《规训与惩罚》，第 17 页。

候，人就会被摈弃而变得难以生存。就好像前文谈到的血亲复仇与互训监视的道德化过程，这个过程持续了几百年，造成的结果是它的潜移默化：道德自身已经毋须解释，监视者自然而然会觉得行为异于此规范的被监视者是"异类"。这种监视虽然是法律的一种补白，但是它却能达到法律无法达到的深度：朝夕相处者的社会关系使得这种监视变得踏实可见，而不再是一种想象出来的抽象的力量。

现代社会的结构体系使得现代人的人生彼此相似，求学、创业，然后顾影自怜而被社会遗忘。这种结构体系使得现代人的自由被限制在很小范围的规训之内，而且人们并不知道究竟是什么在限制这些自由，他们只知道当他们变得不再完美适合这个规训的时候，自然会有更适合它的人来取而代之。我们可以打个比方，现代人赖以生存的社会就好像是在海底按照一定的结构编造的纵横交错的管道，如果有人触犯了管道里的生存规则，那么他就会被摈弃出去。就算他只是被摈弃出去，并没有遭到进一步的伤害，他也随即就淹死了，这种摈弃本身就是一种惩罚。而实际上，它更行之有效的特点在于，你并不需要自己去经验，看看管道外面游弋着的鬼影也似的鱼群，你大概就已经噤若寒蝉了。

所以，尽管小明经历了那次来自几百人的尽情羞辱之后变得自闭、孤独、沉默寡言、害怕与人交流、精神恍惚、学习无法集中注意力、高考失利、找不到高收入的工作、在单位里被人欺负、买不起房子、到了四十岁还没有成家、到了四十五岁就失业、依靠一点菲薄的救济苟延残喘……但是父母和老师是问心无愧的：对于健全者的社会而言，宁可培养出一个失败的、残次的、不达标的健全者，也比培养出一个离经叛道者——folie 要好得多。这种基于道德诉求的、名正言顺的迫害乃是他们肩上的使命之所在，他们因此而无愧于族系、宗法、祖先和众神。

小明的一生确实因为一件小事被毁了，可是却绝非没有意义：小明那些同学目睹他受辱，吸取了他的教训，远离火烛、循规蹈矩，都活出了精彩的人生。可是没有人会因此感谢小明：他不值得被感谢。三十岁之后，没有人再愿意和小明见面，每次同学聚会都有意无意地忘记他。他因为穷困潦倒的"病毒"而被社会隔离——可是这又怎样？我们还是觉得他比因为摔坏了一块岩砖而被鞭子抽得皮开肉绽的古埃及奴隶要幸运得多。

从颤抖着手"叮"的一声打开那个煤油打火机的那一刻起，小明就不再是人，他只是一个展示。

我们所有人对于别人而言都是展示，有些人——例如医生、营养师或是减肥运动法的教练——对于别人而言则是监视。

福柯花了很多时间研究监狱，他发现监狱奉行的一种"全景敞视主义"意图将囚徒置于全方位的监视之下，是目前人类所能想象出来的最有效的监禁方式。这种监视比起禁锢而言更是现代社会的一种刑责，无所不在的摄像头刻意营造了一种令囚徒不能回避的氛围：他们时刻处于一种被监视的压力之下，这种压力令人联想到道德、法律和其他很多事情，但它还是一种压力。压力在任何人的生存中其实无所不在，但是触犯某种机制会令它显形。监视从无形变得有形、从隐形到显形，是现代社会区分善良公民和囚徒的一种方式。而实际上，正常的社会之中监视也无所不在——不要将这种想法误会成那种臆想小说中的桥段，正常社会的监视功能并不存在一个"监视者"，但是监视却是存在的，而且比监狱里的监视更周全、更无死角。这就是普适的社会价值观对于个体的影响。

这种生存的方式使得文明的展示性得到了空前的用武之地。还记得那个不敢吃土豆泥的女高中生吗？她之所以不敢过多地摄入碳水化合物是因为她害怕变胖，因为对于她来说"变胖"就等于"变丑","变丑"就等于被社会摈弃，被社会摈弃就等于灭亡……可是她从来就没有想过以瘦为美究竟有什么"道理"。

继小明之后我们再来思考一下这个固执的女高中生，她搜集所有关于美的资讯，不需要博览亚里士多德、鲍姆嘉通（Alexander Gottlieb Baumgarten，1714—1762）、黑格尔和鲍桑葵（Bernard Bosanquet，1848—1923）的著作，而只要通过网页、杂志、电视和同学就可以了。资讯的膨胀改变了现代社会的生存方式。她，不久前才从网络上一个颇为风靡的计量标准中得知，女性完美的腰部宽度差不多相当于一张 A4 纸的宽度，210 毫米。这就是说，她不需要去精研维纳斯的身材比例——何况维纳斯的臀围是 129 厘米，腰臀比是 0.7，根本达不到她们的这种标准——只要看看无处不在的 A4 打印纸，就知道什么是美了。在那些网络图片里，很多令人羡慕的苗条女孩双手提着一张 A4 打印纸，垂在肚子前面，这张纸的确神奇地遮住了她们的整个腰部。每一张图都没有说明文字，不需要任何说明文字，这样的展示已经足够了。而实际上，达到这样的腰围，她们的手臂和胸肋一定瘦骨嶙峋，非常难看，可是显然没有人介意这一点。而至于为什么越瘦越漂亮，更是从来没有人发问。

我们恐怕又要忍不住恶语相加，以一贯的社会阴谋论视角来看待这件事。在现代社会里，生产力的发展使得生产的集约化程度变得很高且越来越高，很多现代才有的商品的成本之高，在古代社会无法想象。这使得消费这样的商品成为对现代社会消费信仰的一种表达敬意之举，否则就愧为一个现代人。倘若如此，这笔账就不难算了：想要变胖很容易，每天吃五个土豆就可以了，可是土豆才两块钱一斤，在古代，这五个土豆恐怕还得她自己在地里种出来——仅这一点就保证了变胖只怕得是下辈子的事了。可是想要变瘦呢？每天食用特殊营养配方的代餐、减肥药物，聘请减肥瑜伽和减肥健身的教练，购买时尚书籍……这就是说，减肥的成本远比增肥要高。出于现代社会的生产集约性，社会敏感地认清了这样的一个事实，即借由使一个女孩产生想要减肥的打算而产生的消费链，无论是其创造的社会财富的额度还是其养活的人群，都远远大于诱使这个女孩产生想要增肥的念头而衍生的消费链。于是乎，不知道从什么时候开始，以瘦为美的观念已然根植于都市——尤其在以轻工业为命脉的东亚经济圈——女孩们的血脉之中，如同鬼魂一般挥之不去了。

在这种东亚特色的现代都市生活之中，保持身材的苗条是一件既要有钱也要有闲的事情——当然对于阿里巴巴公司加班一族的办公室丽人而言并非如此。这就是说，在现代生活中保持"瘦"，是一件比"胖"成本高得多，也值得炫耀得多的事情，所以出于虚荣也是出于羡慕，美的观念被扭转了方向。而在现代社会的女性心目中，"羡慕"和"肥胖"如作动宾结构似乎搭不上边，羡慕别人肥胖，是一件不可思议的事情。然而，很遗憾，人们真的这样想过，如若不信，请欣赏一尊雕塑作品。1909 年，几个挖铁路的工人在奥地利奥林多夫一处工地旁的洞穴里发现了一尊女性小雕像，它后来被命名为奥林多夫裸女，更诗意一点的称呼是奥林多夫的维纳斯。这尊雕像没有五官，但是乳房和下腹（子宫）却被扩大到相当夸张的地步，因而看起来胖乎乎的。奥林多夫这位风姿绰约的佳丽就是典型的原始人崇拜丰产的证据。我们可以参考两方面的线索解读这种形象。首先，正如希罗多德（Ἡρόδοτος，前 484—前 425）在《历史》的第十二章中记载的波斯风土："子嗣繁多，在他们眼中看来乃是男性的仅次于勇武的一项最大美德。每年国王都把礼物送给子嗣最多的那个人。因为他们认为人数就是力量。"在人类身处自然竞争弱势方的远古，人数是唯一可以倚重的资源，这一点需要依靠女性的丰产来实现。具有发达的乳房和子宫的女性，因为从外形上看起来更接近丰产的形象而被崇拜，至少是受到推崇。其次，母系氏族社会中晚期至于父系氏族社会，原始人虽然没有确立普遍的阶级制度，但是每个部落中总有一两位地位重要而养尊处优的女性，因为衣食无虞而肥胖，这种部族重要人物可能是人类肥胖史的先驱。原始人在羡慕她们优越生活的同时，也一并欣赏她们的体态，所以她们成为最受人爱慕的对象。"爱慕"和"羡慕"两个词，都有一个"慕"字，原始人可能并没有提炼出普适的、关于"美"的欣赏标准，但他们至少都知道自己想要什么，而这个"慕"字正好表达了这种虽不可得而心向往之的意思。"美"的原初含义包含了很大成分的占有欲，这种情况到如今只是变得文雅了一些，未曾根本改变。

同样未曾改变的是，对于生活方式的羡慕造成了这样一个结果，即"美"或"丑"的观念是由上而下的，人们总是模仿一个他因为羡慕而觉得值得模仿的对象，复制他的美丑观，因此而形成风潮。在原始时代结束之后，中国进入了很长的一个以瘦为美的审美时代。从商代妇好墓出土的玉人到西周歌舞俑都表明三代时存在着一个在阶级上自上而下的、以瘦为美的审美思潮。《墨子·兼爱》中的这句话就是最好的佐证：

> 昔者楚灵王好士细要，故灵王之臣皆以一饭为节，胁息然后带，扶墙然后起，比期年，朝有黧黑之色。

这是中国减肥史中较早的案例。可是这里的审美限于男性（士）仪容，也就是后世所说的绅士风度，至于什么时候穿凿附会为"虚减宫厨为细腰"和"宫人多饿死"这样的香艳故事就不得而知了，而且那也并不重要。1990 年开始考古发掘的汉阳陵中出土的着衣宫人俑又一次证明了汉代以瘦为美的体态观。如果按照刚才的那个思路来对比的话，我们的观点也能得到再次证明。对于衣食无忧的朱紫贵人而言，保持苗条的身材比变胖更难，因而也更有价值、更值得夸耀。

而这种审美观之所以生生不息，是因为它在无形中也符合了当时社会经济情况下的普适价值观。由于秦代国祚过短，自郑庄公（前757—前701）任周天子卿士、春秋始乱开始，截至文景之治社会经济腾飞之时，中国社会的经济基调一直以混乱为主，贫困期持续超过了五百年。汉朝初年中国社会穷困潦倒的情况并不难考证，我们来看看《汉书·卷二十四·志第四·食货志上》的这一段话：

> 汉兴，接秦之敝，诸侯并起，民失作业而大饥馑。凡米石五千，人相食，死者过半。高祖乃令民得卖子，就食蜀、汉。天下既定，民亡盖臧，自天子不能具醇驷，而将相或乘牛车。

在这种时候，积累财富、节制挥霍的价值观显然成了一种社会对生存于其中的个体的期望。

我们因此而发现，从奥林多夫的佳丽到楚灵王好细腰，最后到那个罹患碳水化合物恐惧症的女高中生眼中的 A4 打印纸，社会对个人的规训符合社会本身的价值观，可个人却觉得这是为了他自己的利益。这种无比高明的移花接木在目的和价值上不一而足，并不全部围绕同一种价值，但是全部围绕"展示"这同一种手段，全部围绕"观看"和"羡慕"这同一个结果。

由观看而羡慕，很自然地将我们的探讨引入了社会规训潜移默化的第三方面，我将之称为规训的"移饰作用"。我们现在给我们的例子，那位不敢吃土豆的女高中生，附加上一个砝码：她天生非常喜欢吃土豆。可是结果怎样呢？没有变化。在面对堪称绝味的，夹上火腿、涂一层奶酪再用锡纸包着烤熟的烀土豆时，无论多想吃——没有人会不爱这种美味，她如果真的是不喜欢吃土豆，也不值得我们探讨了——也要做出一种坚决拒绝的姿态。在这里，前提是她很想吃，但还是坚决地克制自己的欲望。克制欲望这一点，众所周知，除了避世清修的高僧大德之外，常人等闲难以做到。

唯一的原因前面几段已经分析过了，展示的规训意义令这个女孩觉得这种克制对她而言是"好"的，从而将这种克制也转化为一种欲望，否则就凭她这点子定力恐怕一天都坚持不下来。这里恐怕就牵扯到一对利益的比较关系：究竟是遵循自己的本性大快朵颐"好"一点，还是遵循社会的规训变得美丽"好"一点？这种选择在不同的地域文明、不同的时代、当事者所处不同的环境和不同的年龄阶段，结果不会一直相同。我们唯一可以肯定的一点是这两者是南辕北辙的，想吃土豆这个选择是绝对的"个人"，因为你味蕾上弥漫开来的美好味道旁人无从知道；但是想变得漂亮这个选择是绝对的"社会"，因为如果不展示给旁人看的话，一个人漂亮与否其实没有意义。洛伦佐·德·美第奇这样的人不会在乎（姑且这么认为）自己漂亮不漂亮，因为他有太多的东西可以展示给旁人看，但是一个女高中生就无此幸运了。

通过对欲望的不同层次的分析我们发现，希望自己变得漂亮这种欲望是"派生"的，它和个体自身的生存没有关系。我在上一部作品中曾经将人类文明总结为一种语言文明，那么这种美丑观念显然是最纯粹的语言造物。它不存在于自然界之中，它对生物适应自然而生存这种进化规律而言没有用。动物性的欲望，无论是食欲还是性欲，都遵从欲望直接满足这一结构，但是社会性的欲望则要经过向他者展示，从而获得精神或物质上的炫耀满足，这个结构才算完成。所以说"想要变漂亮"这个欲望的真正句式结构是"想要变漂亮并令旁人看见"。毫无疑问，将那个女高中生一个人囚禁在荒岛上，无论使她变得多么倾国倾城都是没有意义的，除了令她备感失落之外，她的欲望一点也没有得到满足。

既然有自然世界的二元欲望诉求，就有语言世界的多元欲望诉求。我们很难在这两者之间做出对比，因为如果按照二元的结构来看，这个女孩想让自己变得漂亮之类的欲望非常无稽，既不利己也不利他，一切都是间接的。但是我们还是不得不承认它们的合理性：既然自然欲望是自然界的生存法则，那么多元的欲望就是社会的生存法则。

在这里我们恐怕玩了个文字的小游戏，所有人理解上面那句话的时候都会觉得它的意思是，多元的欲望是"个体""在""社会""之中"的生存法则，这种理解令我们觉得法则的存在是在一个环境里生存下去的条件，就好像我们走进一间小朋友的低矮树屋时唯恐额头撞上天花板而不得不低着头，在仅供容膝的空间里蜷缩成一团一样。

可是你有没有想过如果你在树屋里伸展你一百九十厘米的躯干，会一下子把树屋撑破？这种时候更应该"感到"危险的是树屋自身，而不是你。

所以，社会生存法则的真正意思是，它是"社会"这个东西为了生存下去所必须遵循的法则。请注意，想要生存下去的不是"社会中的人"，而是"社会"自身，因为如果不遵循这种法则，毁灭的是社会，那间吱嘎乱响的树屋。至于"社会中的人"，小菜一碟，不过倒退几千年，回去当野蛮人而已。这并没什么损失，甚至在《疯狂的麦克斯》（*Mad Max*）这样末日意象的电影里还相当酷。

情况就开始变得棘手了，因为人类的利己天性，如果要我们如同自身谋生一样全力维持另外一个东西的生存，难度堪比与虎谋皮。无论"社会"怎样做出一副被巨龙囚禁在塔中的公主一样楚楚可怜的姿态，想要勇士牺牲自己的利益——甚至可能是生命——去救她，那她再可怜二十倍也免谈。所以唯一的可能性就是勇士觉得拯救公主是对他自己"有好处"的，符合他自己的利益，这"移饰"成了"他自己"的欲望。难道不是吗？古往今来成千上万的勇士、英雄、骑士和王子救出公主之后，有哪个是道声珍重飘然而去的？

尼采认为古埃及法老用皮鞭驱赶奴隶建造金字塔之举并不高明，因为面对皮鞭，再蠢笨如牛的人也会感到其中的敌意而诉诸反抗。当社会越来越文明的时候，社会福利就会越来越完备，我们现代人，哪怕是那个点火烧被子而后潦倒一生的小明，都觉得自己比古埃及的奴隶是幸运多了。这种福利通常被看成是一种与皮鞭"相反"的东西，其实这是一种误解，它是和皮鞭相同的、令人服从的工具，只是比皮鞭更加难以抗拒。这样，我们的结论就来了：社会为了自身的存在，设计出一系列语言的游戏，展示是这个游戏的表象。这个结论的原则在于：社会令生存于其中的人觉得，他们应该"尽善尽美"，或至少应该"越来越好"，而当代社会的"好"的定义，就是越来越符合社会化自身，这样社会这种东西才能继续活下去。而这个结论的手段在于：利用他们利己的天性，令这些生存于社会中的人觉得，这种"好"是符合其自身利益的。越多人的人生处于一种阳刚的态势的时候，社会的发展就会越平滑顺利，社会也就能越无危险地生存下去。所以在人类文明之中，阳刚就成为我们走的一条路，我们只能在上面走，我们只能在上面朝前走。

对于个人追求这种在社会看来的"好"的极致，以及社会对它的文过饰非，雨果（Victor Hugo，1802—1885）在《悲惨世界》第二部的第七卷《题外的话》里曾经写过这样一段话，有些过激，但是基本言之凿凿：

西班牙的修院最是阴惨，在那里，有一座座大得像教堂高得像宝塔那样的祭台伸向昏暗的高处，烟云迷漫的圆拱，黑影重重的穹窿；在那里，黑暗中一条条铁链挂着无数白色的又高又大的耶稣受难像；在那里，有魁伟裸体的基督，一个个都用象牙雕成，陈列在乌木架上；那些像，不仅是血淋淋的，而且是血肉模糊的，既丑恶，又富丽，肘端露出白骨，髋骨露着外皮，伤口有血肉，戴一顶白银荆棘冠，用金钉钉在十字架上，额上有一串串用红宝石雕琢的血珠，眼里有金刚钻制成的泪珠。金刚钻和红宝石都好像是湿润的，一些妇女戴着面纱，腰肢被毡毛内衣和铁针制成的鞭子扎得遍体鳞伤，双乳被柳条网紧紧束住，膝头因祈祷而皮破血流，伏在雕像下的黑暗中哭泣，那是些以神妻自居的凡妇，以天女自居的幽灵。那些妇女在想什么吗？没有。有所求吗？没有。有所爱吗？没有。是活的吗？不是。她们的神经已成骨头，她们的骨头已成瓦石。她们的面纱是夜神织的。她们面纱下的呼吸好像是死人那种无以名之的悲惨气息。修院的女院长，恶鬼一个，在圣化她们，吓唬她们。圣洁之主在她们之上，冷冰冰的。那便是西班牙古老修院的面貌。残忍的苦行窟，处女们的火坑，蛮不讲理的地方。

……

到今天，厚古的人们，在无法否认那些事的情况下，便决计以一笑了之，并且还盛行一种奇特而方便的办法，用来抹杀历史的揭示，歪曲哲学的批判，掩饰一切恼人的事实和暧昧问题。灵活的人说："这是提供花言巧语的好题材。"笨伯跟着说："这是花言巧语。"于是卢梭是花言巧语的人，伏尔泰在卡拉斯、拉巴尔和西尔旺的问题上也

> 成了花言巧语的人。不知道是谁，最近还有所发明，说塔西佗是个花言巧语的人，而尼禄则是被中伤，并且毫无疑问，我们应当同情"那位可怜的奥勒非"。

可就算是雨果自己也不能否认的是，妇女们趋之若鹜地前往修道院的举动是自发的，这种种强制只有在一个女人被接纳为修女之后才会发生作用。在那之前，修道院对社会是持拒绝态度的，包括那些来自社会、苦求入院清修的信女。换句话说，进入到雨果笔下那些宛如人间地狱般的修道院是她们自己的愿望，而且这种愿望强烈得难以遏制，她们为此面对的遴选——正如她们自己理解的，这是值得把握的、超凡入圣的唯一机会——严格得不近人情。

这样，我们就不能简单地将社会福利和教谕——教谕，也就是雨果说的"圣化"，是一种精神层面的福利——看成是一种嗟来之食了，它乃是社会发展的一种阳刚态势，是社会强调自身集体面貌以图发展的一种策略。我们总是无端地觉得，令越来越多的人"愉悦"的社会才是"健全"的，可实际上出于某种天性上的原因，这一点无法做到。即便如此，社会也应当摆出这样的一种"姿态"，让人相信它在试图使人们尽量愉悦——这一点也无法做到，因为愉悦的需求几乎是无限的。不过社会还有办法，这个办法就是强制愉悦。

这个词的意思是，将普适的社会福利强加于人，以此填充社会成员本就不多的自由额度，这种做法不仅名义高尚，而且非常安全。对于社会而言，福利是一种许诺的自由额度，比起埃及法老用皮鞭刀剑强制剥夺奴隶的自由额度而言，强制愉悦的优势在于不那么尖锐和危险；而比起无政府主义将自由额度完全托付给每个人自己的混乱需求，强制愉悦的优势则在于，对于给予自由额度的那些承诺，现在有效地进行了回收，因而从此做出承诺也变得更加放心大胆了。

所以说，尽管小明希望社会对他"好"的方式是允许他玩火，可是社会并没有也不可能这么干，而是代之以在六一儿童节的时候借由父母的厂工会发给他一套《平原枪声》的小人书作为礼物。尽管小明对《平原枪声》的故事半点兴趣也没有，收到这件礼物之后就扔在那里从来不看，这套小人书彻头彻尾就是一件不受欢迎的礼物，但是社会的福利承诺已经完成了。小明在契约名义上的、获得愉悦的自由额度被一套强加于人的《平原枪声》填充了，这种自由额度已经被消耗，社会并没有违反契约的承诺。而此外的愉悦诉求都可以归于非分妄想之类，他真正想获取的、自己希冀的那种愉悦，那种看着火苗蹿起、热度扑面而来时的战栗的快意，这种欲求就和尼禄皇帝（Nero Claudius Caesar Augustus Germanicus, 37—68）想把货真价实的杀戮搬上戏台一样不切实际，社会就完全有权力将其宣布为非法。比起奴隶时代的强制痛苦，福利时代的强制愉悦也是限制人类创造性自由的一种方式，区别只是手段更加高明、枷锁更加牢固。

而对于大多数并不像小明这样有理想有追求的社会成员而言，愉悦只是一种额度，不必考虑其质量。当这种额度被达到时，他们可以在人生的列表中将这一栏勾掉，也就此生无憾了。社会对普适愉悦的发放有利于人们心无旁骛地生活，这是有好处的。有一个以担当知识分子在公众社会中的良心为己任的作家、《尘土》的作者贾行家，在一次回忆自己童年故乡一些规模惊人的大厂的演讲里深情地描述说：

> 工厂里面的生活特别整齐。比方说我父亲在哈尔滨飞机制造厂上班，他们那个工厂特别大，覆盖了整个行政区，号称有八千工程师。因为电力调度，他们每周星期三是公休日，所以星期二就是全厂人最快乐的一天。整个工

厂里面的生物钟都是这样的。

　　这些工厂有自己的从幼儿园、托儿所一直到厂技校这样的教育系统，有自己的医院、公安局，有自己的报纸和电视台。电视台的新闻每天就是讲厂长干了什么，书记干了什么，代替了地方上新闻联播里那些领导的行踪。这在当时叫作企业办社会。意思就是说，除非企业里发生了命案，其余基本上都是由他们自治的。所以工人们就觉得工厂像个山盟海誓的恋人，对他们许下了养生送死的承诺。工人们看到这个工厂非常非常庞大，它是由坚固的钢铁建造起来的，上面每一天都在运行着巨大的数据，他们会觉得非常踏实。[1]

就如同统一发放的烟酒和夏令时节的汽水一样，愉悦的心情也是统一配给的。这种非个人面貌的愉悦有助于突出社会生活的集体化面貌，它与社会发展的方向是一致的。而至于那种非常个人的、不一而足的愉悦诉求，社会既没有必要也没有可能去了解并满足。了解并满足每一个人对于愉悦的理解，这本来就是一种空想，即便是在《乌托邦》或是《太阳城》里依然如此，托马斯·莫尔（Sir Thomas More，1478—1535）和康培内拉（Tommaso Campanella，1568—1639）的伎俩也只是用一些看起来似乎很冠冕堂皇的、他们认为是正义的强制愉悦的方式来代替罗马教皇对自由的解释而已。

　　从根本上来说，个人希冀的愉悦方式绝大多数——几乎全部——都不符合社会发展的价值方向，除了在少数人身上个人价值和社会价值两者保持同调，恺撒、成吉思汗（Genghis Khan，1162—1227）和奥斯曼帝国苏丹苏莱曼一世（Süleyman

---

1　贾行家：《纸工厂》，2017 年在社会观察节目"一席"上的演讲。

I，1494—1566）都是这样的人，可见他们多么凤毛麟角了。人类太自私，这使得任何人都觉得文明的进化是身旁其他人的责任，而自己"应该"——即使不应该也"希望能"——坐享其成。当断人生死以掌控人类自由额度的奴隶制度灭亡之后，后世的社会只能通过利用个人的这种"坐享其成"梦想来实现社会自身的进化。这样结构就很明显了，愉悦来源于社会而被公民消耗，作为交换，公民在社会进化的建设之中提供自身的努力。这种时候个体的工作就是一种义务，用以交换那种自己也许并不真正想要的愉悦。你走进一间食堂，吃完了饭，也许菜单上的食物没有一样能够给你带来美好的享受，但这绝非拒付账单的最佳理由。

所以，尽管社会需要的是每个人用以支付愉悦的劳动，但是先说服他们接受这种统一发放的愉悦以确立责任关系成了当务之急。所以，尽管愉悦的发放从头到尾都表现出一种仿佛嗟来之食的福利姿态，但是它却确确实实的是一种义务。我们以义务来换取义务。

再全面的社会也不可能了解每一个成员个人的愉悦需求，更不用谈一一去满足他们，所以如何说服个人欣然接受这种社会愉悦成了每一个时代都须思考的第一个问题。而在此基础上的第二个问题是，实现对于每一个人签订这种契约的监视。这同样不可能自上而下一对一服务，而必须发明一种基于自我监视的个人相互监视机制，这样监视的效率才是最高的。通过宗教狂热，通过煽动贪欲，通过夸大仇恨，通过鼓吹消费，总之一整套规训机制的不断完善，目的始终是告诉个体：他们从社会得到的东西是"好"的，是"正义"的，进而让他们相信这些东西正是他们"想要"的。如果他们拒绝，是自动放弃权力，但即便自动放弃权力，也不是拒绝履行义务的理由。这套规训机制，毋须讳言，发展成了道德自身。道德是"有好处"的，这一点毋庸置疑，但首先是对进化自身有好处。道德是一种权宜之策，尽管它高尚、无私、伟大、神圣，加诸其上的褒义词永远不嫌多，可它还是一种为了应对人类不完美天性而生的权宜之策。

现在，我们来总结一下本节的内容。我们将本节的内容分成这样三个重点：

一、社会通过展示惩罚来维持其权威性，保证个体在符合社会进化的发展道路上不致偏差；

二、社会通过展示价值来掌控个体的愉悦认同，保证个体在社会进化的建设中获得报酬；

三、社会通过展示规训来使这一对契约关系看起来合理，保证个体认为规避来自社会的惩罚、消费来自社会的愉悦符合个人的价值取向。

在本节乃至本章结束之前，我们可以最后举个例子来统一这三方面的论述。出于再一次向福柯表示敬意的目的，我们借鉴他的"负语词特质"思路，举个反证的例子。出于一贯的行文习惯，例子举得似是而非。

与前文举的那些例子不同，这个例子我们只要提一句，整个后文几乎所有中国人都倒背如流：

晋太元中，武陵人捕鱼为业……

出于前文的论述，我们不妨在此以一个有趣的视角来重新理解《桃花源记》。我们以陶渊明（352或365—427）笔下住在那个"豁然开朗"的地方的人，来对比福柯笔下被关进愚人船而随波逐流的人，我们发现这两者的共同点是都被阳刚的、理性的社会排挤在外，而形成了一种非社会的人群聚居形态。何谓非社会？即便是《乌托邦》或是《太阳城》里那些已然只应天上有的乐土中，也还是存在着某些法则的，尽管它们看起来有一种光芒万丈的、非人间的公正或是合理，但它们还是法则，也就是说具有社会性，然而在"桃花源"中我们看不到任何对此的描述，唯一的法则是：

> 不足为外人道也。

这虽然看起来也好像是一种禁忌，拒绝不属于这个遴选情境的外人的介入，可是仔细观察就不难发现，这个法则对于这些"桃花源中人"自己，是没有契约效应的，因为他们本来就不会，也没机会对外人诉说这里发生的任何事情。我们现在对比福柯的愚人船。愚人们也是恰好住在一起，被理性的社会排斥在外；愚人船也没有社会性，因为里面的成员的行为无法被统计；愚人船的法则同样是愚人（属于这里的人）出不去、外人进不来，这个法则在愚人们的日常生活之中同样不发生任何效用，它是外延而隐性的。所以我们大胆地推测，在刻意逃脱社会的规训效果这一点上，陶彭泽笔下的桃花源中人就是福柯所说的那种被关进一艘不系之舟中载浮载沉的 folie——愚人。

我们来看看这些悠闲而与世无争的桃花源中人何以应当被健全者社会看成是愚人。应当说明的一点是，这"愚人"的意思并不是指他们笨。在一定层次的道德维度之上，逻辑并不是非是即否的。在聪明（对社会有用）和笨（对社会没用）这一对反义词之外，至少还有一种甚或很多种逻辑状态，但是我们二元的道德价值习惯要求我们只记住，不聪明就是笨，所以我们只能以"愚人"来称呼他们。

他们不见容于以阳刚规律进化的文明社会，而被社会放逐或是自我放逐——这两者其实没有什么区别。这种放逐使得桃花源成为一个塌缩的、孤岛式的秘境，愚人船也一样。在这种秘境之中发生的任何事情都和人类社会没有任何关联，因此是人类理智所不能理解的。在桃花源中看起来隐逸、在愚人船中看起来疯癫，这两者是一个意思：对文明的进化都没有用。我们来看看这一句：

> 自云先世避秦时乱，率妻子邑人来此绝境，不复出焉，
> 遂与外人间隔。问今是何世，乃不知有汉，无论魏晋。

而稍微具有一点历史哲学常识的人都知道，从秦末农民战争到魏晋的民族融合，这个时期是中华文明进化的最关键阶段。

或许，据福柯笔下推测，愚人们坐上船是去寻找自身的理性，这个过程可能在桃花源中人的先世"率妻子邑人来此绝境"的过程中几经波折已然完成，那桃花源中人就是最终找到了自己想找的东西的那些人。但是这依然符合我们前文的论断：就好像整个理性的欧洲对于愚人找到了自身理性的后果忧心忡忡、讳莫如深，而最终诉诸将他们监禁在疯人院的高墙之内一样，桃花源中人在找到了自身理性、自身价值之后，即便没有对现存的理性社会的敌意，他们至少也是不合作且无法合作的。这些人，无论出于什么理由，离开社会进化的大道，另辟蹊径去寻找自身的理想，也无论他们成功与否，他们都不可能再回归以前的那种进化之中了。他们的成功与否对于以前的进化模式而言已经完全没有意义。

桃花源中人就是愚人，他们曾经坐着船或者依然在船上，避开社会规训的进化方式寻求自身的安宁。这可不是丹·布朗小说《达·芬奇密码》之类悬疑解密桥段，因为消极避世，躲避文明进化的阳刚态势所带来的伤害，进而一并拒绝进化，这本来就是道家学派的核心思想。我们来看《老子》第八十章里的这段话：

> 小国寡民，使有什伯之器而不用，使民重死而不远
> 徙。虽有舟舆，无所乘之；虽有甲兵，无所陈之；使人复
> 结绳而用之。甘其食，美其服，安其居，乐其俗。邻国相
> 望，鸡犬之声相闻，民至老死不相往来。

国家化的进程要求人群聚居的规模越来越大，这是从奴隶社会向

封建社会发展时，文明进化的大基调，但是老子不认同这种价值观。为了反对这种进化，老子摈弃了实现这种进化最主要的三种途径：交通、战争和文化。但这并不代表老子认为理想的社会是茹毛饮血、无所知的原始社会，而是他觉得文明进化到当下阶段——"有舟舆""有甲兵"，懂得"结绳而用"就已经足够了。基本要求的满足是我等摈弃进化、规避进化过程中产生的巨大牺牲、以最小代价获得最大幸福的最合适时机。

对了，获得幸福。这样我们上文列举的最后一个重点也在桃花源中被注意到了：个人愉悦的获得。老子认为小国寡民的胜境中人是"甘其食，美其服，安其居，乐其俗"的，而桃花源中人则是：

> 阡陌交通，鸡犬相闻。其中往来种作，男女衣着，悉如外人。黄发垂髫，并怡然自乐。

这二者的共同点是幸福指数都很高，无论是"乐其俗"里的"其"字还是"自乐"里的"自"字，都凸显出了这种愉悦的原生性，它绝非来自符合社会价值的统一配给。

毫无疑问，面对通过战争、剥夺、控制、惩罚、规训来进化的第一梯次文明，这种小国寡民的次级文明形态是软弱得吹弹即破、毫无自保能力的。所以它"不足为外人道"，因为任何一个外人的知情对于这种柔性的次级文明形态而言都不啻是一种颠覆性的危险因素。而实际上，尽管"不足为外人道"的真正寓意很可能是——几乎肯定是——暗示这种桃花源根本不存在，但我想我们还是不要大煞风景地破坏这个中国人做了一千六百年的梦，我们姑且认同它的存在：它曾经存在，甚至依然存在，但是找不到了。

果如其然，渔人一离开桃花源，蓦然回首，嵌错横斜千万朵，一如去年今日，那个"豁然开朗"之地却好像一个梦一样再也难觅踪迹。他违背了自己的承诺，把这个事情说了出去，但是没有用，从郡中太守到南阳刘子骥——很多人以为连这个人也是杜撰的，其实，他名叫刘骥之，旅行家和探险家，公元 376 年前后在世，南阳安众（今河南省邓州市元庄乡汲滩镇一带）人，《世说新语》《晋书·卷九十四·列传第六十四·隐逸传》里都有关于他的记述——任何属于第一梯次文明世界的人想要寻找桃花源，结果都徒劳无功。道德维度的差异决定了两者不可能有所交集，似乎有某种机制在保护着那里的一切。

这种机制是什么？美国人莫内加尔（Emir Rodríguez Monegal, 1921—1985）所著的《博尔赫斯传》最后篇章里的一句话似乎启动了我们的某种联想，这句话是这么说的：

> 博尔赫斯永远生活在一个魔幻的空间里——完全的空虚和灰暗，时间失去了它的意义，如果说还有时间的话，那是因为忽然有人从外面闯了进来，而那些人仍然生活在时间里。[1]

为什么这个地方渔人能够"闯入"而太守找不到，刘子骥更找不到？他们三者彼此之间的差别给我们提供了线索。毫无疑问，这三个人在文明世界里面，自身的"文明程度"也形成了一个标准的梯次关系。与青史留名的著名文人刘子骥相比，一个名不见经传的地方太守是某种层次低于他的存在，而在他们二人眼中，一个"捕鱼为业"的乡野村夫层次更是低到了与他们那个文明价值体系中的愚人没有什么区别。

没错，他们三人之间的潜隐线索就是在他们自身的文明之中的"文明程度"，也就是受教育程度、前文所说的历史消费层级。

---

1 ［美］埃米尔·罗德里格斯·莫内加尔：《博尔赫斯传》，陈舒、李点译，东方出版中心，1994，第 424 页。

不要忘记我们前面曾经探讨过，这种教育乃是文明为了符合自身发展而制定出来的一种针对个人的规训方式，它们恰好就是那些躲避文明进化者们避之唯恐不及的东西。我们再来看看《老子》第六十五章里的这句话：

> 古之善为道者，非以明民，将以愚之。民之难治，以其智多。故以智治国，国之贼；不以智治国，国之福。知此两者，亦稽式。常知稽式，是谓玄德。玄德深矣，远矣，与物反矣，然后乃至大顺。

这个道理在《庄子·胠箧》中的阐发更加不留余地：

> 故绝圣弃知，大盗乃止；擿玉毁珠，小盗不起；焚符破玺，而民朴鄙；掊斗折衡，而民不争；殚残天下之圣法，而民始可与论议；擢乱六律，铄绝竽瑟，塞瞽旷之耳，而天下始人含其聪矣；灭文章，散五采，胶离朱之目，而天下始人含其明矣。毁绝钩绳，而弃规矩，攦工倕之指，而天下始人有其巧矣。故曰："大巧若拙。"削曾、史之行，钳杨、墨之口，攘弃仁义，而天下之德始玄同矣。

智慧都是为了符合文明进化而存在的，在想要躲避文明进化的人眼里，越智慧越不可救药。在刘子骥和太守看来是愚人的渔人，反而有机会偶然一窥桃花源的真相，因为桃花源就好像是愚人船一样，"与物反矣"。在一种思维模式中越深邃的位置，在相反的思维模式之中越是离题万里，越聪明的人在文明进化的路上走得越远，就越是与桃花源缘悭一面。

没错，就在我们的文明要求我们变得越来越聪明的时候，桃花源中人确实是不折不扣的 folie。

你望向深渊，深渊也在回望你。渔人发现桃花源，就好像在草地上散步沉思的苏格拉底（Σωκράτης，前469—前399）遇到一群兔子在悠闲地吃草，双方既然不能彼此理解对方的进化，又何必大惊小怪。

六十五万年前，兔子吃草，人类采集野果；

一万八千年前，兔子吃草，人类开始制造陶器；

五千一百年前，兔子吃草，人类在尼罗河旁打仗统一上下埃及；

两千三百年前，兔子吃草，人类在黄河北岸连接六国的长城；

五百五十年前，兔子吃草，人类在思考古希腊雕像中表现出来的不朽精神性；

一百七十年前，兔子吃草，人类为了废除奴隶制而在约克镇浴血奋战；

五十年前，兔子吃草，人类发明了互联网；

今天，兔子吃草，并变成了宠物，人类在公司上班，赚钱给它买清洁的美国爱宝牌（Oxbow）提摩西牧草。

第二部分

展示与观念

I 故事——观念的灌输

在上一部分的最后一节里我们曾经引用过作家贾行家对一些工厂中统一分配福利的集体化生活方式的描述，这些适宜于计划经济的集体生活方式曾经风靡大江南北。被统一分配的生活资料也不一而足，包括饮料、水果、蔬菜、腌渍的肉类、乳制品、纺织品、燃料、体育用品、体育活动空间、食堂的代币、电影票、分批出行的旅行名额……一言以蔽之，社会在履行其使个体愉悦的义务，越是秩序井然的社会生活方式，这种义务的履行就越有诚意。

这种公众生活的统一调配看似限制了个体的选择自由，这是这种福利方式所面对的第一个，也是最具有争议的一个问题，但实际上这个问题过于理论化，非常不切实际。现实是，尽管每个人都有天赋的自由，但是大多数人并不会去行使它，因为行使个体的自由需要消耗很多的心力，尤其是当这种自由与他者的自由、与集体的自由存在一种现实的对抗时，心力会成倍地消耗。这种消耗的每一步都在拷问个体自身，是否应该放弃这种自由，而大多数人连最初的对抗阶段都坚持不下来。这就是说，很多对普适的个体自由的思索其实都是杞人忧天，只有上升到一个思想的层面，这种对于自由的思索才会积极展升并且变得有意义。

这种情形看似很理论，其实举个例子就很容易理解了。当一个工厂的工会为了将更多的选择权力下放给职工自己而一改以往冬天发煤球夏天发汽水的惯例，代之以折现发钱让职工自行购买商品的时候，职工的反应却并不如预期的热烈，他们肯定首先觉得是工会主席贪图省事、逃避职责。也就是说，尽管在这个问题上，社会的出发点是尊重个人选择的自由，但是个体还是没有那种被尊重感，反而觉得自己的自由受到了冒犯：尽管煤球和汽水本来并不是他们最想要的东西，但是他们还是直观地将这种"东西"理解为自身自由的物化表现，配得上他们挥汗如雨的工作付出。何况，煤球和汽水是生活必需品，工会颁发一笔奖金，可以猜到的结果还是这些钱被拿去买了煤球和汽水，自由的限制本来就来自非止一处。与此相比，那种自由选择的被尊重感反而过于虚无缥缈了。

时至今日，伏尔泰（Voltaire, François-Marie Arouet, 1694—1778）的自由观点在很多场合下已经被诠释为一种泛自由主义，人们只记得伏尔泰的观点是每个人都有天赋的人权。这种中学课本上的诠释方式很糟糕，非常幼稚，乃至伏尔泰在很多人的印象中是一个无可无不可的好好先生。但是，我们不可忘记他在《路易十四时代》中的观点，即"人只有在自己的人格与自由得到尊重与保障的前提下，才能发挥自己的理性，推动社会繁荣"。对于这句话，我们只关注前半句，却甚少思考后半句，把它理解为一种简单的因果关系。那么这后半句的玄机在哪里呢？很简单，虽然自由——自己的人格与自由得到尊重与保障——是"每个人"天赋的人权，可是每个人都能"发挥自己的理性"的这种境界，在过往、现今和未来的所有时间范畴内，都根本不可能实现。

我们在第一部分中探讨到了某种假想的"充分教育"使得任何一个时代的任何一个人都符合他的时代的智力层次，而实际上这种充分教育根本不存在。文明的发展只能改变智力的整体高

112

度，但是不能改变智力的梯队层次。在古希腊，人人都喜欢谈哲学，但柏拉图改变了人类的文明；这差不多相当于在现代人人都会用手机，但乔布斯（Steve Jobs，1955—2011）改变了现代人的生存方式。在这两个例子里，智力层次的最高标准和最低标准之间的差异几乎恒常不变。在任何社会之中都有自作聪明者、循规蹈矩者和这两者之外统属于"folie"的这三个层次，我们从金字塔时代进化到了网络时代，但是这种智力结构的梯队层次没有发生过任何变化。

这就是说，即便享有再充分的人权，发挥自身理性以适应文明的发展，这也绝非大多数人愿意肩负的责任。出于这个原因，这些人索性掩耳盗铃，拒绝来自过去的知识和回忆，敷衍了事地度过一生，因而对于历史知识的消费层级非常之低。因为拒绝学习和回忆，而在文明建设的理性义务面前连带权利一起放弃。如果说享有权利和发挥理性这二者之间在伏尔泰看来存在着某种因果关系的话，这个结论就会直接导致天赋人权的观点被引导到一个迥异的角度：大多数人原本就拒绝承担发挥理性推动社会繁荣的责任，所以除非掌握特权——例如朱里亚诺·德·美第奇那种以名门望族的出身乃至身中十九刀的结局为代价换来的在短暂人生中声色犬马的特权——否则他们没有理由享受充分的自由，普适的自由在任何时间都只是一句空话而已。

所以，在那些职工的眼中，自由的选择权利没什么大不了的，根本不如夏天的两箱汽水来得实际。在这个层面上，自由是应当被拒绝的。拒绝自由本身也是一种自由，我们同样不能不尊重这种自由。

物质层面如是，精神层面同样如是。为此我们再来做一个实验，以博物馆陈列的一个战国时期的嵌错赏功宴乐铜壶为例，我们设计了以下四种陈列解说文案：

1. 嵌错赏功宴乐铜壶体现了战国时代高超的青铜器铸造水平。壶通体采用当时最先进的技术铸造纹饰，是三代青铜器由纹饰向图案转变的证明，视觉效果毫发毕现。

2. 嵌错赏功宴乐铜壶见证了战国时代精细的饮食文化。罍中所贮美酒用勺注入壶中，再由侍宴奴隶注入宾客的爵中，有条不紊的酒文化体现了当时富贵生活的细致入微。

3. 嵌错赏功宴乐铜壶证明了战国时代对手工艺奴隶的残酷剥削。一件青铜器的造就往往要耗费诸多奴隶经年累月的心血，如其中任何一个环节出了纰漏，不仅前功尽弃，奴隶往往也会遭到残酷的惩罚。所以认为一件青铜艺术品越精美，上面凝聚的血泪和罪恶就越罄竹难书，这是毫不过分的。

4. 嵌错赏功宴乐铜壶，1965年四川成都百花潭出土，高40厘米，重4.5千克。

这四种解释方式，可以说哪一种都有道理，但上升到哲学的高度来看，我们不得不承认只有第四则文案是最客观的，前三种都带有解释者自己的主观臆测，无论这些臆测的准确率有多高，浓缩了作者一生治学的多少精华，它们依然是猜测。在不同专业的专史（美术史、饮食史、阶级斗争史）中，历史学家出于个人的专业兴趣往往都会在这些臆测中详细思索某一个侧面而故意忽略其他的。而对所有这些知识都一无所知的人，他们的心智就好像一片未经开发的处女地，来自任何方面第一块基石的打下都会留下永恒的不可磨灭的印象。

为此，美术史学大家巴克森德尔（Michael Baxandall, 1933—2008）将艺术品的诠释分成三种类型，比较隐喻、因果推论和主观印象，维系这些诠释的都是各种各样的词语。这些词语一方面虽然在名义上根基于这件艺术品的事实，但实际上早已脱离了事实成了一种独立的存在，在思想的战场上兴风作浪，这一点从前文谈嵌错赏功宴乐铜壶的那些解释中，个别几条火药味特别重的言辞中就不难得到佐证。

因此，巴克森德尔在《意图的模式》这本著作中说：

> 因此在批评上使用当事者术语是在语言上宣告了我们与另外一种文化思维的隔阂。其周期性地出现于我们的文本，意味着一种我们自己无法操作的意图模式。[1]

也就是说，当学习者闻听到一个在他知识结构之外的语词的时候，这个语词其实是无所谓正确还是错误的。而实际上我们对于那只锈迹斑斑的铜壶的认识早已超越了它自身，什么奴隶制度、剥削阶级、生活质量……和它一点关系都没有，它就是一只锈迹斑斑的铜壶罢了。

所以，某些具有强烈时空条件或是解构意味的词目对知识经验者的影响最大，因为它们是描述语言自身的语言，经过几重作用之后变成了一种看起来无可厚非的存在，但只是"看起来"存在而已。为此巴克森德尔特地举了一个探讨尼日利亚约鲁巴（Yorubas）文化的专门名词，这个词脱离了约鲁巴人的文化，在哪儿都没有用——这种词目在纯粹的文本研究之中俯拾皆是，譬如"气韵生动"，这个词脱离了中国绘画，完全没有用武之地，连在日本美术里都没有用——可是，你猜怎么着？古老的约鲁巴人没有这个词，照样开开心心地活了几千年；现代的中国画家"气韵生动"四个字不离嘴，可要真正成就一家境界，还是要花去一辈子时间，一天都节省不了。

在诸神争夺信仰的永恒战场之中，毫无疑问，作为战场本身

1　［英］迈克尔·巴克森德尔：《意图的模式》，曹意强、严军、严善錞译，中国美术学院出版社，1997，第138页。

的知识经验者自己是最无辜的了。无论他接受哪一派的学说，都难逃被灌输别人观点的结果。然而，虽然我们从文明的各种展示那里获得对某件事情的啧啧称叹，或是对另外一件事情的嗤之以鼻，它并不是我们自己自由思考的结果，可我们也从来不觉得自己受到了什么冒犯。

这就是说，根据一个地里挖出来的酒壶能够写一篇控诉奴隶制度罪恶的文章，就同样能够写出一篇歌颂奴隶制度的文章，这一类的文章达布尼（Robert Lewis Dabney，1820—1898）——此人是弗吉尼亚大学教授，美国内战前后南方的一位宗教学者，在主要著作里阐释加尔文教派的教义——和詹姆斯·布坎南没少写，同样有人认为是真理。观点只有符合或者不符合价值观，没有对不对。公众社会中大部分的个人观点，不可能由其自身"生产"出来。你好比正在一家川菜馆面对一个在饥饿中渐渐失去了耐心的食客，你声称出于四川菜繁文缛节般的烹调过程没有给食材留下多少营养、川菜的调味料会对味觉细胞造成损伤等方面的考虑，为了尊重他口味上的自由和食材的原汁原味，给他一篮食材请他自己烹调，这简直是天方夜谭。上面几条博物馆展示文案中被认为是最客观的最后一条数据条目就是这种未经烹调、原汁原味的食材，结果可想而知，意见簿上很快就会出现观众愤怒的留言，指责博物馆文案供稿人的敷衍了事和尸位素餐：他们来博物馆是为了听故事的，这两句干巴巴的文案没有让他们从中听到任何故事。

对了，故事。因果、转折、描写、抒情、比喻、隐喻、伏笔、点题，这恐怕是语言文明的展示方式之中最为科学的部分了，作为实际上冒犯对方自由的灌输方式，它们还让人稍微有一点点胃口。而事实是，反正我们所有人都难以逃脱被灌输的命运，何不让这个过程变得舒服一点？

所以故事诞生了，它分成两个部分，关注真实的那部分被称为历史，关注理想的那部分被称为文学。而从本质上来说，都是故事，都是因果关系，都是人类自身苦难的回忆。

知识就是回忆，而回忆就是祖先的幽魂，它们只有依靠牢牢地锁住生者的心智才能继续存在下去。而相比之下，被遗忘无疑是最悲惨的了，因为遗忘就是永远消失。

在因果关系的统筹层面上，我们不能想象一个没有故事的人生将会怎样，就好像我们没办法想象一本没有目录的百科全书会是怎样一样。这两者之间的共通性在于如何提纲挈领地哄骗人们吞下知识的苦药。而客观地说，目录的增削并没有额外增加百科全书的条目内容，只是改变了它们的位置和顺序，但是这种改变的意义是不言而喻的。1626 年 4 月 9 日，弗朗西斯·培根（Francis Bacon，1561—1626）去世，此时距他完成《新工具》（*Novum Organum*）已逾六年，但是距离他期望完成的《伟大的复兴》（*The Great Instauration*）却还遥遥无期，这个理想永远没有机会实现了。

按照培根的计划，《伟大的复兴》应当是一部对于人类所生存的这个世界包罗万象的百科全书，与以往的词典不同的地方在于，它的分类目录索引系统更加科学，逻辑更严密，使用者更容易借助索引从词典中找到他们自己原本不知道的知识。为此培根呕心沥血地先给这部百科全书编写了目录索引部分，可如果要达到他那种不仅兼容并包，甚至未卜先知的全面程度，这个索引本身就必须环环相扣、妙到毫巅，它不可能只是一般书籍前几页的几个数字而已。事实果如培根之所预料，这个索引本身就成了一部著作，就是被后人评价为"带给人类经验主义、形而上学和唯物主义的理论温床，对后世哲学思想产生了很大影响"的《新工具》，它乃是凝聚培根毕生所学的哲学大著——在这些描述中，

"未卜先知"这四个字最为令人不安，它因为看起来像是一种伪科学而让人裹足不前。实际上这是完全没有必要的，因为如果不能预测，科学根本没有意义。这个过程称为推理，它显然比简单的统计更加科学。按照培根的设想，推理的因果关系不仅可以帮助查阅者找到他自己不知道的知识，甚至那些人类当下文明层次还没有发现的知识都在其中占有一席之地。而且这种科学逻辑的前瞻功能已然被证实了：1907 年门捷列夫（Дми́трий Ива́нович Менделе́ев，1834—1907）教授去世时，他所制定的元素周期表里有接近一半（51 种，门捷列夫的元素周期表一共包含 114 个位置，当时已知的元素一共是 63 种，而现今人们发现的元素一共是 118 种）的元素根本没有被当时的人类文明所发现。

而作为一种观念的展示，这种效验符合从石器时代就开始的、人类对未卜先知的古老欲望，目的也还是让人们去相信它。培根在《新工具》里说：

> 人类理解力不是干燥的光，而是受到意志和各种情绪的灌浸的；由此就出来了一些可以称为"如人所愿"的科学。大凡人对于他所愿意为真的东西，就比较容易去相信它。[1]

这句话里面"干燥的光"的典故应当是出自赫拉克利特（'Ηράκλειτος ὁ 'Εφέσιος，前 535—前 475）的言说，因为他有一句名言恰好是"智慧的心智宛如一束干燥的光"。现在应该已经没有人相信赫拉克利特的这种观点了，理性永远不可能拒绝主观意志的介入。

这就是说，无论故事和目录在功能上具有怎样的相似性，它们在人类历史上的交锋还是发生了。尽管过于强调结构和逻辑层级关系也有一种令人机械地理解这个世界的恶果，可是这在资产

---

1 ［英］弗朗西斯·培根：《新工具》，许宝骙译，商务印书馆，1984，第 25 页。

阶级启蒙运动的时代无暇被顾及，而且以它来对抗神话中的天地创造，这是时代发展的呼声，不遑多让。我们将这种心智的启蒙看成是两本百科全书的竞争，它们代表了两个世界，竞争的焦点在于科学精准的目录和引人入胜的故事之间的对抗。

目录索引的过于精准也有一个不太令人满意的后果，就是，在某些对于历史知识的消费持无所谓态度的智力层级上，历史就是一本账目，那里面有东西可写就行，名垂青史还是遗臭万年都只是别人所感兴趣的事情。这种观念其实证实了历史在大多数人心目中的印象：它没有用、费心思而且事不关己。对于很多人而言，历史知识是不是真实都不是最重要的——反正那么多历史学家，人人一张嘴，要分辨谁的展示态度比较客观比分辨历史知识本身的真伪还要费劲——更不用说历史知识有什么意义了。所以在一定的层面，在低历史消费层级，历史就是一种不得不接受其存在的东西，它与志在引人入胜的故事相比就更加没有竞争力了。

在此我们可以举一个例子，而不同于洛伦佐·德·美第奇和乔治·华盛顿的那些波澜壮阔的例子的是，这里例子要举得足够基础、足够卑微，才能证明我们对于"低历史消费层级"的这种推断足够入木三分。我为此找出了我自己的一本藏书，这是一本文笔令人难以卒读、印刷粗制滥造、关于一个业已不复存在的小镇的地方志。这个曾叫作上塘镇的地方包含了现在杭州市市中心略微偏北处的一大块区域。我在一个偶然的机缘之下在旧书摊上买到了这本地方志。其实，它的内容什么都不是、什么用也没有、什么故事都不讲述，我买下它的唯一原因是这本书框划的区域之内有一个地点，我在其中度过了我的少年和青年时代，住了整整二十五年。这本地方志编写于 2002 年。到了 2004 年前后，上塘的镇制就被撤销，从此永远消失在历史的洪流之中，现在只剩下这本镇志。出于对自身往昔岁月的敬意，它被我郑而重之地插在书架上，在《博尔赫斯全集》和《里尔克诗选》之间，书脊被我养的那只硕大无朋的宠物兔啃咬得面目全非。

"永远消失在历史的洪流之中"是一种常用的文学描述方法，看起来似乎代入了很多某种非常个人的、顾影自怜的消极情感，不过在此处绝非虚言，甚至实际情况更加严重，它不仅永远消失在历史之中，而且在以往，好像也没有在历史知识中出现过。这么说的原因是，我在阅读中发现，上塘镇的问题在于，从这本书的主编——应该是当时的镇长或书记一类的下级官吏——所撰写的序言中列举的新石器时代、春秋战国、秦始皇开凿"陵水道"到现在，上塘历经六千余年，却没有发生一件可以被记入国史掌故的重大事件。就是说，上塘的这六千多年的时光就在一成不变的、庸庸碌碌的平凡之中闪电般地掠过，上塘镇的历史不见容于我们今天能见到的任何一部用以歌颂英雄和众神、描绘伟大勋业的堂皇的历史。

难道上塘镇的历史不是历史？或者说，有另外一部历史？怀着这个百思不得其解的问题，我心情忐忑地翻开了《上塘志》驴唇不对马嘴地印着石鼓文图案——古老，是很多人对历史的第一印象，也是唯一印象——的封面。

在凡人——我们暂且以这个词来简称刚刚提到的"低历史消费层级"的饶舌名称，别无他意——的世界里，某件事情能够持续一百年已经足够引起世人的啧啧称叹，所以我们才有了那么多充满使命感的百年老店、百年名牌什么的。但是持续了六千年的庸碌无为呢？没有被大多数灰尘蒙蔽的眼睛所看见。何况，在凡人看来，平凡和奇迹是南辕北辙、有着天渊之别的两种境界，所以凡人们都崇拜奇迹而无视平凡。

可是这种平凡就是为我们以及我们的祖先所呼吸的空气，平凡是比现实更大的现实、比历史更大的历史。而且它虽然平凡，却也有足够的理由令我们震惊：怎么可能会有一个地方，在长达六千年的时光、几百代人的生老病死之中，没有出现一件令历史、令世界瞩目的事？我们因此而惊觉，这些国史掌故、千古绝唱都只是故事，平凡才是历史。或者说，我们通常以为的那种历史充其量只能算是历史知识，它们就是故事，历史本体则是不可触的。如前所说，黑格尔用 Res gestae 和 historia rerum gestarum 两个拉丁文短语来区分这一对概念。

有时候寂静也会把我们吵醒。

凡人们总有一种错觉，认为平凡才是常态，青史留名则是幸致。实际上个人的无作为和历史的无作为不是一回事。我们来算一笔账。对于这种地缘的历史活跃程度，我们可以来假设一个函数，我们假定在中国各种版本的正史野史笔记掌故上记录过的所有为人所知的历史事件、所有姓名流传下来的古人的总数——没有人统计过这个数字，但是一定有一个这样的数字——为 A，中国所有镇以上的地名总数是 B——有某个统计意见认为中国现在一共有 20 000 个左右的镇，20 000 个可以以镇地方志的面貌编撰这一层级历史文献的单位。A/B 的函数比值应该是多少？这个数字的平均值只要大于 3，在概率上出现取值为零的可能性已然很小。就是说，如果说 B 的取值是 20 000，那么 A，那个假想中的、中国历史事件和历史人物的总数只要维持在 50 000 以上，一个镇左右的地缘区域就很难在这样纷繁芜杂的历史之中洁身自好了。

在历史中洁身自好？这个提法的灵感来源于中国台湾作家柏杨（1920—2008）作过的一个比喻：中国的历史是一个大酱缸。我们现在在假设这个酱缸的容量——请注意，只是假设，没有人会去煞费苦心地真正测量一个藏污纳垢的酱缸的精确容积，因为那个数字没有用。

对于一个压力颇大的、被很多人津津乐道为文明古国的庞大区域而言，在历史事件的描述频率上达到 50 000 这个数字的难度究竟有多大？大多数人可能没有概念，我们可以用另外一个草率的数字来予以对比。我们暂且把这些事件从来源上分成两方面：人和事，即历史事件的发生（王朝建立或建都、重大战役或起义爆发、重要自然或人为灾祸发生）地点和历史人物的活动（历史人物的诞生、重要活动、死亡）地点。抛开汗牛充栋的其他二十四史和各种掌故野史，仅看一部《三国志》——《三国志》在二十五史之中的规模不算大——而且不论事件，光是里面出现的人名，就已经上千。

我实在没有办法使人相信，像上塘镇这样在数千年的历史之中没有发生过一个值得记录的事件、没有诞生过一个青史留名的人物，这是个多么小概率的事件，因为我没有办法统计这些数字真正是多少。我们只能假设，假如二十五史的规模都和《三国志》一样大，记载的历史人物名目都以 1 000 人为限，那么中国历史人物就应该是 25 000 名左右。我们以这个数字作为分子，以刚刚统计的、中国一共 20 000 左右的镇级行政区的数字为分母，取值已然大于 1。这就意味着，从理论上来说，中国每个镇都能分到 1.25 个历史人物，成为他们梦绕魂牵的故里，供后人发思古之幽情，发展特色旅游项目。而我们现在还只是统计人名而没有统计事件，还只是取了《三国志》这本小规模史书向下对齐，没有参考《后汉书》这样卷帙浩繁的大规模史书中的信息数量级——当然，这一切只是想想罢了，这些数字都是没有意义的，这是一个思考游戏，大可不必当真。

言归正传，正因为缺乏令人热血沸腾的兴衰故事和令人高山仰止的英雄行径，《上塘志》从头到尾果然如我所预料，干巴巴的，读之味同嚼蜡。编撰者不得不以大量的数据填充镇史的沿革部分，鸡毛蒜皮，琐碎得很。在编撰这本方志之前，这些数据尘封于一个低级行政单位的档案卷宗库房之中，经年累月无人问津。它们只是因为某种工作的需要被毫无感情地记录下来，静待过期而被销毁。这就好像卡夫卡（Franz Kafka，1883—1924）在《城堡》这篇小说里描述过的那样，它们没有用，它们看起来好像从来就不曾有用过，永远不会有人对它们感兴趣。

然而，很遗憾，历史知识在被讲成催人泪下的故事前，本来就是这样素面朝天的。我们来看这一组数据，"2001年3月8日"这一条目的大事记记载，拍卖"杭州中山大酒店"，这是市中心一幢二十多层的大楼，成交价是"8 900万"。可是今天呢，不过十五年后的今天，一幢城郊的别墅都可能上亿。杭州中山大酒店的这幢大楼现在还在，在杭州闹市最核心的体育场路和中山中路十字路口，如果我们找一个估价师来估算一下它今天的价值，减去那个8 900万，我们就差不多知道当年把它买下来的那位仁兄有多么幸运了。

然后，我们把这个差值以十五年的时间为标准，代入一系列地产经济学的算法——很抱歉，这个领域我实在是一窍不通，但这种计算对于经济学家来说确实是家常便饭，很容易进行——我们就能得出杭州市这些年的经济发展速率，这个运算的结果开始变得有一点重要了。因为杭州是中国房地产发展的标杆城市，我们毫无疑问会使用这个运算结果作为中国房地产发展的重要参考数据或是前瞻依据，然后计算出中国在二十一世纪初期的经济增长速率。至此，这个数据就变得非常重要了。像中山大酒店这样的个案数据越多，运算结果就越精确，讲出来的故事结局就越不会模棱两可。这才是为我们所习惯的历史知识，历史学家面对凡人的使命是通过这些鸡毛蒜皮的线索最后将故事编出来。

在培根一生最后的努力之下，这种对于世界的生硬理解已然颇具规模。经过科学的历史观念几百年的营造，现代人认为文明和历史就是一张表格，只要这张表格里的条目被勾选，然后被某个事件所填充，我们就无条件地相信这个事件符合"历史规律"。这种理解的结果也如前文所描述，人们将自己的人生也看成是一张表格，只要表格中勾选的条目被填充了，哪怕只是被一本不知所云的《平原枪声》小人书，他们就据此而认为自己的人生是幸福的，至少是完满的。

世界在变得理性、按部就班、越来越有道理，但却越来越不适合纵横七海的、浪漫的冒险。

因为浪漫自身也正在变成表格上的一个条目，地中海七日游收费多少，白色教堂的婚纱摄影又花销几何，我们正在面临着理性世界从情感之中消失的风险。当理性的结构研究从诸神的谱系和吉尔伽美什式的吟游诗人故事手中接管历史之后，这些故事自身也被转化成了可供理性研究的材料，而不再是引燃人们梦想的火炬。因为理性的分析——指出了这些故事之中难以自圆其说之处，苛责它们的偏颇，揭露它们的真相，得到的结果就是这些故事变得再也没有人相信。

这种对于故事本身"真相"的研究涵盖了迄今为止所有被看成是科学或是客观的历史研究，而被沾沾自喜地看成是一种科学主义的史观，这种局面出现的根本原因也还是在于它们确实是言之有物的。例子，俯拾皆是。既然前面提到了《吉尔伽美什史诗》，我们就选取一个这首诗里的例子。我在我的上一本书《哀歌》里面曾经用过很大的篇幅分析其中的神话考古意向，这个论述的过程就是前面所说过的，以新时代的理性取代旧时代的神性，以科学的目录取代诸神的谱系。

文化人类学的研究发现，闪族、古希腊、古印度、中国、玛雅等文明中，好像在差不多时间，即大约六七千年前，爆发过一次令很多传奇英雄大为头痛的世界性大洪水。《尚书·尧典》对此的记载是："汤汤洪水方割，荡荡怀山襄陵，浩浩滔天。"《尚书·大禹谟》中则说："洚水儆予。"有人认为世界大洪水的真相是，第四季冰川在一万两千年前的全球气候转暖时消融，导致海平面不断上升，吞没了出露的大陆架和陆桥，淹没了许多海岸和部分陆地。那些靠水的部落损失惨重、流离失所，被迫向高地迁徙，随之带去了可怕的洪水故事。这也就是为什么那些内陆文明也流传关于海的传说的原因。

可以肯定的是，《吉尔伽美什史诗》里的那场大洪水是确有其事的，证据是 1922 年英国考古学家伍雷爵士（Sir Charles Leonard Woolley，1880—1960）在苏美尔古城乌尔（Ur）的贵族墓葬坑下方发现了厚达两米的纯净黏土层，经分析发现这种黏土属于洪水沉积黏土。而两河文明考古专家、《历史始于苏美尔》（History Begins at Sumer）一书的作者、美国学者克莱默（Samuel Noah Kramer，1897—1990）则认为，世界其他地方的大洪水则是子虚乌有。苏美尔的这次洪水大灾难留下的记忆，经民间传说的流传夸大为世界大洪水，而年深日久那些故事倾听者的后裔，比如说古巴比伦人、古犹太人乃至拉丁人，也就信以为真，感同身受地觉得他们文明的历史上也有过这样的一次大洪水。

以法国历史学家富勒（François Furet，1927—1997）为代表的一批学者提出了一个较为折衷的意见，认为各种洪水故事的起源不尽相同，所以存在着某一场世界性大洪水的可能性是不存在的。但是在古代世界的各个角落，火山地震引起的海啸、飓风掀起的海水猛涨、大雨或融雪造成的洪水泛滥，则对于各个文明而言都是家常便饭。岂独洪水传说，还有关于怪兽、关于火、关于创世的，因为人类思维模式的近似性，这些神话都是大同小异的。不同的人在不同的时空条件下目睹了同一"种"事件，造成了神话考古中的各种扑朔迷离和似是而非，然后被好事者夸大为一张古代文化流传的路线图，以及不胜枚举的文化优越论，看起来像是某种古人的因特网，其实都是无稽之谈。展示性语言文明的特点就是具有很强的指事性质，既然同一天里很多人会异口同声地说"天好热"或是"今天的雨下得好大"，那么文明发展中都出现洪水、山崩的传说时，事实摆在那里，一样没有必要强调谁学谁。

而偶尔当故事的叙述人不那么学识渊博的时候，故事的原创性就大打折扣，然而因为条目的要求，它们还是必须"有"。研究不成熟的历史叙述中的那些雷同桥段也是茶余饭后的一件乐事，即以版本学的方法来研究文明。我们可能又要将话题引回那本从历史的遗忘中、从行政区的更迭中，以及从宠物兔的啃咬中抢救回来的《上塘志》上了。

文明出于历史的条目结构的要求，需要故事来填塞一些时代的空白，这本身无可厚非，但当它成为一种公事公办的历史撰写的格式，有时候就不无喜剧效果。这些基层的地方志在章节上都要分出文学部分、风俗部分、民间传说（神话）部分，这本来是一种科学主义的目录索引，但实际上却被理解为一种约定俗成的地方志撰写格式，编撰者必须煞费苦心地把这些内容一一填充，才算是不辱使命。这些条目对于有的地方志而言很容易被填充，而对于某些地方志而言就有点巧妇难为无米之炊。这本《上塘志》不幸属于后者。我们来看《上塘志》的民间传说部分，这个算是一本方志的文化部分了，如果说政治经济是一个区域文明的骨架、宗教哲学是一个区域文明的灵魂的话，那么艺术和文化就是一个区域文明的肉身。然而此时问题就凸显出来，一些过于地方性的区域文明在文化上其实没有独特性可言。曾经作为上塘镇存在的这个地方，现在只是杭州市中心偏北几条街道之间的一个区域，占地不过几十平方千米。这个区域里有一个朝晖新村，我在那儿居住了二十五年，距离它十几站路的城东有一个采荷新村，我的同学居住了二十五年。两个新村现在都算是杭州市中心，在不久以前它们还分属两个镇。如果我们把镇地方志看成是一个历史记述单位的话，它们就是两个基层的地方文明个体。可你不可能说这两个居民区在文化、风俗或者民间传说上，有什么独特性或彼此差异之处可供正经八百的历史书写，但是在《上塘志》里面，它们确实是"两个地方"，至少是"一个地方"和它"之外"的其他地方。历史的相似性和重复性有的时候确实令人非常尴尬，闭门造车是一个勉为其难的解决方法，搜集这个区域之内的故事，但不考虑与其他区域之间的重复性，这种情况很可能涵盖了中国 20 000 个镇的地方志编写工作中的大部分场合。平庸是区域文明历史书写的第一方面问题。这就是说，编撰《上塘志》时搜集整理的民间传说文献，在编撰邻镇镇志的时候同样可以用，《上塘志》的编者只能装作没看见。

其实不独是小单位的文明层级会遇到历史编撰方面的重复问题，文明的高级层级同样会遇到这种问题，这种时候，很多历史学家就非得争出个醋酸盐咸，亟欲搞清楚谁学习谁而后快。就好像前面说的那样，希伯来的洪水神话其实来自闪族历史上一件确凿发生的往事，一个类似但不那么古老的例子就是，在中国广西壮族的民间传说之中，同样有一个《梁祝》的故事，而且更加优美、更加浪漫，毫无汉人故事里的那种道学面貌。

壮族《梁祝》里有一个令人耳目一新的桥段：在几年同窗之中，一些同学发现蛛丝马迹并进而怀疑英台的性别，为了求证，山伯把新鲜的芭蕉叶编成席子给英台垫。这么做的用意是，壮人相信女子的体温高于男子，如果新鲜的芭蕉叶被垫睡一夜，通过观察它的干枯程度很可能可以一窥英台是否是女儿身的秘密。不过他们的这个诡计被聪明绝伦的英台识破，夜深人静的时候，英台偷偷把蕉叶席晾到屋外去吸收露水，第二天席子反而更加青翠。这一局英台险胜，打消了山伯和其他同学们的疑虑。

尽管几乎所有的历史学家都喜欢强调壮族版本的《梁祝》是从汉人这里流传过去的，而且我们也并没有打算否认这一点，可这一个别开生面的、浪漫满屋的小桥段却是原汁原味的，符合壮族先民自己的道德价值状况，所以说它们还是属于讲述者自己的。在汉人干巴巴的故事版本里面，男人和女人身体上的生理差异非但不能借题发挥，反而要刻意回避，这是汉语言文学中道德框架的价值体现。所以汉族《梁祝》里面，梁山伯蠢笨如牛而祝英台性别秘密的全部线索则都是语言的暗示，又啰唆又含糊。行行复行行，两人走了十八里路——未婚男女并肩同行十八里地，大概是中国人心目中令人脸红心跳的浪漫的极限了——英台说得口干舌燥都没有半点用。决定了这两个人的悲剧命运的这段旅途看起来好像是长得没有尽头一样，但还是被蹉跎掉了。

那些包括伍雷和富勒在内的历史学家的分析不可谓不入木三分，他们花去了一辈子，至少是一生中的大部分时间所追求的真相，就是令那些本就令人将信将疑的故事变得完全不可信，连五岁小孩都嗤之以鼻。无数个学识远超于我等的人耗费了他们整整一生，所得到的结果依然是神话的道理变得越来越明白，故事却变得越来越不可信，世界在变得越来越不浪漫。我们将此看成一位伟大的历史学家没有虚度光阴的铁证。

但不能否认的是，人类历史上确实有一个时期是人人都相信这种骗局的。在那个时候，天上有花团锦簇的庭园、地底有幽魂哭号的深渊、死者的英灵会化为星座、各种奇形怪状的生物会给遭遇者带来人生中的好运或是不幸，世界的广延难以想象。我们将这种在"明白人"看来是骗人鬼话的故事看作历史悠久的证据，神话代表了一个文明的远古，并不是所有文明都经历过远古，所以也勉强可以看作一个民族在综合评价中赖以自豪的某种资本。人们虽然不再相信它们，但一些偏执的民族也还是希望它们越多越好。

所以，有的时候，为了填充这种条目的空白，除去拾人牙慧之外，非原生的神话也会被即兴创作出来，维吉尔创作《埃涅阿斯纪》就属于这种情况，出于新兴的罗马帝国在民族自信心方面的正统需求。还有《魏书·卷一·帝纪第一·序纪》中有这么一段话说：

> 昔黄帝有子二十五人，或内列诸华，或外分荒服。昌意少子，受封北土，国有大鲜卑山，因以为号。其后世为君长，统幽都之北，广漠之野。畜牧迁徙，射猎为业，淳朴为俗，简易为化，不为文字，刻木纪契而已。

一个没有文字、不注重历史回忆的民族骤然统治了一大片领土，那片领土上的原住民习惯于历史记忆，所以为了树立正统的思想，新时代的神话传说就必须被创造出来。令人遗憾的是，连美国队长都有一个名字——他叫史蒂芬·罗杰斯（Steven Rogers），兄弟们亲切地称呼他为史蒂夫（Steve）——可这位身份是"昌意少子"的一个王朝的先祖，却连名字都没有。这确实是一个能有效躲避考证求实的权宜之计，看来他被塑造出来的目的就是被遗忘。可见新的神话遭遇的境遇是一样的，同样没有人会相信，但是出于文明表格里的条目，它们还是必须"有"。奥古斯都赞助维吉尔编造《埃涅阿斯纪》，将自己的祖先与希腊众神拉上关系，这在最初确实有一点暴发户式的生搬硬套，但现在也已经是两千年前的往事了，时间弭平了这一切生硬的痕迹。

这种次生的神话与神话考古的原生神话相比，在质地上更加见棱见角，比较容易看出创作的痕迹。经历学识渊博之人润色的故事更加滴水不漏而引人入胜，譬如说《亨利六世》《汤姆大叔的小屋》，还有《西贡小姐》。这些"学识渊博之人"一生所行之道，就是从历史中取材，编造出荡气回肠的故事，再吸引后人从这些故事之中拼凑出原本的那个历史。

然后进一步的问题又浮出水面：作为一个在历史上碌碌无为、在文化上毫无优势的普通地域文明，能够搜集到的故事即便原创，在结构、因果、隐喻和描写方面也可能惨不忍睹。原因前面已经说过了，这个在文化上无优势的地域，没有产生过能够统筹并再创造这些故事的人物。

在《上塘志》里面，一个令我有印象的故事是《接待寺的钟声》，我之所以对这个故事保有印象，不是因为它的引人入胜，反而是因为它的索然无味。我第一次看这个故事的时候被气乐了。故事的主要内容是清高宗乾隆（1711—1799）的时候——乾隆皇帝下江南的故事也是被一张张板牙焦黄、唾沫四溅的嘴巴所嚼烂了的故事，不过这里倒不排除乾隆皇帝真的有可能来过上塘，理由是运河上现在还保存着一处"御码头"遗迹，上塘是京杭运河的南端尽头——北京景山寺的大钟突然不鸣响了，乾隆经过查访，发现杭州上塘镇接待寺有一口会自动鸣响的大铜钟适合运进北京顶替景山寺的大钟，于是微服私访，设计谋取。最后好像是（故事中冗长的、东拉西扯的过程我无心细看，就算看了也记不住）在铜钟的运输过程中出了一点状况而无法搬运，有高人指点，一定要一母同胞的十兄弟才能搬得动铜钟。于是就找到了一户十兄弟，可是那天这十兄弟里的小弟害病在床，不得已找了一位堂弟顶替。在搬运的时候，要老大向老二、老二向老三依次喊一声"弟弟当心"，十个人各喊一声，铜钟才能抬高一寸。结果排第十的是堂弟，不是亲兄弟，十兄弟的阵法不全，无法发挥效力，反而连人带钟沉入了河底。

《接待寺的钟声》这则故事就体现出了民间文化未经社会润色的一种蒙昧状态，信口开河、蛮不讲理而且无法自圆其说。铜钟为什么会自动鸣响？为什么搬运铜钟要十兄弟？为什么十兄弟要依次嘱咐下一个人当心，铜钟才会一寸一寸抬高？故事里完全没有交待。有的故事没有前因后果，也不需要前因后果，这是因为无论讲故事的人还是听故事的人都没有足够的智力去统筹故事里的前因后果——我们前面说过的那种"低历史消费层级"是也。而那些喜欢问"为什么"的人呢？他们则因为被性格所决定了的、日异其能的锦绣人生，而变得很快对这些不负责任的粗糙故事不屑一顾。

看来，"民间文化的精华"这个提法有其不严密之处。但凡精华，就不可能是一种原生状态的东西，而实际上不经过社会润色和道德选择的磨砺加工，这些论说遗存连"文化"二字都当之有愧。《接待寺的钟声》这个故事就是最好的例子。它汇集了所有不成功的故事的讲述特点，我们来看看这几个特点：

好高骛远——一定要和皇帝扯上关系；

斤斤计较——接待寺因为不愿将钟献出去而讨价还价；

前后脱节——前面是一个谋取与反谋取的斗智故事，虽然也不怎么高明，到后来却变成了一个十兄弟的大力士故事；

蛮不讲理——对一些不合常理的情节丝毫不加以解释。

这就是民间故事的原初面貌，而那些为我们所耳熟能详的故事，如《白雪公主》或者《薛刚反唐》，里面跌宕起伏、若即若离、悲欢离合、大人永隔的情节，实际上并非完全出自民间——应该说文化本体——自身的创造。

尽管搜集民间基层的故事、歌曲、手工艺和科学技术被看成是当下文化人类学的一种抢救性保护策略，但是不可否认的一点是，下里巴人就是下里巴人，这些故事曾经因为不高明、不高尚而沉沦在文化的底层，而现在它们同样依然不高明且不高尚。对于大多数脍炙人口的民间传说、喜闻乐见的故事或是广为流传的工艺技术而言，缺乏来自精神层面的加工或者说是淬火，它们始终就只是一大批难登大雅之堂的俚俗之作而已。别相信一些舌灿莲花的人所说的朴实无华、原汁原味、重剑无锋、大巧若拙！都只是冠冕堂皇的溢美之词罢了，它们的用处是在必须评价的时候令被评价的对象得个安慰奖，不至于太过难堪。

不要忘记，艺术出身寒微，学院使之高贵。在古埃及奴隶的眼中，金字塔的伟大对于他们而言无疑是一种不幸；而对于中世纪的那些画圣坛、画骑士像、画常青藤花纹的无名画家而言，所谓艺术也不过就是一种令人不胜其烦的徭役而已。即便是在文艺复兴盛期之前，艺术的继往开来也仅限于手工业者行会（甚至通常是药剂师行会）里师傅和学徒的口手相传。

故事——文学的原本面貌也是如此，生硬而外行。这种民间故事的原初面貌现在大多难觅其踪，因为拙劣、无悬念而无可阅读性，它们很难经过社会选择、道德选择乃至于时间自身的磨蚀而流传下来。当然不排除一些特别远古的故事，譬如说《吉尔伽美什史诗》、世界各地的生命起源传说以及《卡里莱和笛木乃》这样的故事，因为在诞生的时候人类精神食粮实在太少，所以借由给我们的祖先留下了太过深刻的印象而被悠久传诵。这种故事虽然也经过几千年的社会选择和道德选择的磨炼而面目全非，只是因为故事诞生的时候我们的祖先还刚刚从动物界脱离，谈不上有什么智力，所以故事实在太不靠谱，经过几千年的修改乃至于已经通篇无一字可改——可是，你猜怎么着，它们还是很不靠谱。

譬如盘古开天辟地的传说。盘古原本并无神格，甚至没有人格，完全不是一种拟人的存在，而近似于某种力量。巴黎大学教授、法国道德与政治科学院院士列维-布留尔（Lucien Lévy-Bruhl，1857—1939）在《原始思维》中以"互渗律"这个词来指代这种力量。灵能的渗透与其说是神性，还不如说是一种未知的、无远弗届的物性。

就好像顾颉刚（1893—1980）教授的著名论断认为禹是一条虫那样，在某个版本的研究之中，有学者提出盘古其实是一条狗，确切来说是某些远古先民的狗图腾——这倒可能确有其事，因为南方上古神话之中确实有过这样一条身份模糊的小狗，因为从一个有盖的盘子中孕育出来而被起名叫"盘瓠"，《后汉书》称"槃瓠"，《玄中记》称"盘护"。已故京师图书馆馆长夏曾佑（1863—1924），杭州人、光绪十六年（1890）进士、历史学家，是中国历史哲学的进化论观点方面的开拓人物，他曾在著作《中国历史教科书》中最早提出了这种疑惑：

今按盘古之名，古籍不见，疑非汉族旧有之说，或盘古、槃瓠音近，槃瓠为南蛮之祖……故南海独有盘古墓，桂林又有盘古祠。不然，吾族古皇并在北方，何盘古独居南荒哉？

关于盘瓠的诞生，《搜神记》里是这么说的：

高辛氏，有老妇人，居于王宫，得耳疾，历时，医为挑治，出顶虫，大如茧。妇人去，后置以瓠篱，覆之以盘，俄尔顶虫乃化为犬。其文五色。因名盘瓠，遂畜之。

而至于它何以成为一个部族的首领，我们来看看《后汉书·卷八十六·南蛮西南夷列传第七十六》中的这么一段传说：

昔高辛氏有犬戎之寇，帝患其侵暴，而征伐不克。乃访募天下，有能得犬戎之将吴将军头者，购黄金千镒，邑万家，又妻以少女。时帝有畜狗，其毛五采，名曰槃瓠。下令之后，槃瓠遂衔人头造阙下，群臣怪而诊之，乃吴将军首也。帝大喜，而计槃瓠不可妻之以女，又无封爵之道，议欲有报而未知所宜。女闻之，以为帝皇下令，不可违信，因请行。帝不得已，乃以女配槃瓠。槃瓠得女，负而走入南山，止石室中。所处险绝，人迹不至。于是女解去衣裳，为仆鉴之结，着独力之衣。帝悲思之，遣使寻求，辄遇风雨震晦，使者不得进。经三年，生子一十二人，六男六女。槃瓠死后，因自相夫妻。

时至后世，畲族、瑶族、苗族等先民视"盘瓠"为始祖和尊神。畲族先民把有关始祖盘瓠的传说画在布上，制成约四十幅连环画式的图像，代代相传，称为"祖图"。畲族民间还有"高皇歌"，记述盘瓠的经历，歌颂其英勇杀敌、繁衍子孙的丰功伟绩。而畲、苗、瑶、侗、壮，在谱系上来说确实是高辛氏的族裔。

然而就如我们前面所说的，在科学的目录和浪漫的神话的对抗之中，这一点远古洪荒的浪漫奇想，如果放到中国人大煞风景的历史流水账里面去参照，那它的浪漫瞬间就会被剥夺殆尽。博闻强记的中国历史学家会信誓旦旦地告诉你，因犬戎入寇而知道世上有犬戎这个民族，都是西周之后的事情，就是说如果盘古就是那条英雄小狗盘瓠的话，那么这个传说很可能并不像我们想象的有"高辛氏"时代那么古老，它的出现不可能早于商周之际。

这种力量——就算它是一条狗好了——没有手，拿的也不是斧头，根本做不出砍劈和切削的动作，但是经过几千年脍炙人口的润色，这种力量后来被拟人化了，变成了一位威风凛凛、手持巨斧的天神。在道家的神仙谱系之中，盘古是最古老的神，人称元始天王，又称为浮黎元始天尊。继而有一个故事详细地为盘古在天界的众神之中谋得了一席之地，我们来看看下面这段话，出处是《云笈七签·卷三·道教本始部·天尊老君名号历劫经略》：

> 尔时盘古真人，因立功德见召于天中。盘古乃稽首元始虚皇道君，请受《灵宝内经》三百七十五卷。时高上虚皇太上道君则授以《三皇内经》三十六卷。而盘古真人乃法则斯经，运行功用，成天立地，化造万物……经于三十六万岁后，神人氏兴焉。神人氏出生，其状神异，若盘古真人，而亦号盘古，即是无劫苍生万物之所承也。以已形状类象，分别天地、日月、星辰、阴阳、四时、五行、九宫、八卦、六甲、山川河海，不能决定，故以天中元景元年七月一日，上登太极天王，上启元始太上天尊，更授《神宝三皇内经》并《灵宝五符经》。老君下降，授神人氏，得斯经下世，则按经图分画天地，名前劫。高上真人更新开乎造化时事，故昧前皇圣人功用，所以于此而为更始。但世人相聚，只知有此盘古，岂明今天前始之初复有盘古者哉？所以自斯盘古，以道治世万九千九百九十九载，白日升仙，上昆仑，登太清天中，授号曰元始天王。

这里的因循关系有一点复杂，前后有两个盘古，之间相差三十六万年——古人并不了解三十六万年的时间跨度在地质纪年中只是弹指一挥间，他们只是无端地觉得这已然漫长得地老天荒，漫长到足够包容一切不经之谈——后面这位成为元始天王的盘古的工作是在已然创造天地的基础上使之条理化。我们可以理解为他是那位真正开天辟地的、混沌而无神格的盘古的化身，或是代理人，或是新一代的盘古，他们二者是一体的。而且这两位盘古的地位都在一位主神之下，即无极上上清微天中高上虚皇道君，他在有天地之前就已经存在。盘古真人虽然贵有开天辟地的壮举，无奈在道君治下只算是一个中级神灵。不管怎么说，混沌总算在理性中谋取了一个不上不下的位置。

一种类似于宇宙大爆炸的、无人格的力量被进化成一条狗，继而变成一位巨人，最后还因为有了自己的社会地位和谱系而可以被祭祀，从这个过程之中我们可以看出社会选择和道德选择随着人类心智发展而不断对文化本体做出的缝缝补补。但是另外一方面，以某种方式（后来被物化成了一把斧头）能够使得一种浑然一体的状态被区分开来，形成天和地，这个难以自圆其说的情节却始终没有被修改，至多变得模棱两可，但是没有被修改。因为修改它等于动摇了故事自身最后存在的基础，故事乃至于我们这个宇宙自身，都面临着被颠覆的危险。

我们不禁要问，这么煞费苦心地编写这些无人相信的故事的目的是什么？答案不妨抢先给出：胡编乱造的目的是历史知识的道德选择作用。这个使命的为难之处在于，这些为大众——低历史消费层级，姑且参考尼采的意见，认为这个"大众"是一个蒙昧的、无知识且无修养的人群——所喜闻乐见的文化表现形式究竟是什么？

如果情况真如前面所言，历史的结构化研究使得世界变得越来越不浪漫的话，我想我们是时候来看看那个曾经"浪漫"的童话世界是什么样子的了。

性暗示、性隐喻和不切实际的性幻想大约占据了百分之六十。弗洛伊德在《诙谐及其与无意识的关系》这本书里面提出一个观点，就是日常人们所喜闻乐见的各种热门话题基本都是涉及性的，或至少隐喻了性方面内容的，这是一种快乐的机制。甚至在被认为是天真无邪的童话里面，这种机制也会偶尔流露。例如现今流行的《睡美人》故事里有这么一个桥段：

> 他（国王）的爱是如此强烈，乃至于女孩在睡梦中给

他生了两个孩子……

而作家理查德·扎克斯（Richard Zacks，1955— ）在《西方文明的另类历史》（*An Underground Education*）中谈到最原始的《睡美人》故事时考证说，在最早的版本中，讲述者无意中（也可能是故意）流露出的是这样一条信息：

"这时，因为被她的美貌所打动，"巴西尔是这么说的，"他就把她抱到了一张床上，'收获了爱的果实'。"[1]

时至今日，我们还经常能够看到油嘴滑舌的大人们在给孩子讲这个故事——或者是小红帽的故事——的时候在居心叵测地窃笑。

除此之外，文化表达中大概还包含着百分之三十的对不劳而获的幻想，这一点在古今中外都有所体现。从普希金（Александр Сергеевич Пушкин，1799—1837）的《渔夫和金鱼的故事》，到中国传说中的《神笔马良》，乃至于金庸武侠小说里面一个人可以把自己苦练七十年的功力硬逼进别人的体内，等等，例子不胜枚举。渴望不劳而获是人类的天性。精神阶层——或者说社会阶层，社会阶层从某些方面来看是精神文明程度的一个指标——越高的人群，对这种鬼话越不相信。

民间文化的表现形式最后的百分之十被一些变了味的正义观念所充斥，这是社会对其自身的一种道德考验，还是前面那一说，必不可少而已。譬如说孙悟空三打白骨精，没人会去想孙悟空打白骨精是出于惩恶扬善的目的，还是出于对唐僧涌泉相报的孝心，或者是出于西行路上坚如磐石的责任感——凡人们不这么想，是因为他们的生活中根本就没有这些东西。他们对于孙悟空三打白骨精所津津乐道的，是白骨精变成的女人漂亮不漂亮，唐

---

1 ［美］理查德·扎克斯：《西方文明的另类历史》，李斯译，海南出版社，2002，第4页。

僧是不是活该被吃掉，或者是孙悟空这一棍怎么打，是泰山压顶还是横扫千军。

古往今来，基本上所有道德教谕的故事都带有利润交换的性质，否则无法引起凡人的兴趣。还有一个著名的例子就是《吉尔伽美什史诗》里面的那种使人长生不老的仙草。所以几乎所有的道德教谕故事都是失败的，凡人们消化了这种"道德利润"的饵，却狡猾地将道德的鱼钩弃如敝屣。

这样我们就引到了问题的第三方面。文化俚俗而不知所云的本体经过社会的加工变得符合文明的最低要求，但是它也同样需要适应文明的更高要求才能够继续生存下去，这种更高要求就是道德要求，它乃是精神观念对现实社会的一种不切实际的强人所难。

社会的结构就是人的结构，文化本身、社会选择和道德选择的三重结构与弗洛伊德晚年提出的"本我、自我与超我"人格结构理论如出一辙。文化的本来诉求相当于人性中的"本我"。它是文明完全无意识的部分，相当于心灵中潜意识的结构部分，由先天的本能、基本的欲望所组成。它是原始的、与生俱来的，是同肉欲联系着的。"本我"是贮存文明能量的地方，可它不懂什么是逻辑、道德，什么是好、什么是恶，只受"快乐原则"的支配，不顾时间、地点和场合的限制，盲目地追求满足。肉身是它的能量源泉，神性则是无足轻重的。

社会选择起到的是"自我"的作用。它是文明的结构部分，是"现实化了的本我"。它在现实的反复教训之下，由于现实的陶冶而变得识时务了，不再受"快乐原则"的支配而去盲目地追求满足。它在"现实原则"的指导下，既要获得满足，又要避免痛苦。"自我"更多地思考个体自由限度与他人、与社会的相处问题。它处在"本我"和外部世界之间，根据外部世界的需要而活动，它负责与现实接触，所以，"自我"的心理能量大部分消耗在对"本我"的控制和压抑上。

而道德选择，相当于"超我"（超自我），是指文明最开化、最道德的部分，是"道德化了的自我"，它处于文明的最高层，根据"至善原则"而活动。它是家庭、学校、法律、道德等整个社会道德系统作用于"自我"的产物。当文明的进化要求个体将自己和其他个体相比较并使个体感到自己软弱无能的时候，个体就以这些在文明的标准中被视为理想的人格为榜样，通过"模拟作用"建立自己所希望的一种理想的"自我"。这种理想的"自我"是不切实际的，所以可以把"超我"看成"自我"的一种逆反，专门和"自我"唱反调。

道德选择使得文化变得索然无味，道德化的社会显得更文明、更科学、更适合机械性的发展，但是也同样显得更冷漠、更伪善和更加索然无味，这是道德的代价。为什么《渔夫和金鱼的故事》里面那个老太婆不能够一直得偿所愿下去？为什么《蜜蜂公主》里面国王救出了蜜蜂公主却将她拱手让人？每每读到这种情节，每个人的第一反应都是似乎理应如此，但是又会遗憾，不可避免地遗憾，这就是道德选择给我们的故事带来的古怪价值观。道德选择的层面上，很多问题经不起推敲，也无须推敲。这一点在面对孩子的打破砂锅问到底时，有时会令我们非常尴尬，因为它强迫凡人做出的，本来就是他们不可能考虑的选择。

经过社会选择的教训和道德选择的陶冶，文化自身变得圆滑、虚伪而且老于世故。这也就是我们阅读大量经由官方认可的民间传说和神话故事的时候感到味同嚼蜡的原因。

就好像《渔夫和金鱼的故事》，大部分人听了故事之后的第一个反应并不像普希金所期冀的那样是沉思，而是遗憾，他们都会想："换作是我，我当上女皇也就够了……"没有必要苛求这种想法是不是这位亚历山大·谢尔盖耶维奇撰写这个故事的本意，因为对于这样想的这些人而言，他们当上皇帝的机会，比起在海里遇到一条能说人话还有求必应的金鱼，只怕更加渺茫。既然如此，我们似乎就不该对这样的人做出过多的道德方面的苛责，因为对于很多人而言，道德的崇高性没有用，确实不如一只不漏水的木盆来得实际。

这就是说，我们把普希金的这个童话一分为二。对于一个手不释卷、热爱沉思、抱负远大的"好孩子"来说，《渔夫和金鱼的故事》所起到的"超我作用"也就是道德教谕的目的已然达成了，他接受了道德的感应，开始为自己的自我在文明的进化之中谋求容身之地。可是对于一个上课打瞌睡、扣子系跑偏、躲在教室的最后一排偷偷抽烟的熊孩子而言呢？普希金并没有完成他的道德教谕者的使命，因为他的这个故事低历史消费层级听不懂，就算听懂也没有兴趣，就算有兴趣也难以做到，就算能做到，他们的那点子精神创造力也难以对文明的进化做出什么实质性的推动。

最尴尬的是，文明的进化与社会物质的建设完全不同。物质和科技社会的进化具有数学的统计性质，两军对垒的时候确实是人多的那一方赢面比较大，可是到了文明进化的层面上，人海战术没有用：你不能说如果有了两个李白（701—762），中华文明的诗意面貌就会增加一倍。所以恰如明末人董其昌（1555—1636）把他总结规律、苦习书法的创作道路自嘲为与南北宋五代以前的先贤"血战"那样，文明的进化永远是在总结与开创中继往开来，呈现一种血战古人、血战今人、血战后人的态势。

所以，文明的开创，一骑当千。

而这些故事，如前所言，当它们所面对的消费阶层的学识和志趣过于平庸，对于真理和道德的兴趣过于淡泊，带有诱导和暗示性质的故事讲述很可能事倍功半、难以奏效的时候，其中的道理恐怕只能摆到桌面上来摊牌。这是故事讲述者的最后一招看家本领。读者的低历史消费习惯是灌输存在的第一个原因。

而以灌输代替思考的写作，另一方面的原因，有比较小的可能性是作者自己见识的局限性或是特别偏爱直来直去的手法，我们不可能要求所有已经被社会承认的文明开拓者在境界、气局和手法上处于完全相同的水平。文明多姿多彩的面貌也因此而来。例子，不用另外找，普希金自己少不更事的时候，也更倾向于把道理明说。我们来看这一首 1818 年的《致恰阿达耶夫》，写这首诗的时候他只有十九岁，基本还是一个四六不管的孩子：

> 爱情、希望、平静的光荣
>
> 并不能长久地把我们欺诳，
>
> 就是青春的欢乐，
>
> 也已经像梦、像朝雾一样地消亡；
>
> 但我们的内心还燃烧着愿望，
>
> 在残暴的政权的重压之下，
>
> 我们正怀着焦急的心情
>
> 在倾听祖国的召唤。
>
> 我们忍受着期望的折磨
>
> 等候那神圣的自由时光，
>
> 正像一个年轻的恋人
>
> 在等候那真诚的约会一样。
>
> 现在我们的内心还燃烧着自由之火，
>
> 现在我们为了荣誉献身的心还没有死亡，
>
> 我的朋友，我们要把我们心灵的
>
> 美好的激情，都呈献给我们的祖邦！
>
> 同志，相信吧：迷人的幸福的星辰

就要上升，射出光芒，

俄罗斯要从睡梦中苏醒，

在专制暴政的废墟上，

将会写上我们姓名的字样！[1]

译者是著名翻译家戈宝权（1913—2000），翻译相当到位。十九岁的普希金的这种热血豪情我想每一个人都不会陌生，因为每一个人都经历过这样少不更事的齿少心锐。唯一的区别是，普希金之所以是普希金，是因为他的青春岁月响应的召唤，来自他自己之外的波澜壮阔的时代风暴。

我们举这些例子只能说明，灌输和思索是教谕的两个侧面，有些场合一种更有用，有些场合另外一种更擅长，很难说得清它们孰高孰低。这种直白的、狂热的诗思是出于某些诗人个人的秉性，而在更忧郁、更内省的诗人那里，它们则会转变为更内在的一种东西。即便是号召民族自豪感的诗句，也会变得更深邃。来一个相同题材的例子，1895 年，里尔克（Rainer Maria Rilke，1875—1926）同样写于十九岁的《卡耶坦·退尔》：

就在这里，可怜的退尔

写出他的歌《哪儿是我家》，

的的确确：缪斯钟爱谁，

生活就不会把太多的给予他。

一个斗室——对心灵的翱翔

并不狭小；可对于休息而言却不算大：

一把椅子、一口兼作书桌的衣箱、

一张床、一个水罐、一把木头十字架。

---

1 ［俄］普希金:《普希金诗集》，戈宝权译，北京出版社，1987，第 82 页。

就算拿一千个金路易给他，

他也不会离开波西米亚。

他的每根纤维都锁连于此：

"哪儿是我家，我愿留下。"

而他提到的那首出自卡耶坦·退尔（Josefa Kajetána Tyla, 1808—1856）之手、心怀故土、思念布拉迪斯拉发城郊的潺潺溪水和阵阵松涛的《哪儿是我家》，也绝非寻常之作，它被谱上曲后，在人们的口中吟唱了数百年，至今还是捷克的国歌。

《致恰阿达耶夫》和《卡耶坦·退尔》之间的差别只是诗人个性的延伸，《致恰阿达耶夫》要求读者聆听，《卡耶坦·退尔》则要求他们沉思。习惯于聆听的读者可能会觉得《卡耶坦·退尔》清汤寡水，但是喜爱感受的读者则会觉得《致恰阿达耶夫》过于直白。这是我们下一节将探讨的问题。

而在大多数场合，当历史故事的讲述者本人不够高明，他所面对的读者同样不是人中龙凤的时候，故事讲述的直白灌输性质就很难改变了。我想起了一本书，在小学时老师组织我们阅读的一本题为《秦岭历险记》的课外读物，它可能是我读过的第一本小说。故事梗概是一位少先队员在秦岭科考时迷路，如同《鲁滨逊漂流记》般地度过了数日旷野求生的时光。看起来书里这位小幸存者对于自己的危险境遇似乎并不怎么介意，还有闲情逸致用小刀割下桦树皮做成笔记本，记录自己的冒险经历，倒也颇有趣味。

在这本桦树皮做的历险日记的结尾部分——习惯上故事的"讲道理"位置，小冒险家写下了这样一段看起来无论如何都不像是出自一个小男孩之口的话：

啊，生活就是这样地美！只要你热爱生活，它就给你知识和力量。有了知识和力量，你就会对未来充满希望，充满信心，你就会做大自然的主人，祖国美好未来的创造者！[1]

在这里我想改一改一贯的刻薄毛病，并不以画蛇添足的眼光来看待这段也有可能是真情流露的宣言。然而非常遗憾，事实依然是，在整个充满狩猎求食、透镜取火、陷阱猎狼、熊口余生的高潮迭起的故事结束之后，少年读者们于情于理都几乎没有人会认真阅读这一段话。就好像我前面举例的那一本同样平庸而乏善可陈的《上塘志》那样，它们必须有，可在文明的进化之中却不能起到任何作用。风起风息，在观念展示的历史中被遗忘者只是为了结构的构成而存在。

1　周竞、孟礼:《秦岭历险记》，陕西人民出版社，1982，第 96 页。

II 朦胧——观念的感悟

在上一节的末尾我们用以和《致恰阿达耶夫》对比的作品是里尔克的《卡耶坦·退尔》。在这首冷门的小诗中，里尔克的那种细致入微的深入气局崭露头角，与普希金那样大气磅礴的诗风分庭抗礼，也不遑多让。在这首诗中里尔克对那间家徒四壁的斗室的描述，令许多同样皓首穷经的文人读者读来备感亲切，回视自己环堵萧然的书斋而会心一笑。凡人瞩目的是尘世，而诗人注视的则是来世。一切现世的豪华壮美不过都是过眼云烟而已，只有观念是永存的，所以，对于观念的展示也同样是永恒的。就好像里尔克诗歌里的意象，一把椅子、一口兼作书桌的衣箱、一张床、一个水罐、一把木头十字架，荣耀的人生就是永恒的孤独。无论是卡耶坦·退尔还是里尔克自己都已然归入历史的云烟之中，可是无论是在他们之前还是在他们身后直到永远，这种孤独的内容都没有也不会发生任何的改变。有的诗人为凡世所歌，有的诗人则为了诗国自身所歌。何谓诗国自身之歌者？我们将之看成一种语言本身——而非自然环境——结晶而来的另一种语言，它们完全不拘泥于原生语言的指事特性。这种语言自身产生的语言，纪伯伦（Kahlil Gibran, 1883—1931）在《诗人》这篇散文中肯定了它的神性，我们来读一下这一段话，它的译义用诗的格律编排一下似乎更有韵味：

是

连结现实与未来的一环，
是干渴的灵魂掬而饮之的
　甘泉；
是硕果累累的
　大树，长在美的河边，
供饥饿的心灵饱餐；
是夜莺，
在语言的枝叶间鸣啭，
令人
　击节称叹；
是云霞，
朝出天边，
继而扩撒满天，
降下甘霖，
滋润
　人生的
　　田野，
使百花争艳；
是天使，
被上帝派遣下凡，
教会人们懂得
　神的
　　灵感；
是油灯，光辉灿烂，
黑暗自不能与它匹敌，
百物亦无法将它遮掩，
是爱神阿施塔特为它添油，

是诗神阿波罗将它

点燃。[1]

有的人为了尘世而生，有的人则为了来世而生；当前者瓜分了现世的箪食瓢饮之后，留给后者的，就只有永恒。

有一种比较冷僻的诗学理论认为，诗之本者，所谓"美刺"者也，这种观点现在已然鲜有人言了。这两个字，前字语出《毛诗序》论《颂》："美盛德之形容，以其成功告于神明者也。"后字语出《毛诗序》论《国风》："下以风刺上。"正如乾隆元年举博学鸿词科的清代人程廷祚（1691—1767）曾在文论《诗论十三再论刺诗》中说的那样，"汉儒言诗，不过美刺二端"，这个词表现了诗相对于现实世界的极端性，美就是歌颂，刺就是责备，诗歌的存在就是要达到俗世无法达到的两个极端。这就是说，即便如同《致恰阿达耶夫》那样的纯粹的俗世题材，旨在号召一种俗世的情感，它所运用的情怀也是极端的、不真实的、间离的。在诗人的心境中，自然的真实性只是一个侧面，一个并非特别重要的侧面，即便是在"听取蛙声一片"这样的诗句里，即便它们描述的，真的是关于夏日聒噪的蝉鸣、疲倦而打着响鼻的耕牛、从丝瓜棚上悄悄滑落的夕阳、星空下汩汩流淌的小河，以及暗夜静默雨雾之中的山河气象。

所以如郑玄（127—200）笺注《周礼·太师》云："兴，见今之美，嫌于媚谀，取善事以喻劝之。"这种诗人自己能够解释清楚的、素材与观念的意象之间的因果关系，并不适用于所有的场合。在智力最早进化的时代诞生的一些原始的诗人，对于这种不可名状也是难以理解的，环境给予诗人的灵感在最早的作品

---

1 ［黎巴嫩］纪伯伦：《纪伯伦全集》，伊宏主编，甘肃人民出版社，1994，上册第334页。

中难以言传，只能直抒胸臆而不加解释。这样的例子很多，譬如《诗经·秦风·晨风》中，"鴥彼晨风，郁彼北林"与"未见君子，忧心钦钦"两句之间，就很难说清楚有怎样的心路历程和因果关系。

在我们用以和《晨风》对比的作品《诗经·卫风·氓》中，兴与诗之间的逻辑关系就一目了然，我们来看这几句：

> 桑之未落，其叶沃若。于嗟鸠兮，无食桑葚！于嗟女兮，无与士耽。士之耽兮，犹可说也。女之耽兮，不可说也。

这一段诗的开头是描绘桑叶的茂盛，终句是描绘女性沉迷——"耽"字解为"沉迷"，可参考《尚书·无逸》"惟耽乐之从"——于感情而难以自拔。差别看似比《晨风》还大，但是解释其间因果关系的关键句在于"于嗟鸠兮，无食桑葚"，古人传说斑鸠吃多了桑葚会醉倒，因而会上瘾。诗人以劝诫斑鸠不要对桑葚上瘾为铺垫，劝解女子不要对感情沉迷，最后谈到沉迷感情的后果，不同的后果来自男女对感情的不同态度，女性的结果只会是难以自拔——此处的"说"字实解为"脱"字。这个论述丝丝入扣，无论谁来阅读都不会觉得突兀。而与此相比，《晨风》中"鴥彼晨风，郁彼北林"与"未见君子，忧心钦钦"之间，本来可能也有这样的逻辑线索，也许后来失传了，也许诗人忘了写，也许诗人觉得没有必要写，也许诗人自己压根儿就没有弄明白。

而诗人得到的这种来自神性的、电光石火的感应，我们称之为灵感，也绝非如很多人想象的那样来自永生的花园或是天上诸王的宫殿，而只是他身边的一些再平凡不过的东西。诗的世界与凡俗的世界对于平凡和伟大的意象，看法往往是相反的。一把椅子、一口兼作书桌的衣箱、一张床、一个水罐、一把木头十字架，诗思与灵感无所不在，而且你难以言明这把歪歪扭扭、吱呀乱响的椅子与某种处江湖之远、去国怀乡的情思之间具有怎样必然的联系，一切都是难以名状的。

中国当代实验文学的先驱、清华大学教授格非（1964—　）在《塞壬的歌声》这个散文集的一篇文章里回忆起有一天他坐火车时的经历。单调而周而复始的车厢郁动之中，坐在对面的一位编织着毛线的大婶，身份可能是某种低层次的音乐教育者，并不知道他就是《褐色鸟群》的作者、中国无序回忆的最早书写者，正在对他夸夸其谈，话题是关于一个叫吕其明（1930—　）的作曲家的作品。这次交谈，内容无足轻重但又好像意味深长，语调遥远、温馨而曼妙。这种絮语之中他突然觉得沉醉，有了一种恍惚感，过去和现在的界限变得模糊而温暖：

> 我觉得渐渐喜欢上了那个旋律，沉醉于那样一个不断延续的瞬间。从感觉的意义上来说，瞬间所包含的时间长度并不是几秒钟，甚至几个小时，它是一个芳香四溢的巨大容器，它向过去回溯，也向未来延展，它无限敞开，一直通往未知的黑暗。我觉得，吕其明的音乐，窗外匆匆而过的一片池塘，过去年月纷至沓来的记忆，以及女教师手中跳动的铝针有一种暧昧的联系，正是这种联系的晦暗不明和脆弱易逝的性质让人沉醉。我在想，相同的一缕阳光也曾照亮过去的街角，那么，年代久远的一场大雨会不会打湿现在的衣服？[1]

这种含混的灵感在最初的时分还表现为一种语言叙述的乏力性，到后来倒催生出了一种展示与阅读的革命性关系。人们由此而发现，有的时候道理小说得那么明白反而更加耐人寻味，义艺

---

[1]　格非：《塞壬的歌声》，上海文艺出版社，2001，第68—69页。

149

理论中的朦胧意象趣味由此而来。

如果意象需要解释，有的时候可以适可而止地通过一两个比喻，我们来读一下艾米莉·狄金森（Emily Dickinson, 1830—1886）最著名的这首诗，《小人物》(*I'm nobody! Who are you?*)，不过大多数人都只对它的上阕有印象：

> 我是个小人物，你呢？
> 你也是小人物？
> 那么我们就是一对儿——不要告诉别人，
> 因为你知道他们会笑话我们。
>
> 做一个名人有多厌倦！
> 毫无隐私，就好像有一只青蛙
> 整天都在聒噪着你的名字
> ——对着一片荣誉的沼泽。

严格地说，狄金森的这首诗不算"兴"，而是"比"，因为言明了比喻关系。在这首诗的上下阕里，诗人展示在读者面前的依然是一种需要"感受"而非"被告知"的东西，所以还是符合我们此刻探讨的诗歌表达中的意象气质，是一种展示的观念，并不囿于技法。

二十五岁以后，整整三十年，狄金森如同幽居女尼般地足不出户，直至去世，人们称她为"阿默斯特的修女"。她，生前发表的诗一共是七首，可是在她去世之后，人们整理她的遗稿，一共发现了多达一千七百余首诗，篇篇俱是上乘之作。狄金森的妹妹拉维尼亚（Lavinia）通过辨认笔迹肯定了这些诗确实出自她那位离群索居的姐姐之手，但也觉得不可思议。这些作品包括了像《小人物》那样的抒怀闲诗、情诗——狄金森在两段无果的感情之中曾经写过一些儿女情长之作，最著名者是写给一位比她年长十八岁的鳏居法官的一首诗《敬畏的新娘傍尔伫立》（*Circumference thou Bride of Awe*）——以及书信（1860 年之后，狄金森给密友的信柬有时候也是以诗歌的形式书写的），信手拈来，无不是生花妙笔。这些在诗人生前无人知晓片言只语的佳作为艾米莉·狄金森赢得了"在莎士比亚（William Shakespeare，1564—1616）之后最擅于掌控英语言文学的诗人"的桂冠，也印证了纪伯伦《诗人》中肯定的那种神性。可是这又有什么用呢？她还是在孑然一身、无依无靠中度过了自己并不算长寿的一生。她隐居在祖屋朝东的暖房旁边的斗室，透过草木扶疏窥视街角的尘世。两段无疾而终的淡淡情愫之后，再也没有人想得起她是谁，她切断了与这个凡世的最后一点联系。通过了解艾米莉·狄金森的生活，我们开始读懂《小人物》这首诗中的那种孤独感，这种孤独乃是一种境界、一种光荣的限度、一种永恒和凡俗之间难以逾越的鸿沟。狄金森对俗世的荣耀既渴望——有理由相信她写《敬畏的新娘傍尔伫立》是在向洛德法官表达自己想结婚的愿望——又畏惧，既想得到凡俗的关爱，又害怕受到来自俗世的伤害。其实这种想法我们每个人都有，面对人与人的相处，就好像刺猬，既害怕尖刺的伤痛，又渴望依偎的温暖。

1886 年，她悄无声息地死在了自己出生的那间房间里，就好像一池春水上的圈圈涟漪，水面恢复平静之后，再也没有人想得起她是谁。

这种时候，我们不能不说是《小人物》这首诗将我们带入了艾米莉·狄金森孤独的世界，当我们阅读这首诗并且为之初读忍俊不禁、继读心情沉落、终读潸然泪下的时候，狄金森的一生仿佛昨日重现，宛如初夏晴朗的黄昏，温暖、明亮而不朽。暖房里冬天开花的植物、桃花芯木的壁橱、被女仆擦得光可鉴人的茶具、上有天鹅绒坐垫的胡桃木椅子、暗红色的墙纸、满室的图书、插在墨水瓶里的钢笔和吸干墨迹用的擦子、自己做的植物花朵标本册——没错，她的另外一个身份是园艺植物学家——和标本盒，可能还有制作特别成功而被装裱悬挂起来的标本镜框、《这是鸟儿们归来的日子》未完成的手稿、写在草稿纸上的几个令人难以抉择而举棋不定的韵脚词、摊开并写满眉批的罗伯特·伯顿（Robert Burton, 1577—1640）的《忧郁的剖析》(*The Anatomy of Melancholy*)、已经翻得卷了页的《威斯敏斯特信经》(*Westminster Confession of Faith*)、《海德堡精义问对》(*Heidelberg Catechism*)（狄金森有一位启蒙老师本杰明·牛顿律师，她受他的影响成了一个长老会派信徒）和其他参考书，以及萦绕满室、不绝如缕的孤独的哀伤、孤独的优雅和孤独的荣耀。

当然，这一切都出自我自己的想象。

我们仿佛看到了幻象般，徜徉在这一切往昔的温暖之间，然后我们突然觉得自己读懂《小人物》了，这种孤独好像是我们自己的人生、我们自己的选择，值得为之顾影自怜——然而却不是。它们还是属于一百五十年前的那一位形影相吊、幽居而死的女子，在身后她的名字已然被镌入了永恒圣殿的柱石，而我们只不过是走在熙熙攘攘、载驰载驱的路途上，偶尔扭头往这里看了一眼而已。

对于一位诗人的抱负和境界，只有另一位诗人才有权利品头论足。感伤于艾米莉·狄金森栖居斗室、宛如古井之水般幽深的生活，我想起了一段济慈（John Keats, 1795—1821）的诗，它歌颂受限的肉体和无限的情怀，我今天将之看成是为了歌颂狄金森所作，年代是无足轻重的。《夜莺颂》的第六十一行到七十行，其中遣词用语古意盎然，雅量高致。这段诗似乎是歌颂了一种具有永恒意象的鸟类，人类世界的沧海桑田对它难以产生任何影响：

> 你不是为死亡而生，不朽的鸟儿，

一代代人的饥寒决不能使你沉寂；

此刻正在流逝着的

今夜，我听到的歌声

在古代也曾传入帝王和村夫的耳际。

当路得站在异国的庄稼地里，

泪流满面、浓浓乡愁之机，

也许这首曲调同样也打动了

她的心扉。

这同一首歌，

也让幽居高楼的伊人

痴心沉醉，在那杳无人迹的仙境

她的窗口正对着的大海风雨凄迷。

　　济慈的诗同样也见证了诗意的那种伟大的紊乱性，时间、所有格和逻辑都不是最重要的。有一个叫马修·阿诺德（Matthew Arnold，1822—1888）的人，1857年前后担任牛津大学诗学教授，他曾经在一篇文论中说过诗歌应该"能够唤醒我们的意识，而且唤醒我们的意识就是诗的无上权力之一。科学对事物的解释不能给我们像诗所能给的那种亲切的意识；科学力量只能诉诸有限的知识，而无法解释整个人类"[1]。因此，阿诺德认为"济慈和勾尔林两人作品中，对自然主义解释的才能则有压倒一切的优势，具有完美的魅力，当他们阐述宇宙及才能时就像亚当一样凭借神的灵感决定生物的名称；他们的表现手法符合于事物的根本实质"[2]。

　　1　［英］马修·阿诺德：《诗的定义》，选自《快乐的期待》，林贤治主编，花城出版社，1998，第211页。

　　2　同上书，第212页。

我们还是回到朦胧这个话题上来吧。肯定了朦胧是诗歌的宝藏之后，诗人要发掘它可谓不遗余力。除了意象上的，还有形式上的。艾米莉·狄金森写诗言简意赅，时常对句式成分大砍大削，有时干脆连动词也省掉——这一点很像中国的上古诗或是钟鼎文文献，连缀名词，学者们谓之先秦古简文气象。她尤其酷爱倒装句，比如说《我的朋友》一诗里，她把"It has barbs（它有刺）"写成"Barbs has it"。英语中的倒装结构其实是一种拉丁文词序的余韵，学者们由此而推测她的拉丁文造诣应当不低。狄金森奋笔疾书之时，从来不用标点符号，在她的手稿中唯一算得上是标点的就只有一条横线，勉强可以看成破折号。但综观现存的狄金森手稿——这可是美国文学的无价之宝——就算是这条横线也时常不是规规矩矩地写在纸面上的，它们要么往上翘，要么往下撇，很多都不是水平的。文学理论家推测这个符号（它当然不是破折号）其实是狄金森自己发明的标注韵脚音节的升降符。这种猜测倒是合情合理的，因为狄金森的手稿里怪异绝非只此一处，她的手稿具有很强的图像性，她为了让人读懂自己的作品而煞费苦心，有时一句话分几行，每行只有两三个单词，以此标注诗句的句读；有时候甚至在一些作为书信的诗稿中配上自己手绘的插图以助读者理解……总而言之，狄金森的手稿——至少那些真正的草稿，就是一堆信手涂抹、宛如天书的胡言乱语，一种优雅的紊乱令人初读无所适从，继而流连忘返。这种不可名状、溢于言表的朦胧和紊乱足以遭到迄今为止的任何一位出版社编辑的愤怒拒绝，因为图书的编辑和出版就是一种令观念的紊乱得到条理化的工作。可是这并不影响几乎所有研究狄金森的专家由衷赞同，想要读懂狄金森的语言哲学，最好阅读她的手稿——而非出版后的诗集——至少是手稿的影印版本。

狄金森朦胧意象的第三个方面是，她诗中的"我"是复格的。所谓诗言志也，李杜写诗都是直抒胸臆，谈自己的感受，但与中国的大多数诗人不同，狄金森诗歌中的人格更加间离，似乎害怕直接承认她与世界的关系似的，她在诗歌中总是增加一层所有格的转化。这样说似乎很抽象，一个别致的比喻是，狄金森与其说是一位诗人，不如说是一个演员，她先在作品中"塑造"一个人物，然后自己去"扮演"这个人物，用这个人物的嘴来说出"他"的想法。出于某种私密的惧意，隐匿的大门从来不会轰然中开。

我们来看看《我害怕拥有灵魂》（*I am Afraid to Own a Body*）这首诗，诗歌中的"我"只是一种模糊的存在，不可能是艾米莉·狄金森自己和她的任何同类：

> 我害怕拥有肉体，
> 我害怕拥有灵魂。
> 那都是朝不保夕的财产，
> 虽然拥有却挥霍无门。
>
> 干脆两样都拱手相赠，
> 给一位忠诚不变之人。
> 他贵为永生之君主，
> 又是众生来世之神。

译文是我的意译，不算准确。我的"病情"最近似乎加重了，嗜好以紊乱来诠释紊乱。

有的时候，狄金森诗中的"我"是虚无缥缈的，只是作为这种观念的一种环境或者说是条件存在，而非观念的中心。比如说《我从未看过荒原》（*I Never Saw a Moor*）这一首，"我"只是"我从未看过"存在的一种必要条件，并不太重要，但却不可或缺，因为观念的表达在于主语是"我"的未见和"我"的所知，而不是"这种意象的存在"，差别在于它虽然不可名状，但却能够成为"我的"见闻：

> 我从未看过荒原
> 我从未看过海洋。
> 可我知道石楠的容貌
> 和狂涛巨浪。
>
> 我从未与上帝交谈
> 也不曾拜访过天堂。
> 可我好像已通过考验
> 一定会到达那个地方。

诗人和凡人的区别就是，对于诗人而言，"我"是无足轻重的、可有可无的。所以，狄金森在诗歌里"扮演"了数以百计的凡人的肉身无法承载的东西，有时候是一朵花，有时候是一个赏心悦目的季节，有时候是一个七岁的小男孩，有时候甚至是——譬如《我害怕拥有灵魂》，这首诗其实是一个令人心醉的谜语，谜底是某种既没有身体也没有灵魂但却更加永恒的存在——死亡自身。

对于有的外文诗歌，有的时候读者将对诗歌的朦胧意象的解读不力归咎于翻译水平，这种质疑有的时候是正确的，但有时则错在忽视了诗歌原本的朦胧程度。我们来看这一首兰波（Jean Nicolas Arthur Rimbaud，1854—1891）的《元音》：

> A 黑、E 白、I 红、U 绿、O 蓝：元音们，
> 有一天我要泄露你们隐秘的起源：
> A，苍蝇身上的毛茸茸的黑坎肩，
> 围着恶臭嗡嗡转，阴暗的海湾；

E，雾气和帐幕的纯真，冰川的傲峰，
白色的君王，繁星似的小白花在颤动；
I，殷红的吐出的血，美丽的朱唇边
在怒火中或忏悔的醉态中的笑颜；

U，碧海的周期和神秘的振幅，
布满牲畜的牧场的和平，那炼金术
刻在勤奋的额上皱纹中的和平；

O，至上的号角，充满奇异刺耳的音波，
天体和天使们穿越其间的静默：
噢，欧米伽，她明亮的紫色的星眸！

诗歌里用的名词都没有什么歧义，可见不应该是"翻译水平"受到质疑的那一类作品，可是读者还是难以确切地明白这首诗到底说了些什么。这种朦胧就应当是原生的，属于诗人自己的，他也许试图将它们解释清楚，甚至并没有试图将它们解释清楚，甚至没想过将它们解释清楚，甚至不希望将它们解释清楚。

然而在我们认为这首诗没有将事情说清楚之前，反复咏读几遍，我们又会觉得它其实已经说清楚了。在这首诗中有春光的美景，有对故国的情思，又有对神秘信仰的虔诚，诗人试图让我们看到的东西我们都看到了。不必过于拘泥于这几样东西，苍蝇、冰川、牧场和天体，它们之间的因果关系，这正是这首诗的"朦胧"之所在，正是诗人希望读者去"感悟"而非"阅读"的东西。也可以认为这种因果关系无处不在、难以名状。对于这种明事隐理的文学手段的领教，我们一点也不陌生，小学课本里都一抓一大把：

墙角数枝梅，凌寒独自开。

遥知不是雪，为有暗香来。

此诗作于王安石第二次罢相之后。这个倔强的老头子，在熙宁九年（1076）长子病逝、相位被罢免、变法全盘失败、心腹倒戈、政敌群起而攻之的一系列打击之后，依然像一株老梅，孤独、坚忍而高傲地活在江宁的一条深巷之中。

想到这一点，我们又觉得这种"朦胧"是"准确"的了，因为需要解读的本来就是"朦胧"，也唯其自身是"准确"的。

诗歌不是论文，"优美"比"准确"更重要。

确切地说，在诗歌的国度里，什么都比"准确"重要。

我又想到一个例子，已故的中美比较文学专家文楚安教授（1941—2005）在较早某次翻译金斯伯格（Irwin Allen Ginsberg, 1926—1997）的《美国》时，将第五、六句翻译成：

用你自己的原子弹去揍你自己吧，

别打扰我我精神不振。[1]

尔后似乎感到不安，对这个"揍"字，在这句后面加了一个注说："原文 fuck，在美国俚语中是表示咒骂，带有性色彩的俗词。"[2] 已故广西师范大学外语系主任、作家贺祥麟教授（1921—2012）在回忆金斯伯格的文章《难忘金斯伯格》中，对这两句的翻译则是这样的：

让你和你的原子弹滚你妈的蛋吧，

我很不愉快你可别打扰我。[3]

比文楚安的译本要粗暴一些，但还是不直接涉性。实际上，大家

1　[美]艾伦·金斯伯格：《美国》，选自《金斯伯格诗选》，文楚安译，四川文艺出版社，2000，第138页。

2　同上书。

3　贺祥麟：《难忘金斯伯格》，选自《透视美国》，费林格蒂等著，文楚安主编，四川文艺出版社，2002，第95页。

心知肚明，这两句话的原文是：

Go fuck yourself with your atom bomb.

I don't feel good don't bother me.

直译应该是：

用你的原子弹去奸你自己吧，

我不爽，少来烦我。

出于任何一种理由，正统、道学、优美、正确，对于原诗的再创造都是被允许的，至少在一定限度内是被允许的。文楚安和贺祥麟当然有权利认为金斯伯格——贺本来就是金斯伯格的老朋友，陪同他游览过漓江——的原句太直白，或者太粗俗，或者太强烈，或者不符合他们这边很多读者几千年来养成的雍雍穆穆、掩耳盗铃的阅读习惯。

所以对于朦胧，感悟是第一层面的自由，阅读一首诗必须先"感悟"它。而当它被感悟之后，这种感悟与诗人的本意是不是完全一致，则见仁见智，甚至完全不一致但是能够给人带来新的感悟的感悟，我们也会为之折腰的。让我们再回顾一次本书上一个部分所流连的"低历史消费层级"，下面的这个例子是一首流行歌曲的歌词，属于并不十分深邃的那种文学层面。美国老电影《毕业生》的这首主题歌《斯卡波罗集市》（*Scarborough Fair*）最早由保罗·西蒙（Paul Frederic Simon, 1941— ）改编自英国民歌，是二十世纪六十年代美国大学生最喜爱的音乐。下面是这首歌的歌词，方括号里面是伴唱词，现在有一个才华横溢的网友用《诗经》的格式将这首歌的歌词翻译成中文，也相当够看：

问尔所之，是否如适？

蕙兰芫荽，郁郁香芷。

彼方淑女，凭君寄辞。

伊人曾在，与我相知。

嘱彼佳人，备我衣缁。

［彼山之阴，深林荒址。］

蕙兰芜荑，郁郁香芷。

［冬寻毡毯，老雀燕子。］

勿用针砭，无隙无疵。

［雪覆四野，高山迟滞。］

伊人何在，慰我相思。

［眠而不觉，寒笳清嘶。］

嘱彼佳人，营我家室。

［彼山之阴，叶疏苔蚀。］

蕙兰芜荑，郁郁香芷。

［涤我孤冢，珠泪渐渍。］

良田所修，大海之坻。

［惜我长剑，日日拂拭。］

伊人应在，任我相视。

嘱彼佳人，收我秋实。

［烽火印啸，浴血之师。］

蕙兰芜荑，郁郁香芷。

［将帅有令，勤王之事。］

敛之集之，勿弃勿失。

［争斗缘何，久忘其旨。］

伊人犹在，唯我相誓。

（Are you going to Scarborough Fair?

Parsley, sage, rosemary and thyme

Remember me to one who lives there

She once was a true love of mine

Tell her to make me a cambric shirt

[On the side of a hill in the deep forest green]

Parsley, sage, rosemary and thyme

[Tracing of sparrow on snow-crested brown]

Without no seams nor needle work

[Blankets and bedclothes the child of the mountain]

Then she'll be true love of mine

[Sleeps unaware of the clarion call]

Tell her to find me an acre of land

[On the side of a hill in the sprinkling of leaves]

Parsley, sage, rosemary and thyme

[Washes the grave with silvery tears]

Between the salt water and the sea strands

[A soldier cleans and publishes a gun]

Then she'll be a true love of mine

Tell her to reap it with a sickle of leather

[War bellows blazing in scarlet battalions]

Parsley, sage, rosemary and thyme

[Generals order their soldiers to kill]

And gather it all in a bunch of heather

[And to fight for a cause they have long ago forgotten]

Then she'll be a true love of mine）

可见翻译本身也是一种创作，韵脚、才华和品位并不因为原作是舶来品而受到影响。你不能说"诗经"版的《斯卡波罗集市》是"为了"英文原版而存在，它只是"因为"英文原版而存在。新的朦胧已经诞生，世界被拓展到了一个以往难以想象的新境界。令人稍感遗憾的是，这项翻译工作的具体情形已经难以考证了。一个流行的观点是此译诗出自一位网名叫"莲波"的才女之手。她，好像是鲁迅（1881—1936）的本家后人，成长于苏州，留学于芝加哥，传说现在回到了浙江的一个小城教书，清音自远云自飞，已经难觅其芳踪了。她活跃于中国互联网文学时代的较早期。

就算在这样的低历史消费层级的作品里，对于文字游戏的嗜好依然是如影随形，暗示和谜语出现在一切可能出现的地方，形成一种一经解释就令人恍然大悟——但必须依靠解释——的、欲说还休的、低当量的朦胧效果，大部分平庸的诗人以毕生精力锤炼这种效果。《斯卡波罗集市》每段第二句反复唱到的四种香料"Parsley, sage, rosemary and thyme"，分别是芫荽、鼠尾草、迷迭香和百里香，据说分别代表爱情的甜蜜、力量、忠诚和勇气。也有说法称这四种植物在花语上都有"死亡"的隐义，暗示远在天涯的爱人早已逝去。

我承认我尖酸刻薄的毛病又犯了，但事实确实如此，当一件作品可以经过解释转化为一种平常的或者不太平常但至少是可以理解的情感时，我们还是将它当成一个故事来看，至多是个巧妙的故事。可有的作品是无法解释的，出于用语、出于情怀、出于紊乱的观念，它展示的东西本来就没有故事性，这种时候就要依靠读者自身的"悟性"。二者相权，称前一类的作品为中平之作，无论如何都是一种确评。佩索阿（Fernando António

Nogueira de Seabra Pessoa, 1888—1935）在去世前不久的 1931 年 3 月 14 日写了一首《我患了严重的感冒》，在这首伪托为阿尔瓦罗·德·坎波斯所作的作品里面，这个被称为"最伟大的英语诗人"的、忧郁而恍惚的葡萄牙人这样描述道：

> 我患了严重的感冒
> 谁都知道严重的感冒会怎样
> 改变整个的宇宙系统，
> 让我们对抗生命，
> 甚至能让形而上学打喷嚏。
> 一整天的光阴都荒废了，尽在擤鼻涕。
> 我的大脑隐约作痛。
> 一个小诗人的可悲的处境！
> 今天，我毫无疑问是个小诗人。
> 从前的我只是一个心愿；如今早已无影无踪。
>
> 永别了，仙女中的皇后！
> 你的羽翼是太阳做成的，而我在这里漫步。
> 除非我走过去睡到床上，否则我就好不了。
> 从前，只要我没躺在万物之上，我就总是不得消停。
> 请原谅……多厉害的伤风！……它属于肉体！
> 我需要真理和阿司匹林。[1]

为了防止读者乱猜，诗人在第一句就揭露了谜底：并不是什么宇宙的永恒之谜，也不是"八节滩头上水船"式的观念困惑，一场司空见惯的感冒而已。可是，你猜怎么着，即便明确知道了

1　[葡萄牙] 费尔南多·佩索阿：《费尔南多·佩索阿诗选》，杨子译，河北教育出版社，2004，第 136 页。

这只是感冒，我们还是觉得这首诗，尤其是下阕，其中的紊乱难以言传。但是仔细想想，感冒时如坐针毡的感受，尤其在服药休息时昏昏欲睡中谵妄的臆想，好像又确实是这样不可名状的。

我们必须正视这些作品中的权力关系，譬如说佩索阿的这首诗，题材为感冒，描述的也是感冒，但"感冒"显然不是主角——紊乱自身才是主角，感冒只是这种紊乱存在的一种维系之物而已。它确实是描绘感冒的，但又不是描绘感冒的；这种紊乱确实是因为感冒而被引发的，可是当它被引发以后，感冒自身似乎又变得不那么重要了。

朦胧的展示不仅适用于文学，同样适用于视觉艺术，我甚至觉得它应当也适用于音乐，无奈乎实在不懂。让我们再如第一部分前几节那样分析几个视觉艺术方面的例子。在画面的构思和把握方面，叙述与朦胧二者的权力关系的犬牙交错、由浅入深也是一目了然的，这同样是画家和雕塑家们耗费了自己的一生所在追求的东西。我们举出的第一个例子是马萨乔（Masaccio，1401—1428）绘于1425年前后的《逐出伊甸园》。马萨乔没活到三十岁就死了，世人十有八九连他叫什么名字都不知道——马萨乔只是一个外号，他的真名其实叫 Tommaso di ser Giovanni di Mone Cassai——但他却堪称有史以来首位现实主义画家，他在短暂的一生中引发了文艺复兴乃至整个艺术史的一场风暴：他是将透视用于绘画的第一人。

很多人觉得这幅《逐出伊甸园》里，亚当和夏娃走投无路、顿足捶胸、追悔莫及的神态刻画入木三分，可谓这件作品的人文情怀的亮点之所在。我虽然不反对这种观点，但并不觉得这是最吸引我的地方。这种世俗情感的描绘只是一件应该做而以往没有做的事情。我们更应该思索的并非一个艺术家"是"一个人的证据，而是他"超越"一个人的证据。所以我将目光绕开亚当夏娃那饱赚一干旅行团观众泪水的凄惨神情，而锁定在了画面上几根——1980年此画修复之后数清了，一共是十三根——毫无起伏的、令人费解的直线上。

请看掩面而泣的亚当背后、声色俱厉的天使的剑柄之下的位置，有十三根辐射状排列的细线从一个具有门或入口意象的建筑内部延伸而出。上下两边的线条较短，过渡至中间的线条最长，使得整个线阵的轮廓看起来像是一个尖锐的箭头。这种态势证实了我们的一个猜测：这些线条表现的是一种"矢量"的观念，即且不论这个观念代表的是什么，至少可以肯定它是有方向的。

如果我们用尺顺着大门的朝向、亚当夏娃走的方向以及天使手指的方向画出几条射线的话，那这个线阵的延长线与几条射线会汇聚于一个点，这个点的位置在画面底边线的延长线上，与画面左下角的距离大约相当于画面宽度的2.5倍——《逐出伊甸园》的尺寸是208厘米×88厘米，如果我们将画幅的左下角看成是原点的话，那么这个假想中的、几条射线的汇聚点的坐标差不多应该是（216.5，18）。因为透视的存在，纵坐标并不重要，我们把这个点的横坐标减去画幅宽度，也就是算算画幅外面亚当和夏娃还要走多远，得出一个差值是128.5，这个差和画幅纵高的比是0.618。我想这个数字没有人会感到陌生：黄金分割。这也解释了很多人看《逐出伊甸园》觉得很狭长的原因，一方面是因为此画所在的柱子可提供给画幅的横宽就只有这么一点空间，而另一方面，画幅本身的比例不符合黄金分割，它其实是一个高208厘米、宽216厘米的正方形画面被黄金分割以后"剩下"的部分：如果说黄金分割就是宇宙的真理或者上帝的和谐的话，那么这幅画的尺寸恰好是这种和谐的余数。

那个点的位置有什么？很遗憾，它已经在画幅之外很远的地方，没有人知道。也许丹·布朗或是某些阴谋论作家会在写作时在这个点——天使手指的方向、佛罗伦萨新圣母玛利亚教堂的地板下——安排一点玄机，可毕竟，它对于画中之人而言是一个未知的存在，这种未知本身就是一种朦胧：我们只知道我们的祖先行将一脚踏入这个未知，以后永远都没有机会踏上归途了。

我们再回来看这几根线，它们的寓意是什么？上帝雷鸣般的声音？上帝火炬般的目光？上帝无坚不摧的力量？上帝令人战栗的愤怒？这些说法都对，因为它们本来就是一些抽象的观念，将抽象观念图像化有无数的方法，但可以肯定的是也只能通过抽象来表达。我们来看看《圣经》里最接近的一种说法：

> 于是把他赶出去了。又在伊甸园的东边安设基路伯，和四面转动发火焰的剑，要把守生命树的道路。（《创·三·24》）

这十三根线条显然不是火，声名远播的文艺复兴大师马萨乔还不至于连火都不会画。不过这个问题不宜深究，否则又会陷入难以自圆其说的逻辑困境：火的正确画法真的就是呈现我们通常能理解的那种红颜色的、柔软山峰般的形象吗？火本身就是一种抽象的概念，用具象的画法可以说只能会意，怎么画都不对。可是火毕竟是可见的，声音、力量、愤怒、某些不可见的观念，其抽象性更加纯粹。它们在描绘上没有对不对，只有能不能够引起观众的感悟。这样一说《逐出伊甸园》里这十三根看似不负责任的斜线，其重要性似乎不言而喻了：它们试图在一个具象的描绘行为中勾勒出一种抽象观念的存在，或至少是它大体的位置。

形状、位置和位移是最早被用到的方法。我在上一本书中曾经论述过人类以位移来对一些抽象观念进行理解，譬如说梦境的位置在"上"（参考戈雅的《理智入睡产生妖魔》或是闵寓五《草桥店梦莺莺》）、死亡的位置在"下"（参考《左传·隐公元年·郑伯克段于鄢》："阙地及泉"），等等。这十三条线最中间也就是最长的一条的角度大约与地平线呈135度，最上面和最下面的两条线则分别约为165度和105度，理论上来说这辐射状的十三条线都能汇聚到一个点，它可以理解为这种矢量观念的起点——更通俗的理解是，如果这个线阵描绘的是上帝的雷鸣之声的话，那么这个起点就可以理解为上帝的嘴的位置——它在纵坐标上大约和天使持剑的右手持平。我们差不多可以心算出没有出现在画面里的那位大全能者的位置，如果他是一个站在地面上的人的形象——这可不是我信口开河，"神就按照自己的形象造了人（《创·一·27》）"是《圣经》里的原话——那他的身高在两米左右，比亚当高一个头。我们引入一个更有整有零的、亲切一点的数字，比如说，194厘米，上帝和美国老总统亚伯拉罕·林肯身高相若。如果他是某种难以描绘形象的抽象形态的话，那么他悬浮的高度比红衣天使稍微低一点点。

比天使低没有关系——虽然也不太合理，但是限于构图可以从权——比人类高就行。这种位置落差以及角度范围造成的一种重力感，令我们理解为有一种力量来自某个原点，正在以这种角度倾泻而出，推动前方的物体。而这个线阵的功效此刻就很明显了：它们张开的角度及其延长线在画面内部切割出了一个隐形的扇形区域，那是这种力量的作用范围。在它们前方，天使悬浮在空中，不在力的扇形作用范围之内，这个范围之内的着力对象只有亚当和夏娃的背部。这在艺术创作中是一种以粗暴对抗精密的构成思想，即把想画的东西按直觉直接画出来，不管合理不合理，朦胧本来就无所谓合理不合理。表示矢量的辅助线在现代插图和连环画中经常用，这十三根线勾勒出了一个计算出来的位移方向，它们经营出了一种尖锐的、不可挽回的推动或是驱赶意象。

1980 年的那次修复的另一个小插曲是，亚当和夏娃的私处原来有两根树枝和几片稀稀拉拉的叶子横着，勉敷遮羞。修复者擦去画表面的污垢后发现，这两根树枝并非出自马萨乔之手——因为亚当的性器官在原画的底层确实是存在的，只是被这些枝叶盖住了，如果真的是作者的原意，那么他一开始就不会画——于是就把树枝给改掉了，所以现在的亚当和夏娃是全裸的。这个原画上的改动已然不可考了，可能是来自某位道学先生一时的心血来潮，它在永恒的放逐面前，虚弱无力而且文不对题地保持着本就没有必要的一点点尊严。

　　也有人认为这几条线条的运用体现出艺术的原始表意手法，马萨乔的时代艺术刚刚脱离中世纪的蒙昧状态不久，在表现上还不成熟。这种说法当然是立得住脚的。那么我们再来赏玩一幅已经进入在表现上完全成熟的艺术时代的作品：英国画家科利尔（John Maler Collier, 1850—1934）绘于 1893 年的《与恺撒·博尔吉亚举杯》（*A Glass of Wine with Caesar Borgia*）。科利尔自己声名不著，我们只知道他是英国皇家艺术协会的会员，经常创作历史肖像题材的作品，他传世的作品不算少，中规中矩，风格上接近拉斐尔前派。他的岳父倒是大大有名，至少对于中国人而言确实如此：乃是最早引发中国资产阶级启蒙思想的《天演论》的作者赫胥黎（Thomas Henry Huxley, 1825—1895）。

　　在这幅《与恺撒·博尔吉亚举杯》的画面上，从题目来看，相互举杯祝酒的两个年轻人中有一个肯定是恺撒·博尔吉亚（Cesare Borgia, 1476—1507）。要确定他的身份一点也不难，很多画像里——无论是现在通常被用作恺撒·博尔吉亚标准仪容肖像的阿尔托贝洛·梅洛尼（Altobello Melone, 1493—约1543）的《侧垂巾髭须男子像》，还是罗马威尼斯宫国家博物馆（Museo nazionale del Palazzo di Venezia）里出自不知名画家之手的《髭须男子侧影》——恺撒·博尔吉亚最具标志性的容貌特点就是他黑得发亮的一部短髯。有人甚至认为达·芬奇的《救世主弥赛亚》里那个庄严地正视画面的微髭人物也是他，这倒是有可能的，1502 年至 1503 年，恺撒曾聘请达·芬奇为其军事建筑师和工程师，许诺赠送他一个葡萄园，不过因为博尔吉亚家族的失势，这处葡萄园达·芬奇其实并没有拿到手。科利尔将两位举杯者画成一个有须、一个无须的意图就很明显了：那位显得略微热情一点的、在画面左侧微笑举壶主动敬酒的、看起来气度非凡的骑士，就是十八岁即就任红衣大主教、激发马基雅维利撰写《君主论》灵感的人格原形、欧洲政坛的一代明星恺撒·博尔吉亚。

　　一张长餐桌将画面分成里外两个部分，因为宾主通常是相向而坐，所以可以将这张长餐桌看成划分两"派"不同身份的人的分界线，画面里面的是和恺撒·博尔吉亚一"派"的人物，外面则是他敬酒的那位客人的地盘。很遗憾，这位客人孤身一人。确定了恺撒·博尔吉亚的身份，长餐桌内侧他那一"派"的其他人物身份就很容易推断了：那是博尔吉亚家族另外两位闻名遐迩的人物——那位站着的女子就是恺撒的妹妹、欧洲政坛名媛卢克蕾西娅·博尔吉亚（Lucrezia Borgia，1480—1519），她为了父亲和两个哥哥的政治目的前后改嫁三次，斡旋于群豪之间；而那位看起来什么也没有想、正在埋头对付盘中点心的红衣老教士，毫无疑问正是恺撒和卢克蕾西娅的老父、出生在西班牙的博尔吉亚家族族长、教皇亚历山大六世本人。

　　亚历山大六世智谋过人，是美第奇家族的死对头。从表面上看，他是个笑容和蔼可亲的大胖子，成天乐哈哈，实则阴毒无比，杀人如麻。亚历山大六世擅长配制一种名为"坎特雷拉（cantarella）"（又称博尔吉亚秘毒）的毒药——据说配方是死猪的肝脏尸碱加砒霜——看谁"顺眼"就给他的酒杯里弹上一星半点，然后回收早已卖给那个倒霉鬼的官位和教职，整理一下以便再次出售。

敏锐的观众很快就发现，卢克蕾西娅和亚历山大六世的神情非常古怪。两人都面无表情地以一种生硬冷酷的目光注视着那位客人。他们两人都没有将脸转向被注视的目标，而不约而同地只是将眼珠乜斜向来者，这种神态表明他们其实是在客人无所觉察之间，偷偷地观察对方。比起卢克蕾西娅神情的麻木不仁，亚历山大六世的注视更加透露出一丝难以觉察的危险：他微微抬起头来，在额头和眼眶的阴影之中，鬼火般闪耀的两道目光宛如穿透了一切。

为什么父女俩看着来客的目光如此怪异？恐怕到了揭露谜底的时候了。使用那种亚历山大六世惯用的、能杀人于无形的秘方毒药"坎特雷拉"，恺撒·博尔吉亚也是此中高手，青出于蓝。他因为过于频繁地用毒药结果对手的性命而恶名远播，在欧洲政坛上被冠以"毒药公爵"的外号，这是人人皆知的事情。很多惴惴不安的登门拜访者到他府上听他手舞足蹈地高谈阔论一两个钟头，即便明知道自己和恺撒·博尔吉亚并没有过节，可还是连口白开水都不敢喝。

现在我们总算读懂了亚历山大六世父女的那种怪异的神情了：这位到访的客人就是下一位牺牲者，他将空杯子伸向恺撒·博尔吉亚的壶嘴下的这点时间将是他生命的最后几秒钟。卢克蕾西娅和亚历山大六世的目光就好像狼看着猎物，冷漠、好奇、戒备和幸灾乐祸，大部分人面对死亡的时候，不镇定的心绪总是溢于言表的。

那位年轻的客人还是一无所知，意气风发地将持着空杯的手向对面伸去。没有人知道他是谁，而且那也不重要，他只是一个猎物而已。我们现在来看看这件作品中最为耐人寻味的地方：在他目光注视的方向，处于画面意象的焦虑旋涡中心的恺撒·博尔吉亚神情柔和，平静得令人恐惧。

这就是科利尔想画、想表达、想展示的东西：与卢克蕾西娅和亚历山大六世的窥视中那种尚带有少许人间情怀的、面对死亡的轻微情绪波动相比，恺撒·博尔吉亚的冷漠和平静确实令人胆寒——他并不是后天"变坏"的，他就是那种纯种的魔鬼，凡人的恐惧和禁忌对于他而言就是再平常不过的玩具，比起他亲人或冷酷或邪恶的目光，他的若无其事是更加暗无天日的深渊。

这种平静，很符合世人对他的一般印象。在某个场合里达·芬奇曾经描述恺撒·博尔吉亚说，他有"宁静的面孔和天使般清澈的双眼"。即便在政治谋害、军事征服和刑事处决的时候，这种宁静也没有发生过任何动摇。世人因此而意识到，这种宁静其实是一种推行政治主张而不为感情所动的冷酷果决，他们将同类看成东西而不是人，必须铲除或必须扶植。他和博尔吉亚家族的死对头、本书开头曾大费笔墨谈论过的洛伦佐·德·美第奇是完全相反的两种人。然而不可否认的是，在这种冷酷作风下，因为美第奇富人政治造成的寡头对立而混乱的意大利政局出乎意料地稳定了相当一个时期。原因其实并不难理解，美第奇家族与其盟友的携手并进已经成为阻碍水流的最大的几块石头，恺撒·博尔吉亚出于猜忌的性格，不允许任何一块石头大过某个限度，否则就予以铲除，不管他此举的用心是否正大光明，水流因此而顺畅却确实是有目共睹的结果。这令很多人——其中最重要的是恺撒·博尔吉亚的老朋友、曾任佛罗伦萨共和国书记官的马基雅维利——相信，这种冷酷和不近人情是一个政治家应当具有的禀赋。正是这种思索为马基雅维利撰写《君主论》提供了最早的灵感。

《君主论》里的主要思想被后人概括为"马基雅维利主义"，

其核心内容主要包含以下六点：

1. 君主的政治行为不应该受到道德规范的束缚而应完全以实效为原则；

2. 君主应当使人民畏惧，但不应当使人民憎恨；

3. 君主必须懂得如何运用人性和兽性；

4. 必须保护公民的私人财产；

5. 必须重视法律和军队的作用；

6. 君主应当经常做弱小邻邦的保护者，但不要增加他们的力量。

其中后三条和我们的讨论没有直接关系，但是前三条则密切相关，因为这一切都必须依靠观念的展示来予以完成。

而其中最为关键的又是第一条，可谓马基雅维利主义的总纲。我们基本可以将马基雅维利主义理解为这样一对比喻关系：既然戏剧演员是一种职业，那么君王也是一种职业；既然演员在工作的时候被要求全情投入，那么君王在工作中也应该是全情投入的；既然演员在演出的时候不能受到个人现实生活情感的干扰，那么这种私人情感同样也是会对君王的统治起干扰作用的；既然在演出任何正义或邪恶角色的时候演员自身不受道德的责问，那么君王在行使某些不被世俗道德理解，但是对政治切实有效的举措的时候也是独立于道德之外的。

一个似是而非的例子是，在"水门事件"之后，尼克松（Richard Milhous Nixon，1913—1994）被很多美国人看成马基雅维利主义的代表人物。不过就如同第一部分里探讨过的，道德的进化是历史人物和历史群众同步的。时至今日，这种在大选前刺探敌情的行为已经无法引发美国人的大惊小怪，特朗普和希拉里（Hillary Diane Rodham Clinton，1947— ）在大选前互相调查、辩论时互相揭短，也只是赢得了台下此起彼伏的一片片喝彩。要说马基雅维利主义，希拉里是一个更加不折不扣的马基雅维利主义者，维基解密网站的创始人阿桑奇（Julian Paul Assange, 1971— ）曾经揭露希拉里为了赢得多方势力不择手段，甚至向恐怖组织提供军火；而希拉里对阿桑奇也恨之入骨，在国会的一次听证会上谈到后者时，老太太曾经冲动地说：咱们为啥不能用无人侦察机干掉这个王八蛋呢？

相比于恺撒·博尔吉亚，希拉里的优势在于她所面对的道德压力不需要由她个人承担，而是由她所代表的利益和机制，无人侦察机也不是属于她私人的杀人工具，就好像卡夫卡的小说《审判》里说的那样，一切都已经制度化和公开化了。时过境迁，道德不再是历史人物的个人责任，马基雅维利模糊地预感到了这一点，但难以想象它实现的途径，毕竟，以机制的作用来代替人在历史中的能动作用，在马基雅维利自己的时代以及他所能回忆起来的任何时代里，都还是无法想象的。维基解密网站披露的秘密不可能全部是真实的，可即便其中只有五分之一是真实的，我们已然发现马基雅维利的理想已经在当今世界实现了。

且不论尼克松受到一群道学先生的群起而攻之是否罪有应得，但是我们不应该忘记，在 1972 年 6 月 17 日发生的那件事已经成为历史书中的条目而且越来越不被后人理解的今天，尼克松力排众议推动与中华人民共和国建立外交往来的功绩，其影响力依然不减，改变了整个星球的历史。我们不得不承认马基雅维利主义雷厉风行的行事方针在以下三种情形下具有难以超越的优势：

1. 当个人与别人直接交涉，而不是间接地相互影响时；

2. 当情境中要求的规则与限制较少，即兴发挥既有余地又不受质疑时；

3. 当个人情绪卷入与否都与获得成功无关时。

而这一切，在这一幅《与恺撒·博尔吉亚举杯》的画面之中，那凝固的几秒钟里、人物闪烁的目光中、即将倾倒出命运之酒的壶嘴下、执壶者温柔敦厚而又高深莫测的微笑面前，思绪变得越来越清晰。

1993 年 4 月，尼克松最后一次访华，已然没有了煊赫的身份。尽管这次访问以平民身份进行而且尽可能低调，但是消息还是泄露了出去。当尼克松来到深圳的时候，他吃惊地发现，自发前来迎接的中国人已经从四面八方聚拢到他途经的路边，正在向他欢呼。尽管那次访问之前他早就已经是一个被自己的人民唾弃乃至遗忘、闲居在家、郁郁寡欢的糟老头子，而且在那次访问之后不到一年就去世了，但是中国人没有忘记他。尼克松生前最后的老友和助手克罗利（Monica Crowley, 1968— ）在回忆录《冬天里的尼克松》（*Nixon in Winter*）里谈到这次旅程的文章中动情地说：

> 人们对他的欣赏和尊敬，在国内已渐渐变弱，而中国人对他显示出来了。在中国那个温暖的一天⋯⋯他是⋯⋯一个受尊敬的、受聆听的、被需要的人。他寻求尊敬，在中国他找到了。[1]

在夹道欢迎、呼喊他名字的人浪之中，皓首龙钟的尼克松差一点老泪纵横，他赶紧收摄心神，幸而没有失态。在此后的旅途中，这位八十老翁不顾自己年迈体弱，不住地向群众挥手致意。

朦胧是一个谜语，有点类似于某些侦探小说，读者确实想知道凶手是谁，但你如果直接告诉他答案，你恐怕会挨耳光。这种令人沉醉的推理思索过程是因为凶杀过程而产生的，读者的目

---

1 ［美］莫尼卡·克罗利：《冬天里的尼克松》，杨仁敬、詹树魁、周南翼译，江苏人民出版社，1999，第 286 页。

的显然不只是为了知道一个名字而已。有的时候依靠这个过程推导出来的答案和读者自己的猜测不一致，这反而加倍令人惊喜。只是这种叙述的功力只有一些较为内行——譬如说柯南道尔（Arthur Conan Doyle, 1859—1930）或是横沟正史（Yokomizo Seishi, 1902—1981）——的讲述者才具备，在某些水平堪忧的作品之中则全无痕迹。

我们差不多可以认为，那些通过展示事和物来折射观念，但实际上目的是展示观念的作品，符合本节所探讨的朦胧展示的规律，这是这种朦胧展示的第一方面规律。

朦胧展示的第二方面规律则是，故事的展示和朦胧（意图）的展示在逻辑上是因果关系，但是在手法上是一种对立的权力关系。对于这种障眼法的理解正是作家对自身创作理念的一种把握。在很大程度上，故事要让位于观念，或至少是为观念的被发现做铺垫，从而牺牲自身。而不成熟的、痛快淋漓的娓娓道来往往会毁了朦胧本身的存在，这种存在本就脆弱得吹弹可破。

这就引发了对朦胧展示的第三方面规律的探讨：这个展示本身必须为观看者所觉察或理解，否则这个展示行为很难保证其成立。这一点也是不可或缺的，例子还是前文所谈的《渔夫和金鱼的故事》，这个故事当然也是为了表达朦胧的观念——贪得无厌必遭天谴——而被讲述的，但大多数人还是将它理解成了一个差一点就拥有一切的老太婆的奋斗史。因为作者在展示的过程中把这一切（老太婆的诉求及其满足）描绘得太过具体和太过诱人，它们占据了读者的大部分注意力。《渔夫和金鱼的故事》的遗憾之处在于，很多读者非但没有如作者所期待的那样被引发某种人生伦理的警觉，反而羡慕老太婆那种繁花似锦、不劳而获的生活。

例子是信手拈来的，但没必要深入。薄伽丘（Giovanni Boccaccio, 1313—1375）被视作有史以来最会讲故事的人，他的故事里男盗女娼可谓屡见不鲜，但这丝毫没有影响到《十日谈》的精神地位。很多人在阅读这些故事且为之会心大笑的时候并没有注意到这样的一个事实，即薄伽丘在描写的手法上非常谨慎。在对欢乐的描绘上，某些被道德（至少是薄伽丘自己的道德理想）所允许或推崇的欢乐的方式其描写非常动人，譬如说第四天的国王菲洛特拉妥生性忧郁，他命令兄弟姐妹们讲了一整天悲剧故事；反之，如果这种欢乐不被道德所接纳，描写就非常谨慎、点到为止，譬如非常令人忍俊不禁的第三天的故事、第十或第八天的故事、第五以及其他大部分故事。而我们再深入思索一下这种对于欢乐的描绘的现世意义——一般文学理论对薄伽丘的盖棺定论，我们会发现取舍无处不在。性的欢娱，无论是出于爱情还是奸情，彼此是没有差别的，后者甚或更加欢乐。但薄伽丘挑战的敌人只是天主教廷的教士道德，并不是整个人类的道德框架。如果不加遴选地一味讲述，就不是教谕，而是诲淫了。这种观念中的权力关系的取舍、统筹和驾驭所依靠的，是且只是讲述者自己的一灵未泯。

曾来中国任教于北京大学的英国文学评论家、诗人燕卜荪（William Empson，1906—1984）在他的著作《朦胧的七种类型》中对朦胧的定义启发了我们的思索，我们发现前文总结的朦胧的展示规律也暗合古仁人之心：朦胧与自身的形态无关，而是与理解有关。燕卜荪为此说：

> 我认为，当我们感到作者所指的东西并不清楚明了，同时，即使对原文没有误解也能产生多种解释的时候，在这样的情况下，作品该处便可称之为朦胧。如果双关是明显的，一般我们不会说它是朦胧，因为它没有使我们不解的东西……当然，有人会说，即便是最明显的反讽，也是一种欺骗的把戏，但这种把戏只骗得了可笑的傻瓜。这倒

又是一种讽刺。[1]

为此，燕卜荪总结了朦胧可能出现的七种形态，在程度上由浅入深，对观众理解力的要求也逐步加码。这七种形态是：

1. 比较。最常见的形态，模糊文义以造成峰回路转的效果。前文举的例子《诗经·卫风·氓》即属于这种形式。

2. 双语。用两个词的对比来组成一个意思，这两个词看似是主语，但用处实际上是铺垫。博尔赫斯曾经花很多时间研究诗歌中的双语词现象。燕卜荪举的例子是蒲柏（Alexander Pope，1688—1744）的闲诗《卷发遇劫记》里的一句话：

　　管你卷发不卷发，卷发都要变白发。

（Curled，or uncurled，since locks will turn to grey.）[2]

这里面"卷发"和"不卷发"是一对双语词结构——顺带一提，"卷发"代表"时尚"，引申为妇人的虚荣——但是诗句要论述的其实是白发，与卷不卷发无关。

3. 双关。在两个没有关联的名词和观念间建立隐性的、需要刻意觉察的联系。这是非常接近谜语的一种朦胧，被比喻的答案通常不会直接出现在谜面上。王安石的《梅》，还有郑燮（1693—1765）的《竹石》、王冕（1287—1359）的《墨梅》、于谦（1398—1457）的《咏石灰》都属于这种形态。

4. 并态。这个词是我自己杜撰的，表示事物有多种状态可供选择，但是与主题之间的关系不可控。有很多逻辑状态对主题的表达并非是一种融洽的推进关系，它们甚至与主题无关，更有甚者纯粹是一种扰乱。但因为它们都是事实，与"有用的"逻辑

1　［英］威廉·燕卜荪：《朦胧的七种类型》，周邦宪、王作虹、邓鹏译，中国美术学院出版社，1996，第 4 页。

2　同上书，第 106 页。

之间的关系是一种并列关系，所以谁都没有权力将它们剔除出去。它从更广义的涵盖之中提供了一种混沌的面貌，寓意需要读者和观众自行选择和提炼。在卡夫卡的《城堡》里，主人公对领主的好奇、钦敬、畏惧和厌恶同时存在，它们彼此之间永远没有和谐，一直到最后整个故事在杂乱无章中结束。而在《红楼梦》里，在宝黛的爱情主题这根轴线上，谁都知道黛玉改掉病弱、自卑、刻薄和暴躁这些坏毛病会变得更加"完美"，可是这种完美是没有半点价值的。因为《红楼梦》的主题不是"爱情"，而是"悲剧的爱情"。爱情的悲剧性在于，只有他们自己能毁掉，不能假手于人。如果把这些内容都剔除掉，只剩下和谐融洽、羡煞旁人的卿卿我我，那《红楼梦》就不是《红楼梦》，而只是一部三流的偶像剧而已了。

5. 侥幸。这也是一种混乱的逻辑状态，作者在写作过程中逸出了自己原本框定的写作计划，或者说新的思想随机衍生，这种无计划写作的效果光彩照人，尤胜当初的计划。大部分视觉艺术的描绘都遵循这种方式，像毕加索（Pablo Picasso, 1881—1973）、罗斯科（Mark Rothko, 1903—1970）这样的人，都是在开拓中开拓。文学中的部分开放型作家也颇好此道。卡夫卡在撰写《审判》的时候抢先一步把故事的结局写完，然后再写到哪儿算哪儿。他去世之时，《审判》还只是一堆杂乱无章的手稿，我们现在看到的故事梗概其实是负责整理卡夫卡遗稿的朋友勃罗德（Max Brod, 1884—1968）回忆自己和卡夫卡与此相关的聊天内容，据此将各章依序排列而成的。

6. 反语。燕卜荪称之为矛盾，通过否定来加深观念的展示。这种方式不难理解，我们来看看杜工部的《奉陪郑驸马韦曲》：

> 韦曲花无赖，家家恼杀人。
>
> 绿樽须尽日，白发好禁春。

　　　　石角钩衣破，藤梢刺眼新。

　　　　何时占丛竹，头戴小乌巾。

韦曲在现在西安市的长安区，陕西师范大学、西北政法大学、西安邮电大学的所在地。在这首诗里，正是"花无赖""恼杀人""钩衣破""刺眼新"这些看似否定的语词在不遗余力地勾勒一时名士投果盈车的风流形貌。这首诗里的"郑驸马"是荥阳郡公郑潜曜，史称"孝子驸马"，品德高尚。他算是杜甫的一个晚辈，他的伯父是杜甫的老友郑虔（691—759）。诗中的调侃带出了怜爱的语气。对于反语的朦胧，燕卜荪自己举的一个例子是《一报还一报》第四幕第一场的一段歌颂一个吻的诗句，第一句却是：

　　　　移开，呵，把你的嘴唇移开

　　（Take，oh take thy lips away）[1]

　　7. 混沌。燕卜荪称之为完全矛盾，从诗的遣词到寓意都追求一种混乱的朦胧效果。这种形态的作品里面，语言和意图浑然一体，目的也是表现终极的紊乱而非追求某种优美的效果。佩索阿的《我患了严重的感冒》就属于这一类的作品，此外我们再来看看海子（1964—1989）的代表作《自杀者之歌》：

　　　　伏在下午的水中

　　　　窗帘一掀一掀

　　　　一两根树枝伸过来

　　　　肉体，水面的宝石

　　　　是对半分裂的瓶子

　　　　瓶里的水不能分裂

1　[英] 威廉·燕卜荪：《朦胧的七种类型》，第284页。

伏在一具斧子上
像伏在一具琴上

还有绳索
盘在床底下
林间的太阳砍断你
像砍断南风

你把枪打开，独自走回故乡
像一只鸽子
倒在猩红的篮子上

《自杀者之歌》里面一共列举了溺毙、斩杀、上吊、枪击几种死亡的方式，好像一张菜单上的几种甜品，委实令人犹疑难决。宛如梦呓般的语言之中，死亡却没有一般人想象中的那种恐惧、黑暗和腐朽，而只是宛如一个没有理由拒绝的、再平常不过的、平静的、晴朗的午后，两点钟时光，风在林间吹拂，但是驱散不了暑气，水面流光烁金的摇动在闲适的疏林中显得慵懒而飘摇不定。

死亡是不可理解的，人们敬畏它因为它是最平常的事。从朦胧的这七种形态的排列中，我们清楚地觉察到某种熵值（Entropy）在变得越来越高，无论是事件还是描述，还是从事件中衍生出的描述，还是从描述中衍生出的事件，其总体的离散程度（Dispersion）的增大使得观念有从可控向不可控、有序向紊乱演变的危险。直到这种境界，人间的朦胧才开始和某种非人间的、至大的、令人敬畏的、令人束手无策的更大真实逐渐连接上，这种真实就是混沌，我们将在下一节思索它。而真正的、永恒的神秘绝不需要柯南道尔小说里的那种峰回路转、上下求索才能企及，它就平静地横亘在你触手可及的地方，平静、平淡、平常得一如晴朗而闲适的午后两点钟时光。

1989 年 3 月 26 日，海子心不在焉地与旁人道别，揣着四本书——分别是《圣经》、梭罗（Henry David Thoreau, 1817—1862）的《瓦尔登湖》、海雅达尔（Thor Heyerdahl, 1914—2002）的《孤筏重洋》和康拉德（Joseph Conrad, 1857—1924）的《康拉德小说选》——慢吞吞地走出了家门。次日，人们发现他在山海关卧轨身亡。

III 混沌——观念的根植

有理由相信，1989 年海子自杀身亡前夕，他的精神状态已经相当不正常。他产生了严重的幻听，甚至有幻视，至少难以分清想象和现实之间的界限。这一切源自于二十世纪八十年代末期在中国兴起的气功热潮，从目前流传于世的几封便笺式的海子遗书来看，他已然泥足深陷于其中而难以自拔。在不同场合的这几封信中他反复提到两个名字，一个是常远，一个是孙舸。海子不止一次地指责此二人对自己进行了某种超自然的、精神层面的攻击，使得自己精神恍惚。在这种恍惚之中，他甚至感应到对方在试图唆使他自杀，并且坐卧不安地觉得，这种诱导正在变得越来越难以抗拒。

而从他遗书中似是而非的描述来看，这两个人不过是和他一起修习气功的两个朋友而已，但是在海子的幻想中被他臆造成某种敌对的人格。海子去世之后，无论是官方的调查、他书迷的考证，还是当事人常远提供的自证材料都证明这种假想出来的迫害，是子虚乌有的，一切都源自海子自己的想象。常远和孙舸是夫妻，可能曾和海子一起修习气功。他们俩因为入门较早，在气功"成就"的进境上超越海子。这本来是一件鸡毛蒜皮的小事，在最初也只是引发了海子微弱的嫉妒而已。但是，我们可以大胆地假设，在一次不成功的修习体验之中海子不慎触发了某种心理机制，原本微不足道的负面情绪在这种机制的作用下被不加限制地放大，最后，黑暗吞噬了他自身。

回想二十世纪八十年代末期的那次全国范围的气功热潮中种种匪夷所思的社会现象，我们觉得这种怀疑未必是空穴来风。1985 年，随着经济的第一轮开放卓有成效，精神文化的第一轮开放思潮也开始涌入中国。从几千年前到近几十年一直如同某种雨林蚁般按照固有的生命轨迹生存的中国人，不考虑衣食住行之外的事已经是他们生存的一种定势。我们当中的大多数人，从来不考虑世界从何而来、生命有否灵魂、人类有没有某种超感官的认知这一类的事，而且我们一样活得很好，我们就这样活了好几千年。

但是一切就在这 1985 年之后的数年之内改变了，美国和日本的关于世界和人类自身奥秘的研究和伪研究大量涌入中国，被真实之外更大的真实骇呆了的中国人面对这些闻所未闻的灌输一时慌了手脚。他们表现出一种对一切陌生事物不详加遴选的、照单全收的姿态，与以往的全盘否定一样冒失。几千年来除了在自己的道德压力之上不断加码之外无所事事的中国知识分子似乎找到了某种真正的责任之所在，很多人对玄学的清谈特别有兴趣，其余那些本无兴趣的人也在迅速地发生兴趣。

1988 年前后，中国大地上的气功热已经悄然掀起。根据社会学家司马南在之后的一本题为《伪气功揭秘》的著作中透露出来的意思，1990 年前后在中国风靡一时的各种气功讲座，或多或少都带有江湖骗局的性质。不计其数的"带功报告"吸引了无数人，其中有一种后来被证明完全是骗局的"香功"的气功讲座，几乎每一个聆听者都沾沾自喜地认为自己是全场闻到香气的第一人。

香功的秘密在于，暗示改变感觉。这种体验并不陌生，就算是在日常生活之中，你对你的同伴说空气里有汽油的气味，他过一会儿也会有同感。暗示的"发生"可能体现了人类的一种认知体系，用一句话来概括就是"信在疑之先"。对于某一种观念，我们的第一态度往往是先相信。这种结构也很直观。有一个现成的小实验，在任何场合下，告诉任何一个人说："你的额头上有一只蚊子。"他的第一反应肯定是用手去扑。这种先信任、再判别的认识过程就是催眠暗示的原理。如果颠覆了"信在疑之先"这种人类认知的基本结构，"展示"这种人类认识的主要途径就不可能存在，文学不可能存在、艺术不可能存在、文明不可能存在，一切都不可能存在了。

"信在疑之先"的原理，在于"他暗示即是自暗示"，这是半个多世纪前法国新南锡派心理学家总结出来的人类认识规律。新南锡派在传统认知论的"格物—致知"结构之中加入了一个环节，即"自暗示"，没有经过自暗示的认知，外部体验不能引发心理作用，也不会形成记忆。

例子是司空见惯的。我们在日常生活中行走于街市之间，耳濡目染的信息目不暇给，但是这些信息中有百分之九十以上都没有在我们的记忆中留下痕迹。如果按照传统的"格物—致知"认识规律，这百分之九十未及形成记忆的信息与那剩下来百分之十确实被我们记住的东西，在"格物"这个环节中没有任何差别，但是"致知"与否，则判若云泥。按照通常的解释，那些被记忆忽略的经验可能是没有引起认知者的"注意"，人们通常所认为的"注意力"看起来很像是引发记忆、信任、服从、反对这种种不一而足的心理活动的钥匙。而这恰好就是新南锡派观点的精髓之所在。这种注意力就是人类对于外部事件是否触发心理活动、心理活动是否触发行为的必要性判断，这种判断以及随之而来的决定在一瞬间完成。它们的依据大部分来自生物本能，小部分来自社会价值习惯，它们的活动方式则全部表现为个人对自我的暗示。

　　为此，新南锡派的代表人物、瑞士心理学家鲍都文（Charles Baudouin，1893—1963）曾经举了一个令很多人困惑的例子来阐明"暗示"这种认知过程的隐形特质。把一块一尺宽的木板平铺在地面上，让人们从上面走过去，任何人都能毫不费力地完成这个任务，而且因为木板足够宽，没有人会失足踏到旁边的地面；可当把这块木板换个位置，变成凌空架在两座高塔之间，百分之九十的人都不敢走，没有受过特殊训练的人也许没走几步就会掉下去。鲍都文的这个例子，在结构上没有任何需要特别认知的、常识之外的东西。这其实是把传统认知过程中的"格物"环节切除，可是心理活动——对坠落的恐惧还是被触发了，这一点有力地说明了心理活动之触发并非来源于被"告知"的外部知识；而在实验过程中实际可能引发坠落的数据——木板宽度前后没有发生变化，这一点则证明心理活动之触发并不直接依靠外部条件，而是来自自我的暗示。

　　事实证明这种暗示不仅仅是空穴来风而已，我们不需要实验——事实上也没有这么残忍的实验——都可以知道，被迫在千尺高塔之上走木板的实验者，除非受过专业训练、有着不输于法国走钢丝大师菲利普·帕特（Philippe Petit，1949—　）的本事，否则他失足坠落的可能性几乎是百分之百。这位在平地木板上健步如飞的仁兄就像我们很多人一样，来到了高塔之上因为恐惧而分泌肾上腺素，因为肾上腺素过度分泌而心跳加快，因为心跳加快而血液流动过速，因为血液流动过速而肌肉痉挛，因为肌肉痉挛而失去平衡，这一切都只是源于一个念头而已。暗示的力量断人生死，它远比我们想象的要大得多。

　　我们现在再回过头来看看海子在临死的时候写的几封遗书，1989 年 3 月 24 日他这样写道：

今晚，我十分清醒地意识到：是常远和孙舸这两个道教巫徒使我耳朵里充满了幻听，大部分声音都是他俩的声音。他们大概在上个星期四那天就使我突然昏迷，弄开我的心眼。我的所谓"心眼通"和"天耳通"就是他们造成的。还是有关朋友告诉我，我也是这样感到的。他们想使我精神分裂，或自杀。

今天晚上，他们对我幻听的折磨达到顶点。我的任何突然死亡或精神分裂或自杀，都是他们一手造成的。一定要追究这两个人的刑事责任。[1]

25 日还有几封，但是絮絮叨叨地说的都是这件事。从遗书内容来看，海子的精神已经处于一种深度的恍惚之中，癫态毕现。他毫无理由地怀疑老朋友常远对他有加害之意，而且相信这种恶意已经付诸行动。在这样不断的自我暗示之中，他终于因为恐惧而失去了生存的意志。

一个多半不被人注意的细节是遗书中提到的"有关朋友"，没有人知道是谁。分析前后多封遗书来看，"他"很可能就是海子自己，确切地说，就是海子自己在自暗示中被诱发出来的某种人格。

虽然我等正常人偶尔也会有这样不经的想象，但是想象会随即被我们自己根据外部条件、根据自身推理等其他暗示观念所推翻。可是海子因为过度专注于错误的气功修炼，精神已经非常脆弱，他的意识阈被这种过度专注限制在很小的一个范围内，形成了一种类似催眠的效果。十九世纪后期，英国人白礼德（James Braid，1795—1860）以"单念说"（Monoideism）解释人的催眠状态，即过度专注于某个观念，而忽视了可以证伪它的其他观

1　燎原：《海子评传》，时代文艺出版社，2006，第236页。

念。这个定义和我们前面提到的自暗示原理是完全不矛盾的。

妄想型迷狂症的一个特点是病人能够根据自己的想象，将结论中某些不太符合基本逻辑的因素修饰得更加符合逻辑。手无缚鸡之力的常远是没有能力对海子产生任何威胁的，但是某种不可知——因而也不能被否定——的精神力量能够做到。一切都是基于海子昏聩之中的幻想，幻想可以满足最基本层面的逻辑原则，但是无暇顾及这一基础上的逻辑细节，所以出现了千疮百孔但是基本能够自圆其说的结论。

妄想型迷狂症的病人并非完全生活在自己营造出来的梦境里面，他们对于现实世界也同样有着一种小心翼翼的、窥视性的观察。他没有疯，没有忘记一些基本的逻辑和社会规律。1989 年 3 月 25 日，海子又写道：

爸爸、妈妈、弟弟：

如若我精神分裂，或自杀，或突然死亡，一定要找中央政法管理干部学院常远报仇，但首先必须学好气功。[1]

在这封遗书中，出于某种本能，海子的自我暗示人格在试图通过代入故事结构（杀害—复仇）使一个本不符合逻辑的观念（精神迫害）看起来更具社会性，而变得更合乎逻辑一点。妄想本身也是一种自暗示的观念，就好像一颗毒瘤，它也会长大，它也会保护自己，它保护自己的方法也是一种暗示，即用妄想自身来曲解、抹杀一切可能使得妄想破灭的蛛丝马迹，所有能将妄想证伪的现实观念都在这种反向的暗示之下被遗忘了。

这封遗书的用意似乎符合我们前面所提到的某种展示的基本规律？此时无暇顾及。对于存在于人心之中、伸手不见五指的深渊，不可凝视，偶尔远远一瞥，已然足够。

1　燎原：《海子评传》，时代文艺出版社，2006，第 237 页。

这种精神状态令人咋舌？距离我等"正常人"非常遥远？请回想每一个露水浓重的清晨，罗衾不耐五更寒，刚才梦中一切的荒诞不经往往会使我们在醒来之后莞尔。但是不要忘记，梦里不知身是客，在梦中我们对于一切都是坚信不疑的。梦的美好和梦的可怖都来自这种不食人间烟火的坚信不疑。说不上所以然的位移以及被简略了的、徒具概念的过程，还有强烈的情感，这些因素本来就是做梦的主要特征。所谓梦境，就是将一些不符合理智的观念通过最基本的逻辑串联起来，所以我们在梦境之中是虚无缥缈的；另外一方面，被弗洛伊德定义为"一种潜意识的满足"的梦境带有强烈的情感诉求特性，所以我们在梦中对于梦境的一切内容都是坚信不疑的。

有人醒来，有人不再醒来，如是而已。

为此，关于人类之自暗示，有以下四种规律：

1. 专注之集中（concentrated attention），自暗示发生时必然使注意力集中于某一个观念之上。

2. 情感之附加（auxiliary emotion），自暗示发生时往往带有很强烈的情感，为专注的集中加码。

3. 反向之增效（reversed effort），自暗示的作用力往往与意识层面的主观意志相反，参考前面走木板的例子，越是不想掉下去越容易掉下去。日常生活中我们经常遇到越急着想睡着越是失眠的情形，天然的自暗示本身就是一种证伪结构。

4. 潜意识之经营（subconscious teleology），自暗示的一切工作都在潜意识层面完成，大多数情况下本人毫无知觉。

在这本书变成一本心理学题材的、只能令读者一知半解的入门之作前，我们还是回归到我们关于展示的主题上来吧。我们引用、分析这些心理学成果的用意在于，这四条自暗示的规律，除去第四条纯粹是心理学规律之外，前面三条都同时可以作为文学、艺术领域在展示手法上的基本规律。

这绝非一种巧合而已，人类通过暗示认识了世界，所以人类眼中的世界具有强烈的暗示性质。艺术来自人的心灵，但是人的心灵绝非一块净土，它们——可以被感知的艺术展示形式——只是无底深渊最上部被模糊照亮的、勉强可以被看清的部分而已。在它们的下面，是一个鬼蜮丛生的世界。

另一方面，知识是通过"被告知"后"学习"而留下记忆的，但是暗示则不然，暗示一经发生，心理体验的产生完全不需要循序渐进，它乃是一种被"移植"的或者说是被"唤醒"的观念，这二者是一个意思。

正如在哲学领域中通过归纳法解释世界本源的尝试那样，将人类知识完全理解为"格物—致知"的链状因果关系，这种看法也遇到了同样的瓶颈。我们可以将一种"知识"看成一个"经验"的结果，也就是每个"知"都有对应的"学"的过程，但是这个链状反应会被无限制地上溯上去，而像创世论一样不可能穷其本因。所以在任何体系的认知论中，都存在着一个从最低层面承认的天赋说，同意某些知识是不需要通过学习而本来就存在于人心之中的，例如刚刚出生的婴儿感觉到乳头自然会吮吸、人感觉到危险自然会逃跑，等等。这些知识或称"先验"，或名"本能"，都被承认为一种与生俱来的观念，不需要通过后天的学习，但是它们的影响被框限在很小的一个范围内，被看成类似四肢、五脏一样的动物身体基本结构，或者说是动物界的一种基本法则，是不辩自明的。我们来看其中的几条，这些法则不外乎是：

1. 看见食物知道取食；

2. 看见危险知道规避；

3. 看见异性知道追求；

可是在自然发生的知识体系之中，我们既然承认 1 是自然的、2 是自然的，这等于说我们已然承认了 1+2=3 是自然的。在上面这三条本能之中，我们既然承认了第一条和第三条的公理性，我们就因此而得出：

4. 看见资源知道霸占；

将第四条公理和第二条公理组合，我们觉得第五条公理应该是这样的：

5. 看见竞争知道翦除。

从这里开始，这些公理看起来已经不很像是"不辩自明"的，而像是某些因果关系推算的结果了，而实际上这两者之间的界限也确实始终模糊不清。这样推算下去，用不了几步，整个人类引以为豪的、具有高等思维性的社会结构就被算出来了。从一个饥寒交迫、被逼挤在一起挣扎求存的原始兽群，发展到远交近攻的北大西洋公约组织的这个过程，并不像我们想象的那样漫长，其中实在没有太多的玄机。

对于人类思维的天授性，整个人类文明一直不敢承认，可又不太愿意否认。一个折衷也是最为大胆的假设来自柏拉图，他认为人类所有的知识都是先验的，不但已经存在，而且已经存在于人心之中，乃是一种"理念"的映射，所谓的学习，只是将他们"回忆"起来而已。这就好像我们忘记了书房中某本书的确切位置，可人事纷繁的若干时日之后我们突然发现，它还在去年今日它所在的地方，它已经被摆放在这个地方很多年。

而荣格（Carl Gustav Jung，1875—1961）认为这种暗示产生的似是而非的回忆是一种被遗传了的记忆，没有主格——就好像我们每个人都时常会做那种高处坠落之梦，而实际上人类只有在树栖的阶段才会真正担心这种事情。"学习"和"被告知"变得重要且越来越重要也只是近几千年才发生的事情，纵观整个物种历史并非始终如此。这种记忆的遗传比任何有文字、有逻辑的展示都要古老，在它诞生的时代人类还完全不知道"学习"二字为何所指，所以它不能学习，不能被告知，只能被唤醒和移植：我们将这种被遗传的记忆称为"集体无意识"，它比文明自身还要古老。

我们自己就是一本书。集体无意识本身就是发掘人类远古思维、思索人类文明进化规律的一个知识宝库。这么认为的原因是我们在集体无意识的遗传性质之中也看出了缓慢进化的痕迹，这一点也被荣格计算在内，高处坠落之梦显然是在人类文明经历过树栖阶段之"后"才会成为一种具有实指意义的焦虑方式。可见集体无意识是具有缓慢进化的革新性质的。

举个例子吧，当然这个例子同样要足够具有普遍性，否则难以表达我们的用意。粪便禁忌在几乎所有的文明之中都有，可以算得上是一种集体印象。我在上一本书中的一个章节里曾经提到过人类语言中崇拜粪便的痕迹，包括马丁·路德（Martin Luther，1483—1546）在内的很多哲学家都认为粪便恶臭的天性是纯洁的，对于原始人而言，粪便是不能理解的东西，而且它即便不拒绝你，也没有用，它是一种难以掌控的东西，它就是自然界对人类开的一个玩笑，崇拜粪便就是崇拜自然界难以掌控的混沌原生性。它除了这种恶臭的天性之外的、以负面为主的一切性质都是后世人的穿凿附会。这种健全人刻意为之的画蛇添足只说明了一件事，对于混沌的崇拜在健全人的社会看来是非常危险的。但是 folie——愚人并不拒绝崇拜粪便之混沌。我们来看看博尔赫斯在《布罗迪报告》中构思的一个穴居人部落墨尔克（文中称呼他们为雅虎人）的奇景：

> 他（国王）幽居在一个名叫克兹尔的洞穴王宫，能进去的只有四个巫师和两个伺候国王、往他身上涂抹粪土的

女奴……他们崇拜一个名叫粪土的神，也许按照国王的形象塑造了神的模样：断手缺脚、佝偻瞎眼，但权力无边。[1]

康德在某个场合——很可能是喝醉了——中说过，人类就是神灵的粪便，所以粪便并不是什么丢人的东西，在很多古宗教文明、祖先崇拜文明和萨满教文明之中，崇拜粪便、用粪便制药都是司空见惯的事情。甚至到了十八世纪，还有人相信meconium——婴儿初便这种东西具有药用价值，至少能够葆有肤质的青春。多米尼克·拉波特（Dominique Laporte，1949—1984），一个年轻而才华横溢的法国社会学家，在他那本令所有人骇然的奇书《屎的历史》（Histoire de la merde）中引用了一份题为《历代同日大事记》的德国古籍的记载：有一位贵妇人专门使用健康男仆的粪便来精制护肤精油，而且鹤发童颜，确有奇效。

对于粪便的禁忌完全出于一种居心叵测的裹足不前，另一个证据是，经院哲学中有一个词叫 stercoranisme，这个词……非常难以翻译，在汉语中完全找不到同义词，勉强可以意译为"圣体消化成粪论"。这个哲学推论的大意是，基督的血肉——圣餐中的红酒和面包被领圣餐者吃下去之后，也还是会经过消化而变成粪便的。这一点证明粪便在基督和魔鬼这势不两立的双方之间，至少不是站在魔鬼那一边的。

因此，拉波特说：

> 有一种好粪便。这是无可置疑的。它不仅是需要加以净化的东西，它还是使人净化的东西。它使人净化，因为它是精神，是灵魂。因为它是挥发性的物体；灵魂仅仅是

---

1 ［阿根廷］豪尔赫·路易斯·博尔赫斯：《博尔赫斯全集》，王永年、林之木等译，林一安主编，浙江文艺出版社，1999，小说卷，第378页。

身体的一块，从身体中脱离……粪便始终是上帝的一个片断……康德也知道这一点，这一习俗用语言本身确定了每个凡人与神明的关系，称人类为粪便，为神灵排泄的产物。[1]

人吃下食物，生产出一些东西，这些东西大部分对自己有用，具有利己的意向；也有少许对自己没用，虽然不利他，但是在"产出"这个观念上非常纯粹。我们的"产品"都有些什么呢？汗水、胆汁、胃液、精液、淋巴液、肾上腺素、血和泪，还有……粪便和精神。

1917 年，有一个终日在纽约街边咖啡馆里下棋的、游手好闲的艺术家，马歇尔·杜尚（Marcel Duchamp, 1887—1968），突发奇想，在街边的一个水暖店买了一个陶瓷小便池，他在上面签了一个叫"穆特"（R.Mutt）的化名，把它送到了他自己担任评委的纽约独立艺术家协会，声称这是一件题为《泉》的艺术品。结果可想而知，杜尚和协会里其他平日自诩为"前卫"的评委大吵一架，拂袖而去，退出了纽约独立艺术家协会。随后，杜尚又把《泉》扛到一个博物馆的展览现场，并且在旁边的墙上写下了发人深省的三句话：

什么是艺术品？

什么是艺术？

艺术离生活多远？

窃窃私语的人群被这几句振聋发聩的诘问镇住，一时不敢造次，开始认真地在这个日日可见、无处不见的"泉"面前寻思一些他们从来不曾考虑的、平凡意象的形而上问题。人们突然发现，在日常生活里，他们看见这样的"泉"、看见粪便就掩鼻作

1 ［法］多米尼克·拉波特：《屎的历史》，周莽译，商务印书馆，2006，第114—115 页。

三日呕、辟易远避，可我们为什么要这样躲避？我们是不是躲得太远了一点？

什么是艺术？至少在这件作品里，杜尚理解的艺术是"唯名"的，他认为这是一种艺术的纯粹形态。他没有雕琢这个便池，制造这个便池的工人是谁，他根本不知道也不想知道，他在便池上签下的也不是他自己的名字，艺术的精髓从"人和物"中游离了。美学家、现复旦大学教授沈语冰认为，在"人人都是艺术家"这个论调上，杜尚比他的晚辈博伊斯（Joseph Beuys，1921—1986）走得更远：

> 他用现成品，来揭示一个事实而已：艺术创作与艺术欣赏之间不存在任何技术上的差别；艺术家相对于业余爱好者并没有技术优势。[1]

而这种技术优势，譬如说十八描和斧劈皴，一直是很多人理解的"艺术"自身。

为什么选用便溺器？因为在凡人的理解中它足够黑暗，一种能够与人类心灵中黑暗的深渊稍作比拟的黑暗。而在这种伸手不见五指的黑暗面前，描绘一朵槲寄生的盛开、装在碟子里的柠檬和葡萄酒、仕女们在草地上翩翩起舞或是某个被看成将会永垂不朽的肉身凡胎，这样的艺术弱不禁风。在金字塔的顶端点亮一支蜡烛，金字塔当然不会因此而被忽视，可也同样不会因此而变得更伟大。

"人人都是艺术家"这句话，除了某种对艺术思维的民主化构想之外，我们就杜尚选取便溺器作为艺术品的用意，可以提出另一方面的观点来证明这种技术上的专业与否其实是微不足道

1　沈语冰：《杜尚、格林伯格与博伊斯》，99艺术网沈语冰艺术专栏，http://www.99ys.com/www/special/news/detail-31-150.shtml。

的。什么是艺术家的"技术优势"？自命不凡而已矣。现在，无边的黑暗弥漫在每一个人的心中，此乃艺术之终极。在这些"每一个人"中，确实有一些比起另外一些，在描绘某种地生兰属植物的时候，因为掌握了某种手法而能够画得更逼真一点点，这是否值得大惊小怪？

再来一个。荣格自己直到八十多岁都还记得小时候做的第一个梦，芭芭拉·汉娜（Barbara Hannah，1891—1986）教授在整理荣格自传的时候，曾在《荣格的生活与工作》这本书中这样记载道：

> 他梦见，他突然发现"在地里有一个黑暗的、长方形的、石头搭成的洞"，那块地是他家附近的一块大草坪。有一道石梯向下通到了洞里，他战战兢兢地往下走去，发现一块豪华的绿色大幕遮住了一个大牌楼。他把幕布拉到一边，发现有一间方形的大屋子，里面灯光昏暗，一条红色的地毯从入口处一直延伸到一个台子上，那上边有一个富丽堂皇的金色宝座。一个庞然大物站在这宝座上，它几乎碰到了天花板。开始，他还以为那是个树干，可后来他看清了，它是由皮肤和赤裸的肉体构成的，最后它变成了一颗圆圆的、没有面孔的头。"就在那头顶上，有一只独眼一动不动地向上看着。"这颗头的上方闪烁着光芒。他吓得浑身无力："我觉得，它随时都有可能像一只虫子一样地从宝座那儿向我爬来。"正在这时，他听见母亲在大声叫他："对，好好看看他吧，那是个吃人的家伙！"他醒过来了，感到更加害怕。好多个夜晚他都不敢睡觉，生怕再做一个相似的梦。[1]

1　[英] 芭芭拉·汉娜：《荣格的生活与工作：传记体回忆录》，李亦雄译，东方出版社，1998，第 18 页。

荣格把这个梦看成他自己理性生命的开始。那个东西看上去好像一个勃起的阴茎，也可能他在梦中模糊地预感到那是一种即将到来的、有足够力量与信仰中的上帝相抗衡的权威。芭芭拉·汉娜在文章中总结说："那时，他只有四岁，他知道他梦见的是一位地下之神。每当他听到耶稣被赞美得太过分时，总是不由自主地想到它。"[1]

出于一种文明人（赞美耶稣者）的身份对这种狂暴的、混沌的地下之神（一个被妖魔化了的阴茎）的恐惧，比起害怕从树上摔下来，显然这种无意识在进化上又更进了一步。即便是每个人都敬畏它的现代社会，大多数人也弄不明白这东西究竟有什么可怕之处。毫无疑问，在人类理性思维被普遍建立之前，没有人会害怕这种日日相见、再平常不过的东西，就好像一条狗不会害怕自己的尾巴。我养的小狗不会害怕自己的尾巴，当然我也不至于害怕它的尾巴，然而如果我自己突然长出了一条尾巴，我估计会吓得六神无主，可是，你猜怎么着，小狗还是不会害怕我的这条本来不应该有的尾巴。

我们的症结在于自以为了解这个世界。

这种理性对于混沌的畏惧我们绝不陌生，我们的过去有太多的禁忌（taboo）需要被掩盖，我们只能选择掩耳盗铃，否则整个文明的道德基石都面临着被颠覆的危险。荣格梦见的这种被夸大的阴茎的恐怖印象在我们的现实生活中其实俯拾皆是，在现实世界之中每当我们要纪念某个东西或是彰显这个东西的某种神圣性的时候，我们总是将它塑造成一个勃起的阴茎的形象。原始人的图腾柱、复活节岛的石像、埃及的方尖碑、法国的埃菲尔铁塔和美国帝国大厦都是这种形象。这种神化了的，至少是纪念碑化

---

1 ［英］芭芭拉·汉娜：《荣格的生活与工作：传记体回忆录》，第19页。

了的阴茎被称为"石祖"而受到崇拜，是我们所理解的"伟大"的最重要的一种表现形式。

虽然在清醒状态下我们看到这些纪念碑化了的阴茎不至于像荣格在梦中那样吓得魂不附体，但是宗教性的景仰之情还是油然而生。这不需要学习什么心理学理论，一个三四岁的、还不怎么会说话的小孩被带到上海浦东游览东方明珠塔，一样会高兴得又蹦又跳。无怪乎当荣格发现自己对一根巨大的阴茎产生敬畏之情并且亟欲远离它时，他知道自己的理性生命从此开始了。

弗洛伊德将极具男性气质的统治意象概括为"怒气冲冲的父亲"，这是"神"这个观念的雏形，小到说教、责打，大到国际法和《尼西亚信经》，无不来自父亲（父系）的怒意。而拉康（Jacques Lacan，1901—1981）认为，这种父权怒气勃发的意象恰好符合小孩无意中看见父亲勃起的阴茎时的印象。阴茎的勃起显得既凶险又狂热，而且孩子不知道这样做有什么用处，至少是一个看起来比自己强大得多的东西，这与父亲的盛怒一样是一种自己不得不服从的权威。而孩子因为太小，期待但不确定自己以后也会获得这种权威。所以小男孩聚集在一起游戏，游戏内容是几个孩子服从其中的一个孩子，或是几个孩子攀比乃至膜拜其中一个孩子的阴茎，这其实是同一回事，为了获得这种权威而膜拜这种权威。等到他们年岁略长，知道这种权威 / 勃起的获得与膜拜无关时，膜拜已然成为一种习性，权威已然被纪念碑化了。

高直的意象来自勃起的阴茎。如果将这种高直审美看成人类无意识中某种与生俱来的共同追求，就会发现其在文艺作品中屡见不鲜了。我们来玩赏一下彼得·勃留盖尔（Pieter Bruegelde Oude，约1525—1569）的板上蛋彩作品《通天塔》。

《通天塔》绘于1563年，取材于《圣经》故事。画面上占主体位置的只是未完成的塔基部分，看起来已然异常雄伟。在塔的上部，有约三分之一的塔身没有形成完整的外壁，塔内部的结构裸露在视野之中，千垣万室，看起来像是一个小型的城市，更像是某种通过人类建筑特色表现出来的类似蜂巢或蚁穴的多层结构。塔身的下半部有相当一部分是未开凿的岩石，这说明这座塔是从大地之中"长"出来的。和背景一望无际的平原和城市一样，前景指指点点的几个人物看起来仅仅是为了衬托塔身的比例而存在，他们的身影看起来又渺小又孤寂。

上下七层的塔身看起来有一点倾斜，这是早期尼德兰画家常用的一种手法，于秩序中加入一些难以解释的数学细节，以增加画面的冲突感。梯形的坚实塔基是必不可少的，因为根据建筑规划，这座塔将会建得……很高很高，但是倾斜的塔身似乎不可理喻，这种倾斜给人带来一种危如累卵的能量积聚感，其目的大概是表明，即便是在理性的构造之下也有很多因素是难以把握的。很多观众不由得担心以这样的倾斜程度，造不了多高就会轰然倒塌。事实证明这种担心完全是杞人忧天：这座塔根本没机会迎来竣工的那一天，这一点谁都知道。而塔两侧倾斜的角度分别是约 80 度和 135 度，也暗示了这一点。这两侧边线将在画面外上方差不多画面的二分之一高度的位置相交，塔造到那个高度估计也就差不多了。那个位置——在《逐出伊甸园》中我们已经领教过类似的手法——大约在画面上方 70 厘米处，这 70 厘米和画面的纵高 114 厘米刚好构成了一条长 184 厘米的线段的两部分，符合黄金分割律。且不论这座塔造完之后应该是多高，从这幅画里看，它顶多再往上造三分之一，穹顶就会合龙。这究竟是蓝图本身的设计，还是它想要"通往"的那个"地方"就在这个隐藏的外黄金分割点的高度？一切都不得而知了。

这座塔究竟打算盖多高？请看在塔基处码头劳动的两个影影绰绰的人，在画面中高约 1.58 厘米，我们姑且赋予他们一个中等的身高，180 厘米，这样比例就差不多是 1∶114。而塔身中轴线的高度大约是 95 厘米，如果算上我们计算出来的塔的"未完成部分"的 70 厘米，这塔的竣工高度是 165 厘米。这样算起来，塔实际的竣工高度就差不多是 18797 厘米，约摸相当于纽约帝国大厦的一半。如果说巴别塔真的能够通到天堂的话，那么天使每天讨论差事、争争吵吵的声音，我们在地面上应该都能够听得清清楚楚。

虽然不到 200 米高的建筑在现代人看起来没有什么大不了的，纽约曼哈顿中城区、下城区和上海外滩边上俯拾皆是，可是这种高直的宏伟、这种危如累卵的倾斜态势，还是营造出了一种宗教性的狂热气氛。在这种气氛之中，未完成感使它看起来有一种被废弃的错觉：它看上去不像是正在建造的建筑，而像是某种具有伟大意象的废墟。观之令人扼腕叹息：这座宏伟而百无一用的高塔奇景正是一座人类文明承受无可奈何之失败的纪念碑。

来自混沌的高直，其本源是对父亲——神的最原初形态——的阴茎的崇拜，乃是我等用以书写伟大的语言。

粪便和阴茎，在一个正常的"健全人"的字典之中都是应当被厌恶的可鄙之物，这恰好证明了虚情假意的"健全人"对混沌是多么讳莫如深。就好像对阴茎的困惑、对粪便的厌恶和对死亡的恐惧一样，少数观念不需要经过学习，就能够以本能的方式在血脉之中随着生命·起来到世上。前文提到过的那些最原始的、最动物性的本能公理在被人类以自身生存特性为蓝本不断丰富着。为了在最低理解力层次上造成最直观的理解，这些观念被自向展示为一些视觉印象，荣格称之为"原型"。在这些原型之中，令人恐惧的、令人不快的、令人无奈的、令人困惑的，占去了一大半，令人感到愉悦的一个都没有。我们因此而得出结论，集体无意识是与生俱来的、以暗示形式出现在我们意识之中的基本观念，它们之所以光怪陆离，是因为它们是人类自身难以面对的、心灵基本结构的外化表征，如同海上冰山一般，这些基本结构以一种我们勉强能够理解的形式投射到意识层面上，在一片强大的、沸腾的生命力海洋表面闪烁其词地略微流露，缔造了敏感、脆弱、忧郁而进退维谷的人类文明。

荣格在梦中发现的那个幽深的地穴是那个梦中最容易被忽视，但其实相当重要的一个线索，当荣格自己发现了这一点之后，洞穴和隧道就成为他的心理分析之中不可或缺的重要意象。与弗洛伊德认为洞穴是女性性器官的隐喻物不同，荣格认为洞穴是中性的，与性意识没有直接关系。人类具有文明意识、采用掩埋这种尸体处理的方式之后，在集体无意识的层面上洞穴就代表了一种"古老"的直观印象，越往里面走，离祖先就越近。洞穴和隧道就成为一种回溯人类文明表象、发掘深层的原始意象的暗示，因为这种幽深之中有某种强大的、超越时空的精神权力，在不断透过集体无意识向着意识表面流露出自身存在的信息。恰如荣格那个梦中令人胆战心惊的阴茎神，它的混沌性在幼小的荣格梦中残存的、刚刚借由社会生活建造起来的、稚嫩的理性思维面前，展现了无边无际的吞没——吃人——意象，荣格因此而不得不重新评估并且质疑因为理性而被塑造出来的神——基督，在这个无边的混沌意象面前究竟有多大程度的对抗性。可无论是梦中的表现还是理性的判断，结果都是令人伤心的，理性不是破除混沌的武器，理性在混沌面前柔弱得不堪一击。在今后的几十年中，荣格成了一个心理学大师，不止一次地在自己和旁人闪烁其词的梦境中觉察到了这一点。

不过他因年长而变得学识渊博——更加理解理性自身——之后，他趋于不再用一种对抗的眼光来看待混沌和理性之间的关系。对峙只是双方认同各自存在的一种直观印象而已，我们因此甚至可以说红花和绿叶也是对峙的，只是这改变不了它们共生的事实。荣格回头分析自己四岁时做的这个梦的时候，他将梦中的自己和那位陌生的神都上升到了一个"集体"的位置，然后他发现这其实是人类幼稚的理性和漫长的混沌之间的对峙，对抗只是一厢情愿。在那个梦中的洞窟里，真正的权力关系并不是"一个小男孩在洞窟里与一位陌生的神'对峙'"，而只是"一个小男孩置身于一个有着陌生神灵的洞窟之中"。被针对感和因此产生的恐惧只是因为当时的他过于幼小而产生的一种本能反应，对方只是长得很可怕，它的攻击性只是他想象出来的一种理性的因果推算而已。

当荣格变成了一个真正意义上的智者之后，他开始理解这两者之间的关系。当时他太小，可供梦境演绎的形象素材太少，所以形成了一种两者对峙的印象。实际上这两者——那个被看成他自己的旅行者其实代表了人类理性生命的成长经历，而那位看起来颇为吓人的神则代表了自然界混沌无序的本性——是一种共生关系，虽然谈不上相安无事，但是它们是一个整体。任何整体中的部分之间都不应该产生对抗的想法，因为对抗意味着结构的毁灭，这也是那个梦境令人感到那么不愉快的原因。

这种看法不是空穴来风，我们提供的证据是约摸六十五年以后、荣格垂垂老矣之时做的另外一个梦，它与遥远的童年之梦存在着某种伤感却令人着迷的呼应关系。1944 年，荣格跌断了脚，接着又心脏病发，经历了暂时性的精神错乱，在某些时刻，他不可遏制地觉得自己濒临死亡。白天十分痛苦，在身体及精神都受到监禁的情形下备受折磨，只有在夜里几个小时的浅睡之中他才会感到自己像在宇宙中飘荡，自在并叫以思考。他把这种经验描述成一种非时间状态的狂喜，类似于我们每个人都有的一种体验，梦中的几秒钟往往令人感到度过了非常漫长的时间。恍惚中，他发现自己身处高空，可看见脚下的地球及面前飘浮在高空中的黑色——看起来像是玄武岩或是黑曜石——巨石，它有一小部分被凿刻，这一空间被雕成类似一座神殿。如果按照荣格以往的观点，梦中的洞穴意象才是代表祖先和集体无意识的表征物的话，那么这次他濒临肉体的死亡，这种表征物进化成了某种不具备重力条件的悬浮神殿意象。所以，孤独凌空的巨石可能是不再受到生命——身体束缚的自我的暗示。粗糙的巨石就是原生的、未经砥砺的人的天性，混沌幽暗，无章可循；文明的部分——庙宇，微不足道得像是石头表面的一处小疤，在整体（整块玄武岩）中居于更加次要的位置，尽管其中结构森严，但它只是更容易被看见、更容易被孤芳自赏，仅此而已。

这块悬浮巨岩的整体混沌特性对应那个有着一位阴茎之神的地洞，那一小块镂刻的庙宇对应那个在地洞之中害怕得瑟瑟发抖的小男孩，我们发现除了彼此关系变得更成熟、相处更和谐之外，权力关系一如既往没有变化。荣格因此而确信，人类的理性只是至大的混沌之中的一种偶然性的作用，因为我等进化的欲求而更为我们需要而已。在观念的展示之中，我们既不应该也不可能无视混沌的存在。

在艺术中表现混沌，最初战战兢兢、继而渐入佳境、最后沉迷忘我，只要谨防最后落入海子或是凡·高（Vincent Willem van Gogh, 1853—1890）那样的结局就行。混沌就是一个艺术家——真正意义上的艺术家——所追求的最终极的秘密。我们在此题名一位去世多年的老艺术家，他无论生前还是身后，声名都是平平，至今如此，但是他的作品却真正触摸到了混沌。

　　上帝

　　　吩咐人们

　　漠然处之；

不希望他

　　　可怕的秘密

　　　　在世间传播。[1]

我想起博尔赫斯在《关于犹大的三种说法》这篇文章（收录于《虚构集》中）里说过的这句话，而且这句话用诗歌的句读排列起来似乎更有韵味。

　　马克斯·恩斯特（Max Ernst, 1891—1976）1891年出生于德国古都科隆附近的布鲁尔小镇。科隆同时也是《论隐秘哲学》的作者、中世纪神秘主义哲学大师考内留斯·阿格里帕（Heinrich Cornelius Agrippa von Nettesheim, 1486—1535）的故乡，占星术和炼金术流行，神秘主义氛围浓厚。恩斯特年轻时自学艺术，因为故乡传说和画家父亲创作的影响，幻觉频繁产生，自始至终对这种神秘主义背后的混沌性——为理性和宗教所畏惧的东西，这也正是阿格里帕一生郁郁不得志的原因——表现出浓厚的兴趣。他因为成功领导了德国地方的达达主义运动而为人称道。从1923年开始，他的创作被固定在"意识流记述法"中数十年，这是普鲁斯特（Marcel Proust, 1871—1922）"无序列性回忆"主义的视觉艺术手法，面对稍纵即逝的片段性记忆，迅速萃取其中的主体印象。这个过程符合梦境的叙事特色。

　　他中年居住在美国，1942年之后他开始对无序自言——在画布上追求纯粹的偶然性——发生兴趣，并且为此发明了一种称为"浇滴"（或称"浇筑"）的画法，不过偶尔一试而已。有稽可考的艺术史之中，至少有一位声名遐迩的艺术大师受到他这种手法的启发而终身受益，就是恩斯特的画友、将"浇滴"法完全体系化的美国艺术家杰克逊·波洛克（Paul Jackson Pollock,

---

　　1　[阿根廷] 豪尔赫·路易斯·博尔赫斯:《博尔赫斯全集》，小说卷，第177页。

1912—1956）。波洛克死后，他生前那些一百五十美元一幅的作品价值连城。可与大多数人想象的不同的是，波洛克一直到1947年才画出了第一幅被视为他代表风格的浇滴作品。波洛克最早的浇滴作品据考证被确定为1947年的《水深五浔》，美术史上则一般以1948年的《一号》作为他大规模涉猎浇滴的、艺术生命的黄金时代的开始。惜乎天妒英才，波洛克生前比恩斯特还要穷困潦倒，日日买醉，他浇滴风格的鼎盛时期持续了还不到十年，就被汽车撞死了。

无序自言终究没有成为恩斯特主导风格的原因只能推测，但有理由相信他在波恩大学修习哲学和精神病病理学的时候，在观点上接近荣格，认为混沌不等于纯粹的偶然（浇滴），只是其中的规律至大，凡人难以把握。这一点从他以往作品的超现实主义风格之中就可以看到端倪。我们来欣赏一下画于1925年的《大海与太阳》。

作品被一条界线分割成上下两个部分，比例约为0.588，不符合黄金分割律，看上去令人颇为不快。上部分的蓝色调与下部分的棕色调完全水平地分割画面，黑白色的两个圆球遥遥相对。在画面上方的白色圆球之中，有一个红色的、类似眼睛的东西（姑且如此认为）占据了画面之中最具有威慑意象的位置并俯视下方，在整个画面弥漫的荒芜意味之中平添了一丝危如累卵的险恶态势。

将上方的蓝色看成天空、白色看成云层，或是将下方的棕色块看成干涸的海床、两个圆球看成太阳及其阴影——这已经越来越荒诞，不过总算还没有脱出印象的本质——的这一切诠释，在这个红色眼睛的面前，全都破产了。这个眼睛是无法用任何印象来解释的，读者试图用故事性说服自己的认知方式（请参考本部分第一节）被颠覆了。在感到失望的同时，他们（欣赏者）却发现，这个眼睛在画面中的位置是如此重要，无论如何都不应该也不可能被忽视，它的颜色又如此鲜红，给人以一种相当不安的被注视感，至此对这件作品的某种"诗意"或"优美"的幻想（请参考本部分第二节）也彻底幻灭了。剥离了这二者（叙述和朦胧）之后，剩下的只有混沌——没错，这件《大海与太阳》就是赤裸裸的危险和焦虑的意象，它是刺眼的、战栗的、尖锐的和令人不适的，它从来不曾试图给人带来愉悦或是优美或是舒适这一切东西，因为这些东西被艺术家认为是值得唾弃的虚情假意。

《美术大师经典》(*The World's Greatest and Most Popular Artists and Their Works*) 这本书里对这种焦虑性的描述是：

> 恩斯特认为自然从来就是一种不仁慈的力量。这只红眼睛神秘而又令人不安地注视着下面的一切。在那些题材常是噩梦与幻觉经历的画中，恩斯特继续将一些互不相干的东西荒谬而怪异地放在一起。[1]

可谓深得恩斯特之心。自然从来就是一种不仁慈的力量，艺术是人性边缘凄厉的风暴。艺术应当描绘的，是自然孕育生命的恩惠及其用心险恶的一面。

这种荒芜的风暴，我们一定要找一首诗来与之唱和。这首诗是特朗斯特罗姆（Tomas Tranströmer, 1931—2015）在1983年写的《冰岛飓风》：

> 不是地震，而是天摇。
>
> 被捆绑的特纳也许能画出它。
>
> 一只孤单的手套刚刚飞旋而过，离它的手好几公里。
>
> 我将在逆风中走向田野对面的那所房屋。我在风中飘荡。

1　[英] 妮古拉·霍奇、莉比·安森：《美术大师经典》，史亚良、洪英译，浙江人民美术出版社，1998，第127页。

我照了透视，骨骼呈交了辞职申请。

恐惧在增长，我摇晃着前进，

我在下沉，

我在下沉，

沉到干燥的陆地。

多么沉重啊，我忽然拖起的一切，

多么沉重，对于一只拖着平底船的蝴蝶！

终于到了。最后与门搏斗。

现在到了里面，

现在到了里面。

在巨大的玻璃窗背后。

玻璃岂不是奇特而伟大的发明——贴近而不受伤害——外面

一群透明的巨人短跑运动员在岩浆的平原上奔跑。

但我不再飘荡。

我坐在玻璃的背后，平静，我自己的肖像。[1]

在恩斯特看来，从克伊普（Aelbert Cuyp, 1620—1691）、庚斯博罗（Thomas Gainsborough, 1727—1788）、柯罗（Jean-Baptiste-Camille Corot, 1796—1875）到克林姆特（Gustav Klimt, 1862—1918）甚至是珂勒惠支（Käthe Kollwitz, 1867—1945），这些艺术家都犯了同一个错误，他们一厢情愿地将自然、神灵、灵性、哲思……总之是将他们想要歌颂的东西看成伟大的、崇高的、优美的、值得信任的，总而言之，参考前文福柯在《词与物》一书中的观点，给它们赋予了一种语词上的正面评价性质，因此我

1　[瑞典] 托马斯·特朗斯特罗姆：《特朗斯特罗姆诗全集》，李笠译，南海出版公司，2001，第 214 页。

们惧怕一切负面的事物，生怕自己沦为具有那些负语词特性的存在。无论是恩斯特还是福柯，都认为这种世界观很孩子气、非常幼稚，拉康也认为将世界看成一种索取对象的象征印象，是童蒙和无知的表现。是时候一个巴掌将世界从温情打回现实了，几乎所有站在《大海与太阳》面前的观众都产生了一种清醒感：确切地说，这个红眼睛的注视并不是残暴，而是冷酷，当然，对于习惯于在母亲温暖的怀里听着摇篮曲坦然入睡的我们来说，这种冷酷也已经够残暴的了。

母亲温暖的怀抱？请看创作于 1926 年、令人啼笑皆非的《童贞之母在三位目击者面前责打幼年的耶稣》，这是恩斯特另一幅重要性同样不能忽视，但却同样鲜为人知的作品。在这里，我们可以看到荒芜和混沌如若不受控制，它们会发展至一个何等令人不安的程度并且使得无辜者受到株连。

画面中上部光线强烈，但是下方主要部分则因为墙的遮挡而变得十分昏暗。在这种情况下，圣处女暗红的衣衫和蓝黑的裙子显现出一种特别残暴的色泽，它与圣婴苍白的裸体以及臀部红肿的瘀斑相互映衬。

在弥漫于画面的麻木和凶暴氛围之中，圣处女高挥手掌，正欲往圣婴的臀部击去，绷紧的裙子显示出座凳的轮廓，表明了她此刻的力度。垂头的阴影在她的面部将面目涂抹得模模糊糊，看上去神情麻木不仁，仿佛显得十分残暴；幼年的耶稣匍匐在母亲的腿上，在同样的麻木之中承受责打。

画面的背景是一贯的简单几何图形，它们形成一个街道或小广场的形态。在左侧赭红色的墙上的一扇窗子里，三个目击者在阴郁而冷漠地注视着这一切，在蓝天的背景下，经过特殊处理的透视关系中，他们的面容看上去仿佛是被挤扁了一样，没有任何厚度。

在荣格的原型理论之中，"母亲"原型的慈爱抚养和"父亲"原型的统治责罚构成了婴儿最初的世界印象。人们常说"慈母严父"这个词，将这一对关系看成割裂的。而《童贞之母在三位目击者面前责打幼年的耶稣》这件作品的用意就在于，"母亲"和"父亲"两种印象就是自然力量的两个侧面，将它们区分对待的看法是不正确的。而事实上，这种区分的想法我们每个人都有，我们每个人都希望人生享受幸福、避免痛苦，换句话说，我们每个人都只想享受来自世界的慈爱的母性意象而规避责罚的父性意象。这种想法不算过分，只是痴人说梦而已。

现在好了，画中这位倒霉的小朋友大家都认识，谁都知道他只有母亲没有父亲，可是他吃的苦一样不缺。不要以为只有母亲的慈爱是幸运的，因为父亲的权威印象是个体融入社会生活的一种准备。如果没有父亲，母亲就要代劳。慈爱和权威原本就是一回事。果如其然，在他长大之后，社会——背黑锅的是罗马帝国的犹太行省总督本丢·彼拉多（Pontius Pilate, ?—41）——代替父亲这个角色狠狠地摆了他一道，顺便令他不朽。

让我们继续举这两个例子之前的话题。把马克斯·恩斯特看成发明"浇滴"这种画法的人并不过分，但是他不愿意依赖这种画法，我们联系他以往修习哲学和精神病病理学的思想历程，得出的结论是他不仅是个画家，而且是个渊博的人。在现代性的思维方式之中，对于一些自诩为精英的人物而言，过度依赖于偶然性，也就是凡人挂在嘴边的"运气"，是一种可鄙的习惯。别说恩斯特，就算"浇滴"画法的巨擘波洛克自己，对于自己的这种成名奇技，非但没有一点点自负，反而觉得压力越来越大。这么说的证据是，波洛克去世前不久、已经完全泥足深陷于酗酒和忧郁症的沼泽之中的时候，两个记者去看望他，发现波洛克的精神已经完全崩溃。中国艺术研究院美术研究所研究员王瑞芸在《从杜尚到波洛克》这部著作之中这样记载了这件事：

> 他越重复自己，就越深地怀疑自己，有时他把妻子叫到画室去，指着新画的作品问："你说，这是绘画吗？"有一天，一对记者夫妻来采访他，提出要看他的画，他引这夫妻两人去了画室，他陪他们看画时，竟控制不住地伤心起来，毫不顾忌地在客人面前痛哭流涕起来。那个丈夫尴尬得只好躲开，而妻子留了下来，她抱着波洛克的头，尽力去安慰他，波洛克在这样的同情面前，反而哭得更凶。他一边哭，一边指着画室里成批的"滴画"问道："你想，假如我知道怎么去好好地画一只手，我会去画这种废物吗？"[1]

他的困惑并不在于重复自身，因为这种画法创作出来的艺术品，重复几乎是一件板上钉钉的事情。真正令他困惑的是，"浇滴"这种画法的偶然法则令他有了一种相对于人类努力缔造文明这一进程的背离感，他感到自己背叛了某种历史书写的优选原则。他虽然不至于像愚夫愚妇那样，认为德拉克洛瓦、荷加斯（William Hogarth，1697—1764）这样的人才是画家，但是这种观点在整个画家外的世界里实在太过根深蒂固，而他那个时候又太脆弱，终于受到了外界的蛊惑，因为自己不是他们而感到惶恐不安。

前面说过，随着历史的发展，焦虑自身也在进化。如果是在现代，没有艺术家会因为自身风格的重复性而感到困惑，一辈子风格如一、难以觉察其中变化的艺术家俯拾皆是，波洛克是他们大多数人的神像。可是不要忘记，波洛克的时代处于古典性和现代性的交错时期，创作倚重偶然法则还被大多数人看成不求上进。恩斯特发明了"浇滴"法却将之弃如敝履，就是这一点最好

1　王瑞芸：《从杜尚到波洛克》，金城出版社，2012，第56页。

的证明。

恩斯特熟谙哲学思想史和人类精神结构学，他是一个博学的人。不过，如何定义"博学的人"？在人类文明进化的矢量路径之中，对于这种进化起到思想上的推进作用的人。我贸然概括出的这个定义应该不会有人有疑义。这就是说，"博学"是一种"现代性"的思维方式，它的推进力永远是在最前端的。无怪乎有人误以为文明的发展等同于科技的发展，这种看法虽然有所偏颇，但却不是没有理由的。因为相对于文明发展的阳刚态势而言，任何过时的、陈旧的思维，在推动力上永远不及新思想。"现代性"这个词是值得商榷的，虽然它和文本理论中的某个概念在表述上完全重叠，但是就这么三个字，实在创造不出更好的词汇来替代它，只好给它加上引号。我们也很难给这个词划定一个时间起讫，因为在我们当下的论述之中它是一个相对的概念。春秋时代，"弑君三十六，亡国五十二，诸侯奔走不得保其社稷者不可胜数"，孔子因而哀叹"礼崩乐坏"，这是因为在那个时代追求霸权是文明发展的一种极度阳刚、极度现代的思维模式，传统的、雍雍穆穆的诗书礼乐已经变得没有用。在文明的价值观之中，一个人越"博学"，他就越具有"现代性"，他就越"有用"，而这种"有用"——也就是"有效率地建设文明"的一个前提是，他对文明的缔造不能靠运气，而只能依靠必然性。如果是这样的话，我们只消找到一个古代思维模式中人类守株待兔、坐等偶然作用的例子，就能证明现代性的思维模式与我们祖先之间的迥异性了。

为了证明这一点，我们重拾前面在《大海与太阳》这件作品中感受到的、那种寒彻骨髓的自然的冷酷性这个话题。而列维-布留尔在为写作《原始思维》博览群书的时候发现，其实在古人的心目中这种冷酷才是万物有灵的常态。比他早两千两百年，中国古代的哲学家就发现了这一点。所谓"天地不仁，以万物为刍狗", 这句话的真正含义并不是说天地"不好", 而是天地并不对某个特定对象"特别好"。但是现代人却觉得自己才是宇宙的中心。那些愚夫愚妇一受挫折就觉得自己被他崇拜的某位神所亏待, 迫不及待哭哭啼啼地告解、祭祀或苦修, 这完全是现代人被这种"现代性"思维模式惯出来的毛病。

神创造了世界, 凭什么特别青睐人类? 很多宗教学者为了证明这个问题留下了汗牛充栋的著作。但是在《原始思维》这本书看来, 现代高居于天庭之中鸟瞰世界的诸神是一群全新谱系的神, 他们和原始人的信仰之间具有不可逾越的鸿沟。这种新谱系的神取代旧系的神的过程, 正是一种原始思维被"现代化"了之后的结果。

那么那些原生的神, 匿身于我们心灵的深渊之中、不时地在我们梦中的地穴深处展现其磅礴性的那种至大的存在是什么样子呢? 列维-布留尔以"互渗律"这个词来描述它, 它比万物有灵论还要古老。《原始思维》的第十二章"向更高的思维类型过渡"中有这样一段话:

> 克雷特在其近著《印度尼西亚的万物有灵论》中, 认为必须在原始社会的进化中划分两个连续的阶段: 一个是, 人格化的灵被认为是赋予每个人和每个物(动物、植物、圆石、星球、武器、用具, 等等), 并使他(它)们有灵性; 另一个阶段在这一个之先, 那时还没有进行人格化, 那时, 好像有一个能够到处渗透的弥漫的本原, 一种遍及宇宙的广布的力量在使人和物有灵性, 在人和物里发生作用并赋予他(它)们以生命。[1]

---

1 [法] 路先·列维-布留尔:《原始思维》, 丁由译, 商务印书馆, 1981, 第432页。

211

为什么要特别探讨自然的冷酷性？原始人认为世界的本源是一种流动的灵力，它是没有思想的，不会特别喜欢谁，与其说是一种神性，不如说是一种未知的物性。原始人相信这种灵力对世界的决定作用，但这种决定作用是已经决定了的，祈求它特别"喜欢"自己是徒劳的。就好像人都有两只手，没有什么人会向神祈祷让自己多长一只手，也不会觉得自己没有比别人多长一只手是被"亏待"了。

之所以称为"渗透"，是因为这种自然作用是单向的，接受者只能接受。原始人从来不会奢望自己比别人多长一只手或是买彩票中奖一千万这样的事情。但是现代人的宗教呢？诸神被淹没在信徒祷告的垃圾邮件的海洋里面，这些祷告的内容全部都是索取。

为此列维-布留尔认为渗透只能算是一种宗教思维，还不能上升到宗教这个概念：

> 但在另一种意义上说，它又是极少宗教性的。由于与宗教感情和宗教仪式的对象的神秘而实际的互渗乃是宗教的本质。[1]

而自然的一切都是偶然的，坦然面对偶然对原始人来说再容易不过。但是波洛克呢？偶然近在咫尺，任他取用不竭，他却胆战心惊，度日如年。最终他的灵性枯萎在至大的偶然性那耀眼的黑暗面前。

现代人为何惊惧？因为已经被他们遗忘的神还在灵魂的深渊深处游弋。

荣格和波洛克为何惊惧？因为他们真正看到了这些被遗忘的

1　[法] 路先·列维-布留尔：《原始思维》，丁由译，商务印书馆，1981，第 434 页。

神的模样。

杜尚写在墙上的三个问题，我想我找到答案了。

艺术品就是我们每个人自己。

艺术就是我们灵性之内的黑暗渊薮。

生活？生活不过是雕琢在悬浮的黑色玄武巨岩之上的一间小小的灵庙，让我们在至大的混沌之中，掩耳盗铃地歇息疲惫而惊惧的灵魂。

第三部分

展示与需求

I　展示与激励

　　一定有人已经发现，与一般"动机—行为—意义"的铺陈的习惯顺序相比，本书的三个部分在逻辑上其实是反过来的，这里面并没有什么玄机，纯粹只是为了避免平铺直叙而已。我们在一开始就漫谈观念展示对于文明的意义，也有助于读者认清这样一个事实：人类的文明史等同于观念展示的历史，在五花八门的自身观念展示——这是第二部分的内容——之中，有的人成功，有的人失败，成功者晋升不朽，凋零者被永远遗忘。

　　第一部分似乎有些话谈到了遗忘？我记不清了，第二部分也有。遗忘就是永远的消失，而且我们应当冷静地注视这样一个事实，即由观念堆筑的人类文明的金字塔，是建基于遗忘的旷野之上的。也许有一个人、有一百个人或是有一百万个人名垂青史了，但是被遗忘者的人数永远是这些数字的很多万倍。就好像沙漠底下的那些沙子，我们只知道为了维持结构的稳定，它们必须存在。还好，现在有了谷歌、维基百科和百度百科，传播资讯变得容易，一些原本没有资格名垂青史的人——譬如说某个不景气工厂的厂长，或是某位碌碌无为、苦熬资格的主治医师——也获得了在资讯之中稍露一面的机会。但是这是否意味着步入了永恒？在搜索引擎公司出于存储管理的目的清理冗余信息之前拭目以待，不便妄下结论。在我们的印象中，这一天总会来的，也许是《启示录》里提到的天国响起的号声，也许是百度公司为了紧缩资本裁减资讯库的服务器资源。在"这一天"之后，因缔造文明而声名不朽者徜徉于天堂永恒的花园，因破坏文明而万劫不复者号哭于地府的深渊，可是那些既不愿破坏也懒得缔造的人呢？烟消云散，没有在那两个地方中的任何一处谋得自己的一席之地。

这个黯淡的前景对于大多数人而言是无所谓的，不过也有一些人觉得"仿佛不曾存在过似的"被遗忘，无论如何难以接受，令人齿冷。所以，在人类上一个切身的愿望——永生破灭之后，永远被铭记成了很多人退而求其次的追求。就好像吃不到普罗旺斯黑松露（Tuber melanosporum）的人用俄勒冈白松露（Tuber gibbosum）打打牙祭、聊以替代一样，永远生存和永远被纪念这两者在某些意义上是一致的，能够勉强满足很多无事生非者——比如说我——的口味。

然而问题在于，俄勒冈白松露也不便宜。被尽可能多的人铭记是一种资格，它没有明确的人数限制，但是被分成很多层次，最终的数字还是不出某个范围。大多数文人以毕生努力追求这张泰坦尼克号的船票。

获取这种资格的方法大部分人靠奋斗和思索，小部分人依靠不需要努力的幸运或天赋。希罗多德在《历史》中记载，有一个生活在西西里某城镇的美少年，仅仅因为容貌出众，不仅生前受人喜爱，在死后还有人筑坛供奉，这可以说是人类追求永恒的历史上为数不多的不劳而获的范例。

而在那些依靠实力改变文明的竞争者之中，运气也会发生作用，但那是一种反作用。随便举个例子，《岑嘉州集》里的诗无论是在气度还是辞章上都是一流的，可是现代大多数人还是只知有李杜，只怕连岑参（约715—770）是谁都不知道，少数人知道他最有名的句子出自《白雪歌送武判官归京》，但也仅此一句而已，已然算得上是比较博学的人。这就是说，岑参尽管在奋斗和实力上都是一流的，可因为有了李杜的奋斗和实力，在芸芸众生眼中看来自然也就变成二流了。遇到这种情况，我们只能遗憾地说，既生瑜何生亮，这位与杜甫既是同代人又是老朋友的"岑廿七"，运气不怎么好。运气对于拥有实力者而言不是什么好事。既然牵连到了杜甫，我们再看一个从岑参的例子引出来的关于杜甫的例子。岑参曾经写过一首诗《寄左省杜拾遗》：

联步趋丹陛，分曹限紫微。

晓随天仗入，暮惹御香归。

白发悲花落，青云羡鸟飞。

圣朝无阙事，自觉谏书稀。

谁都知道，杜工部自己的人生运势也一塌糊涂。可如果杜甫真的官运亨通、朝中"多阙事"会怎么样呢？历史得到的就不是"诗圣"，而只是一个谨小慎微、恪尽职守的中下级参谋官吏，在怀着忠忱的使命感记录一些鸡毛蒜皮的事情之中消磨自己的一生，这些事情在他的王朝还没有灭亡的时候已然大部分先进了故纸堆，连历史都不能算，从《旧唐书》《新唐书》到百度百科都未必会记录他的名字。

所谓天将降大任于斯人也，必先苦其心志。对于普通人来说，运气分成好运气和坏运气两种，不过对于很多依靠奋斗和实力来谋求永恒的不朽者而言，运气就等于坏运气，因为好运气反而会拉远他们与不朽之间的距离，他们——比如说杜甫、凡·高、普鲁斯特——就是一群除了奋斗没有其他出路的倒霉蛋。

所以，剩下的就只有学习、奋斗和沉思，人境的喧嚣，充耳不闻。

在本书尚未动笔时的提纲里，这一部分的第一节节名是"展示与传承"。这种构思符合本书的主旨，人类的文明史就是一个展示自身的、庞大而漫长的对话过程。诚如南朝范缜（约450—

515）所言，"人生如树花同发，随风而堕，自有拂帘幌坠于茵席之上，自有关篱墙落于粪溷之中"，个人的伟大和渺小在等级或大部分社会权利上是平等的枚举关系，但是在思想，确切地说是在文明的缔造之中，我们必须承认这种殚精竭虑的贡献者与碌碌无为的享用者之间的差异，必须承认思想的伟大与可敬，同时也必须承认很多人、大部分人的人生与"思想"这两个字完全无关。

岂止个人，整个人类种族也"恰好"是因为这种在食物链中不上不下的位置而"恰好"进化出了庞杂的交流体系，而人类文明的发展则完全依赖于这种体系。文明的传承依赖于自身观念的"展示"与"被观看"。从没有文字到出现印刷术，再到出现电脑，现在有了无远弗届的互联网，观念的展示正在变得越来越容易，而人类文明的发展也在变得越来越快。这一点正好证明了，将文明史等同于观念展示的历史，并没有什么过分之处。

然而问题在于，这种展示造成的传承效果确实是"有意识"的吗？这个思索决定了展示与传承的关系是否适合放置在"展示与需求"这一部分。但是经过竟日苦思之后，我还是决定将这一节删去。因为我发现，传承确实是一个事实，但这个事实是展示的"效果"，而不是"动机"。一个人的"动机"源于感情，而非责任感，因为感情比责任感更加古老，责任感是强加于人——通过展示——的，我们只是对其习惯了而已。还是老办法，用例子来讨论便是。我们来看看《诗经·卫风·伯兮》这首诗：

伯兮揭兮，邦之桀兮。伯也执殳，为王前驱。

自伯之东，首如飞蓬。岂无膏沐，谁适为容！

其雨其雨，杲杲出日。愿言思伯，甘心首疾。

焉得谖草？言树之背。愿言思伯，使我心痗。

历史学家的考据学嗅觉至少让我们从这首诗中找出了好几个颇有深意的字，每个字钻研进去都是绝大一篇文章：

1."伯"：古代女性称呼男性或男方家属的用字比起现代女性要高一个辈，这是古代社会的女权状况。

2."殳"：狼牙棒或长杖，这种兵器的使用，是大规模车战的一个佐证，在疾驰的马车上钝器比锐器好用。

3."东"：汉代郑玄在《毛诗传笺》里考证说："卫宣公之时，蔡人、卫人、陈人从王伐郑。伯也为王前驱久，故家人思之。"这种说法应该是站不住脚的，为此朱熹反驳说："郑在卫西，不得为此行矣。"

4."膏"：这个字说明周朝女子已经有了化妆品，可能是润发露或发油。

5."谖"：现在叫萱草，在雅言之中这是一种被赋予了相当女性化的情感寓意的植物，其实就是黄花菜。萱草现在还有一种俗称叫忘忧草，可能这种"遗忘忧虑"的花语在周朝时已经为大多数人所接受。

《伯兮》这首诗的脍炙人口是否在文明之中"传承"了这些女权主义史、器物史、地缘政治史、服饰史和园艺史方面的历史真相？也许是的。可这些真相是属于那些女权主义者和各种专史领域的学者的，他们依靠解读历史实现传承，这是属于他们自己的展示——而非属于《伯兮》这首诗的作者的，女主人公也绝不可能像电影《国家宝藏》里的那些扭扭捏捏的圣殿骑士，为了把诗中这些鸡毛蒜皮的秘密传承下去而设计这一切欲说还休的谜题留待后人破译。

就好像其他大多数历史学的遗存一样，《伯兮》就是一个现场，历史学家通过自身的经验来还原并且展示，这是历史学家自己的展示。在《伯兮》的作者，这种展示是无意识的。所以，除非已然存在的历史知识被有意识地运用，否则说任何人编造一个催人泪下的故事或是发明一个精妙绝伦的运算公式，是出于对人类文明传承的坚如磐石的责任感，这都是不可信的，至少不可迷信。驱动行为的最强大的心力源于情感，绝非道德，最多是情感化了的道德。尼采曾经说过，原始人因为难以个体生存才会制定让利合作原则，它后来发展成了道德。这说明道德的利他性与动物的利己性是相反的。也正因为此，我保留了本部分计划撰写的另外两节，一个人向别人展示自己观念的那两方面动机：号召别人追随（帮助）自己，或是向别人展示自己的实力（值得追随）——激励与炫耀，这两点即便是在道德框架被建立起来之前，我们的祖先还是野兽的洪荒时代，也是完全符合自然规律的。

如前所述，《伯兮》这首诗的脍炙人口是否在文明之中"传承"了这些女权主义史、器物史、地缘政治史、服饰史和园艺史方面的历史真相？也许是的。可这些是否是作者记录这首小诗的"动机"？肯定不是。秋肌稍觉玉衣寒，空光帖妥水如天，它就只是一个幽居的女子在面对古典的、静谧的、凝固的白昼时光时一点点慵懒而寂寞的思念而已。

这就是说，无论这首诗中是否留下了这些令今后世考证学者见猎心喜的"线索"，《伯兮》的作者——我们假定她就是那个幽居的女子——写这首诗的动机已然实现了，这种动机就是心绪的抒发、焦虑的释放。它的目的只是使得心中积累的情感焦虑获得一种释放而使人感到舒服一点。情感就是焦虑，绘画和文学都是这种畅抒胸臆的最佳选择，而且几千年的展示与观看的经验告诉我们，这种焦虑抒发真挚与否、强烈与否往往都是艺术品能否获得共鸣、直指人心的甄别标准。

这样，我就把展示的第三方面需求从"传承"换成了：哀忘。怨哀与遗忘在最初时分只是宣泄心中焦虑的一种身体需要而已，有的人选择去秦楼楚馆眠花宿柳，有的人选择戴上拳击手套痛打沙包，有的人选择"两句三年得，一吟双泪流"，如是而已。

这种真挚的焦虑的宣泄看起来似乎比前两种展示的需求方式稍微高尚一点，甚至有卡夫卡要求朋友尽焚旧作的临终遗言，令人唏嘘。但其实也一样，首先是利己的需求。卡夫卡慎独有亏，被未婚妻大骂一顿并解除婚约之后开始构思《审判》，他首先写完的情节是结局——约瑟夫·K 在一片郊外的荒野被执行死刑，让人用匕首捅死了——然后才写前面的。而且根据他的朋友兼遗稿整理人勃罗德回忆，卡夫卡写完行刑那一章之后情绪状况明显好了很多——请注意"哀忘"这个词在本书中的意义：自哀自忘。总之首先是利己的需求。也许"利己"两个字太过刺眼，令很多娇嫩的心难以承受？把这两个字删掉也无所谓，它至少是一种"需求"。这改变不了文明发展的那种积极性的本质：智慧只有利己才会达到极致。

文明进化在行为层面是积极的，但在道德和美学的形而上层面是消极的，人就是这么矛盾。推动创造从无到有的第一心力是为了自己，人类的天性决定了文明史的发展也沾满了自私自利的味道。

我们还是从文明的积极性开始吧。展示对于观看者的激励我们已经在第一部分的第三节"展示的社会规训意义"之中涉及过了。这种激励的部分目的是为了令观看者追随展示者自己，大部分广告和推销都属于这种情形。

也有一些较为形而上的部分，目的在于令观看者追随一种虚幻的目标，就好像《致恰阿达耶夫》这首诗，爱、忠诚、正义都是这种目标。也就是说，个人为了社会牺牲自身的利己价值观，这在早期社会是一种义务，在民主社会是一种品德。虽然它看起来更无私、更高尚，不过在对对方（观看者）做出放弃自身利己价值观的要求时也更不留情面。既然从 1789 年法国《人权宣言》

（*Déclaration des Droits de l'Homme et du Citoyen*）开始，私有的神圣性被人类社会的普适价值观以立法的形式固定下来了，那么埃及法老驱赶奴隶建造金字塔——命令别人牺牲自身的利己价值观——就再也不可能是肆无忌惮的了。从埃及法老、罗马皇帝到拿破仑一世（Napoléon Bonaparte, 1769—1821），也没有什么人像特朗普和希拉里那样，站在讲坛上唇枪舌剑苦苦说服民众，靠恳求身登大位。

正是因为遵循法理的社会禁止自身剥夺自由人的利己价值，剩下的办法——在埃及法老的眼中也许不值一哂——现在成了不二之选，就是说服、号召和激励。

社会制度的变化无法改变文明的本质，人类历史发展的至高准则是文明的进化。在上帝用吸铁石贴在冰箱上的很多条一周备忘之中，这是一条非常现实的条目：人类要想方设法让自己过得更好。没有任何一种价值观凌驾于这种生存原则之上，这一点决定了文明的发展等同于展示的发展，但是并不等同于道德的发展。文明是积极的，道德展示符合文明的需求，这一点我们在第二部分探讨"故事"的那一节已经谈过了。但我们随即应该深思的是，如果文明发展"更加"或是"过于"积极，道德展示是否会跟不上要求从而出现"不符合"文明需求的情形？智慧只有利己才会达到极致，文明与道德在这种利己的层面上有的时候看法并不一致。

有很多愤世嫉俗的思想家——譬如说尼采或茨威格（Stefan Zweig, 1881—1942）——认为道德是文明为了自私的目的而编造出来的谎言，他们甚至使用了"帮凶"这个词。这没有错，不过这个帮凶有时呼之即来挥之即去，景况也好不到哪里去。文明在大多数情况下通过道德号召个体牺牲自身做出贡献，但是当智慧发展到极致时，文明要求道德做出的解释违背其自身的原则，这就非常尴尬了。

举个例子，损人利己在任何道德范畴之中都本应是被人嗤之以鼻的。但是人类历史之中损人利己之事一直史不绝书，战争和侵略，被看成历史发展的动力。每一次战争的展示也全都不脱道德的本质，无论是拯救、保卫、开拓，还是忠诚和报效。小到一个村庄，大到一个国家，任何地缘的历史都是一部损人利己的历史，不过文明整体是平衡的，平衡于那些在损人利己中被推上历史舞台的利益既得者，这是一部胜利者的历史。

> 如果你看中了别人的土地，那就去拿过来。辩护律师总是找得到的。

这是为很多人所景仰的一代英杰、德国皇帝腓特烈二世（Friedrich II，1712—1786）的名言。这位文质彬彬、懂十种外语（如果算上他晚年突发奇想试图要学习的汉语则是十一种）的老皇帝可以说为了一个地缘历史的辉煌贡献了自己的一生，他的一切都成了激励拿破仑皇帝、康沃里斯将军（Charles Cornwallis，1738—1805）、拉法叶特侯爵（Gilbert du Motier，1757—1834）这样的晚辈的一个有关命令与征服的展示。其实，这位雄才大略的老皇帝看起来一辈子也颇多留憾：他不得不成为德国最为文治武功的皇帝，可他少年时的理想是当一个流浪音乐家；他不得不被立碑于英灵殿（valhalla）供后人膜拜，可他晚年的遗愿是和他的宠物小狗葬在一起。

说到腓特烈二世，有一个赚足了一众听众泪水的励志故事至今广为流传，大意是波茨坦无忧宫附近有一个老磨坊，磨坊主因为御花园树木挡住了风，风车难以运转而一怒之下把皇帝告上公堂。出乎意料——其实一点都不出乎意料，这是一个谁都猜得到的包袱——的是，法院居然判决磨坊主胜诉，皇帝只好乖乖赔钱道歉。

白日梦做完了。

那个磨坊现在还在，它其实只是无忧宫御厨的一个粮食中转站而已。很遗憾，这个故事，完全是假的。编造它的是伏尔泰，他在1750年到1753年间受雇担任腓特烈二世的宫廷文学侍从，在这期间写完了《路易十四时代》。现在这个磨坊是一个博物馆，威廉一世（Wilhelm Friedrich Ludwig, 1797—1888）的时候改造的，为的也许只是纪念这种编造本身。

为什么要编造这个磨坊的故事？因为道德在名义上"禁止"人们损人利己。但是损人利己是符合道德规范的，就好像这个故事的真实性一样，这种禁止从来都是一个笑话。

胜利者想要予取予夺，理由总是想得出的，腓特烈二世说得一点不错。例子，再来多少都有。商代自始祖契至盘庚一共迁都十三次。我们现在已经很难考证出前十二次迁徙的史实了，但是充满威逼利诱是毫无疑问的。请看盘庚在最后一次迁都的动员大会上的演讲，为了增加某种道德效果，他演讲开始时的口吻还颇为委屈：

> 非予自荒兹德，惟汝含德，不惕予一人。予若观火，予亦拙谋，作乃逸。若网在纲，有条而不紊。若农服田力穑，乃亦有秋。汝克黜乃心，施实德于民，至于婚友，丕乃敢大言，汝有积德！乃不畏戎毒于远迩，惰农自安，不昏作劳，不服田亩，越其罔有黍稷。

这是将服从说成是臣民的义务。

无独有偶，1095年11月27日，教皇乌尔班二世在克勒芒做出了一次改变世界历史的演讲。根据历史记载，那天的天气很糟糕，但是人们聚精会神地听着，连风雪都忘记了。在朔风呼啸、阴云密布之中，乌尔班二世说：

> 让那些从前十分凶狠地因私事和别人争夺的人，现在

为了上帝去同异教徒斗争吧！——这是一场值得参加、终将胜利的战斗。让那些过去做强盗的人，现在去为基督而战，成为基督的骑士吧！让那些过去与自己的亲朋兄弟争斗不休的人，理直气壮地同那些亵渎圣地的野蛮人战斗吧！让那些为了微薄薪水而拼命劳动的人，在东方的征途中去取得永恒的报酬吧！身心交瘁的，将会为双倍荣誉而劳动，他们在这里悲惨而穷困，在那里将富裕而快乐。他们是主的敌人，在那里将成为主的朋友！

差不多的话，那位比他早三千年的盘庚国王好像也说过？历史就是一种重复。就好像猎人们代代相传的那种活捉山猪的绳套，一种陷阱对一种野兽永远有效。

即便道德自身并不完备，加上展示的激励它也完备了。我们差不多可以试着归纳一下其中的结构：当历史的要求符合道德规范的时候，用道德；当历史的要求不符合道德规范的时候，用激励。

为了达到这种激励的效果，道德采用的方式是乘云气而养乎阴阳，变化万端的。有的时候道德的激励与法律甚至与情感相违背，这种时候我们应该做的并不是反思这种道德的价值，而是要更深层次地思索它的激励方式。请看来自中国古代的两个激励女子追求高尚品德的故事。

第一个故事，齐义继母，一位庶母为了保全长子而不惜诬告自己的亲子，并且在法庭上作伪证：

> 少者，妾之子也。长者，前妻之子也。其父疾且死之时，属之于妾曰："善养视之。"妾曰："诺。"今既受人之托，许人以诺，岂可以忘人之托而不信其诺邪！

第二个故事是鲁义姑姊，内容差不多，妇人的辩护更是上升到了某种民族荣誉感的层面，似乎更适合用作道德绑架情感的脚注：

> 己之子，私爱也。兄之子，公义也。夫背公义而向私爱，亡兄子而存妾子，幸而得幸，则鲁君不吾畜，大夫不吾养，庶民国人不吾与也。夫如是，则胁肩无所容，而累足无所履也。子虽痛乎，独谓义何？故忍弃子而行义，不能无义而视鲁国。

像这种母亲决定儿子生死的史实在汉代以前很多，颇受到一些女权主义者的青睐，但实际上还是经不起推敲的，因为齐义继母和鲁义姑姊的故事从根本上还是出自保全男权的正统的考虑：为了保全嫡生而放弃庶出。这其实和狮群之中新狮王咬杀前任狮王留下的幼狮是完全相同的道理，区别只在于它们的行为出自天性，没有道德上进退维谷的苦恼，而我们则要建造出一整幢道德的大厦来说服自己的良心，继而激励他人。我们与蛮荒的大自然之间的距离，并不像我们自己想象的那样远到了值得额手称庆的地步。

顺带一提，这些故事不足为女权主义借鉴的另外一方面考虑是，"男孩"和"男人"毕竟不是一个概念。男孩被看成父母的私有财产而不是一个"人"，因为根据汉律，六岁以前的小孩不缴人头税。

可见个人的事再大也是小事。道德是具有层次结构的：从经度上来说，个人让步于集体、集体让步于国家、国家让步于地缘政治、地缘政治让步于整个文明；从纬度上来说，智力层次较低者让步于智力层次较高者。越是个体和低智力层次的道德规范，就越条目和表面化，也就越容易被牺牲和一再改动。这就是说，个人的损人利己是不符合道德规范的，但是一个国家损人利己，则是名正言顺的，整个文明取夺于世界、丰厚自身更是自然的铁则。这并不是道德的自相矛盾，而只是不同层面上的不同程度罢了。它们之所以给人以自相矛盾的感觉，从而引发尼采的愤懑，只是因为中间的逻辑关系被忽略了。自私自利、损人利己并不违反道德规范，它们只是不符合条目化的、对道德的字面理解而已。

文明发展到更高层次并不代表这种道德的最高标准和最低标准（律法）之间的差异会被弭除。这种差异反而表现为，不仅个人情感与道德之间会发生矛盾，某种被理解为"更道德"的观念也会与一时的律法发生矛盾，而使矛盾变得更难以调和。我们来看看与《齐义继母》相似的一个与当时法律冲突的故事，那是一件记载于《后汉书·卷六十七·列传第五十七·党锢列传》之中的往事：

> 时河内张成善说风角，推占当赦，遂教子杀人。李膺为河南尹，督促收捕，既而逢宥获免，膺愈怀愤疾，竟案杀之。

李膺（110—169）因为这次不畏权贵刚强执法而遭到了迫害，但也同时掀起了中国历史上较早（但并非最早）也是最有影响的道德激励事件，党锢之祸。在汉代，文人清议的力量远非满足于疲软的"律法民主"的后世人所能想象，任何一个事件的评判，有一种凌驾于法律（例如中央颁布的特赦令）与权威（例如皇帝的特旨）之上的准则。之所以说它不同于后世的"律法民主"，是因为道德在这里不需要受到法律或是任何现实价值观的"允许"。还是这位执法如山的李膺，为了一起执法事件在汉桓帝（132—167）面前据理力争，在这次事件中被处决的是宦官势力领袖张让（？—189）的弟弟：

> 自此诸黄门常侍皆鞠躬屏气，休沐不敢复出宫省。帝怪问其故，并叩头泣曰："畏李校尉。"

虽然李膺在第二次党锢之祸中罹难，但是他维护道德纲纪的举动的展示作用起到了令人意想不到的效果，不仅是对恶人起到了震慑作用，还掀起了一种对道德价值的追从思考，而这种道德看似虚无缥缈、过于抽象，被很多中国文人理解为"名"。夫名正者，言顺也，道德的一个表象就是一种居于中央位置的话语权。李膺的故事对时人有怎样的激励作用呢？我们来看看接下来的中华历史上最令人热血沸腾而又为之沾巾的、《范滂传》之中的这段话：

> 其母就与之诀。滂白母曰："仲博孝敬，足以供养，滂从龙舒君归黄泉，存亡各得其所。惟大人割不忍之恩，勿增感戚。"母曰："汝今得与李、杜齐名，死亦何恨！既有令名，复求寿考，可兼得乎？"滂跪受教，再拜而辞。顾谓其子曰："吾欲使汝为恶，则恶不可为；使汝为善，则我不为恶。"行路闻之，莫不流涕。时年三十三。

这个故事展示出来的这种情操，对中华文人在道德观上的塑造性是可想而知的，它的影响在千余年后都还在，相关例证的出处是《宋史·卷三百三十八·列传第九十七·苏轼传》：

> 生十年，父洵游学四方，母程氏亲授以书，闻古今成败，辄能语其要。程氏读东汉《范滂传》，慨然太息，轼请曰："轼若为滂，母许之否乎？"程氏曰："汝能为滂，吾顾不能为滂母邪？"

这是一个十岁小孩和一个家庭主妇之间的闲聊。东坡道人沉泉之后，后人纵观他俯仰无愧于天地的一生，觉得他对他十岁时与母亲的这一次交谈并没有任何辜负之处。

为了遵循道德是值得牺牲个人的一切的，甚至毋须忠诚于皇帝的命令——忠诚也是道德自身的一个层面。党锢之祸是缔造了中华文人刚骨的最为成功的一次道德激励。

另外一个层面，智力层次上的激励落差效果也是不容忽视的。一般来说，智力层次被看得越高的人，言辞越容易被取信。乌尔班二世说服的是一群杀人犯、醉汉、破产市民和散兵游勇，因为东征只需要这种人贡献力量。可如果当文明需要激励一些智力层次更高，当然也更难说服的人的时候，就要动用一些更加专业、更加智慧的方式。但这只是一种程度的不同，再聪明的人也是会被说服的。

这里的例子来自一本非常冷僻的著作，《支那上代书史》，作者是东京书道博物馆的创始人中村不折（Nakamura Fusetsu，1866—1943），我看过的那本被尘封于浙江省图书馆古籍部的一间偏僻的库房之中。《支那上代书史》也绝无中村不折其他著作例如《禹域出土墨宝书法源流考》《中国绘画史》那样出名，它似乎出于某种原因被掩盖了，在日本也鲜为人知。坐落在西湖中间的一个岛（孤山）上的浙江省图书馆古籍部，蜡梅成林，暗香浮动，在深掩于花园之中的阅览室里，我甚至觉得，我看到的那一本，可能是世界上仅存的最后一本。这种联想有点博尔赫斯散文的意趣，也令人颇为飘然。

《支那上代书史》遭到冷遇不是偶然的。它的核心思想即便是在现代也过于大胆，没有人会相信。中村不折出于某种原因——个人尊严或是民族尊严，这一点在后面分析——在书中这样说：

> 换言之，也可以理解为埃及或巴比伦的文字偶然传入中土而成为支那文字诞生的原因……或者也可能是偶尔有识文断字的埃及人来访，直接促成了支那文字的诞生。[1]

1　[日] 中村不折：《支那上代书史》，雄山阁，1934。浙江省图书馆古籍部收藏号 741·4044·5041。

这段话的大意就是这本书的主体思想：中村不折认为中国文字并非原创，而是一种舶来品，它们发源于古代埃及或是巴比伦文字。

这个观点在书本扉页的一幅油画《始制文字图》上就非常明显，这是中村不折自己的作品——中村不折是油画家出身，他的老师是小山正太郎（Koyama Shôtarō，1857—1916）。画面下方有"始制文字图（油绘不折画）"字样，创作时间已难考证。画面中部，一个身穿古代埃及服饰的旅人正在展开一张纸卷，身后是白马，右侧三名官吏形象的中国人正在弯腰仔细研究纸卷上的文字。

考证方面的错误是不值一晒的。中方官吏的装束属于唐代文官服饰，其中幞头的出现时期当在中唐以后，这与参考古埃及壁画所设计的埃及旅人装束在时间段上并不符合；背景右面的中式建筑具有斗拱结构，此建筑的窗格样式，根据明代计成所著《园治》中的分类属于"套方"式——这些细节在其所标榜的商代以前的时期，是绝对不可能出现的。

我们再来列举几条中村不折在始制文字观点方面的推断：

他提到了埃及与中国之间的陆路交通主要依靠马，马可以说是中国书法史中的一个具有特殊寓意的暗号，正好方便中村不折在此将问题引到"龙马负图"的讨论上，而正式开始了文字发源的探讨。中村不折对"龙马负图"这一文字发展史上的公案提出的解释是这样的：

> 这些传说都记载着源远流长的河水、龙和马，送来了其文采昭昭的图案。在这里，我理解为中亚的主要交通工具马和骆驼，在运送货物的时候一并将文字输入了。在支那，自古以来就将马和龙一样看待……这就是说，也可以理解为埃及、巴比伦等地方文字的偶然到来，最后成为支

那文字创造的原因。[1]

这就是说，"龙马负图"其实乃是对古代中国以马匹为主要交通工具接受埃及舶来物品的一种暗示。出于严谨性的考虑，中村不折在此特地补充说明，在中国古代，龙和马的概念是相通的，这点倒是事实。

接下来，将甲骨文与埃及象形文字的字形进行比较。中村不折在此绘制了一张对照表，在此表中，他选取了"人""女""目""山"等表达基本名词含义的十九个字进行了比较。单从这张表上来看，这两组十九个名词一共四十个字（"日"字各列举两种）的字形确实十分相似。可是，这个论断的疑点在于，诸如"人""山""日""月"等表现明确有形之物的基本名词，在象形文字之中出现雷同，何足为奇？不光中国和埃及，已知的诸如闪族、古代非洲和中国某些少数民族的原始文字（如东巴文）中出现的形似字也是车载斗量。

这种荒诞观点的缘起，其实牵扯到东亚地缘政治的一个绝大事件。在德川幕府倒台、明治维新前后，日本近代思想家福泽谕吉（Fukuzawa Yukichi，1835—1901）提出的"脱亚入欧"观点成为日本一个半世纪以前直至今日的基本国策。而稍微有一点历史常识的人都知道，日本"脱亚入欧"的当务之急就是切断与中国文化之间的联系。这个过程在明治维新之前早就开始了。1880年，清代学者杨守敬（1839—1915）作为公使何如璋（1838—1891）的随从出使日本，发现中国古籍在日本被当成废纸卖，如获至宝。杨守敬在《日本访书志·缘起》中说："日本维新之际，颇欲废汉学，故家旧藏几于论斤估值。尔时贩鬻于我土者，不

---

1 ［日］中村不折：《支那上代书史》。

下于数千万卷。"[1] 而这种行为，就是我们前面所说的"脱亚入欧"的那种基本思想外化到国家社会生活中的一种表征。由传统汉学出身而转向孔德（Isidore Marie Auguste François Xavier Comte, 1798—1857）实证主义的日本资产阶级启蒙思想家西周（Nishi Amane, 1829—1897），在给朋友的一封信件之中曾一吐这种将汉学传统弃如敝履的痛快淋漓之感：

> 小生近来所窥西洋性理之学（形而上学）又经济学之一端，实在是惊人的、公平正大之论，而相觉与从来所学的汉说颇呈异端之处亦有之哉……仅于哲学一门，相觉说性命之理过于程朱……彼方美英等国之制度文物亦超过尧舜官天下之意和周召制典之心。[2]

而这种态度转换的实际原因，恐怕还应该参考沟口雄三（Mizoguchi Yūzō, 1932—2010）在《日本人视野中的中国学》这本书中的意见：

> 到战前为止的日本的中国学，之所以经历了津田左右吉、内藤湖南等人的曲折，可以说正是因为从研究对象那里已经学不到东西了。[3]

一味指责日本学界的见风使舵似乎也非公正之见，因为千余年以来的这个"遣唐"的学习过程也绝非一段愉快的回忆，一个民族放弃自尊去向邻人求援，对这种屈辱感任何人都不会无动于衷。无怪乎明治三十八年（1905）元旦的《中央公论》上，一个叫寺田勇吉（生平不详，明治维新前后的教育学学者）的人

1 杨守敬：《日本访书志》，辽宁教育出版社，2003，第4页。
2 郑彭年：《日本西方文化摄取史》，杭州大学出版社，1996，第243—244页。
3 ［日］沟口雄三：《日本人视野中的中国学》，李甦平、龚颖、徐滔译，中国人民大学出版社，1996，第53页。

曾经刊出一篇题为《清朝留学生问题》的文章，其中有这样的一段话：

> 往昔我国以彼国为师，如今却地位逆转，乃至出现如此多的清国人不分在国内还是国外，孜孜学我日本之盛况，这正是我国民以血和泪换来的成功，或者说正进一步走向成功。而其功效则主要又来源于日清战争和日俄战争的胜利。[1]

寺田勇吉肯定不是第一个这样想的人，也不会是最后一个。而有趣的是，在这个"以彼国为师"的学习阶段即将开始之前，日本人曾经就是否能和中华帝国平起平坐而进行过一次险些弄巧成拙的试探，典故出处是《隋书·卷八十一·列传第四十六·东夷传·倭国》：

> 大业三年，其王多利思比孤遣使朝贡。使者曰："闻海西菩萨天子重兴佛法，故遣朝拜，兼沙门数十人来学佛法。"其国书曰"日出处天子致书日没处天子无恙"云云。帝览之不悦，谓鸿胪卿曰："蛮夷书有无礼者，勿复以闻。"

这其中的倭王多利思比孤就是日本历史上的推古天皇（すいこてんのう，554—628），主持此事的是天皇之侄、著名政治家圣德太子（しょうとくたいし，574—622），而这个遣隋使者名叫小野妹子（Ononoimoko，565—625），乃是京都六角堂小池塘旁顶法寺的一个僧人。

且不问"遣唐"的学习阶段留给日本人的除了文明的进化之外是否还有屈辱，而作为文明进化的代价，这种屈辱是否值得，但是"遣唐"是不容置疑的事实。即便情形真的如寺田勇吉

1　吕顺长：《清末浙江与日本》，上海古籍出版社，2001，第99页。

所说，用"血和泪"换来了成功，质疑"遣唐"的真实性也是不明智的。所以，中村不折所采用的方法是，质疑中华文明的原创性。中华文明没有什么了不起的，就好像日本一样，也是从别人那里学习来的，这听起来令人长吁一口气，光大门楣，连九泉之下的先祖都似乎舒服了许多，从此瞑目。

更为关键的是，将中华文明的——同时也是日本的——起源祖述上古代埃及文化的另外一个用意是，这营造出了一种一厢情愿的、日本和欧洲之间的可比性。众所周知，埃及作为北非地理的枢纽，在希腊古风时代、马其顿征服时代、罗马帝国时代、圣经时代乃至于拿破仑时代、伊丽莎白时代、两次世界大战时，一直与欧洲的发展结有不解之缘。拿破仑时代以后，以商博良（Jean-François Champollion，1790—1832）为肇始的埃及学在欧美学术界一直长盛不衰，成为如日中天的显学。中村不折将中国文化与埃及文化拉近，也就同时缩短了日本和欧洲的距离。

这样，以法国、英国对埃及学的深入研究为楷模，日本的汉学也取得了世界性的地位，在学术模式上具有了跻身于世界强国的资格。根据中村不折自己的设想，日本对于中国的发掘研究，是能够与英国对于埃及的研究相提并论的。因而他在行文中自然地对将日本和英国进行比较表现出了相当的兴趣，例如他在论大篆时说了这样一句话：

　　　　大日本或是大英国的（幅员与影响之）大是相同的。
我们且不论中村氏的这种攀比是否仅仅为一厢情愿而已，不能忽略的一点是，英国与埃及之间的关系是占领国和殖民地的关系，中村不折在这种关系模式下进行了微妙的对号入座，而将日本等同于英国，将中国等同于埃及；如果说英国对埃及有某种"责任"，那么日本就理应对中国有相应的责任。这种耐人寻味的联想在当时的日本朝野应该是相当卖座的。

关于这种亚洲特色的门罗主义，我们可以参考近代史学家薄井由博士对东亚同文馆所做的研究中所列举的某些史实。必须指出的是，近卫文麿（Konoe Fumimaro，1891—1945）所创立的同文馆，其性质是社会学研究机构，它的感情定位是——至少他们自称是——对中国友好的，然而即便如此，当时为了"中国富强"和"亚洲富强"而含辛茹苦的日本学生心目中还是或多或少地带有这种"亚洲发展是日本的责任"方面的思想。薄井由在她的著作《东亚同文书院大旅行研究》之中采访了一位当时还健在的、同文书院第四十六期的学生丸山文彦，在访谈中丸山老人知无不言，替中村不折把扭扭捏捏不便出口的话都说了出来：

> 我对于支那的印象是个很富饶的大地，当时在日本的学校对于学生就是这么教育的。支那虽然是个大地方，但支那人不知道该怎么利用这富饶的大地，所以，日本人应该到支那去教给支那人，把富饶的大地充分地利用好，这是日本人的任务。日本政府有个愿望是建立大东亚共荣圈，日本人作为一个领导，在支那指导指导中国人，这是一种国策……当时日本人对中国有了特别的感情，所以叫支那……[1]

丸山的话并不全是出自虚情假意，许多明治维新之后的老派且有远见的日本政治人物，包括伊藤博文（Itō Hirobumi，1841—1909）本人在内，都有这种"拉中国一把"的想法。同文书院最早的一批带有这种"东亚共荣"思想的年轻日本学子奔走——谓之大旅行——在中华土地上，窘迫时甚至衣食不给、乞讨为继，这种对于理想主义坚定不移的品德不能完全以"狼子野

1　［日］薄井由：《东亚同文书院大旅行研究》，上海书店出版社，2001，第139—140页。

心"四字一概而论。

这一切的目的，是向日本人自己乃至中国、亚洲和世界昭示，日本是一个强国，至少即将成为一个强国，这一点是值得永远激励的。这条激励与冲刺之路上，任何可能会动摇意志的负面情绪，例如在中华文明阴影中生存的自卑感，甚至一些不太负面的情绪，例如对中华文化的恋恋不舍之感，只要与"脱亚入欧"的基本思想有所背离，都被看成是应当摒弃的。更理性一点的思考则是，日本是独立的，"其他国家"的历史规律是否符合日本的国情，至少选择权应当把握在日本自己手中。因此沟口雄三在诠释津田左右吉（Tsuda Soukichi, 1873—1961）的思想时这样概括说：

> 另有一点值得重视的是，他根据反始祖论、反一元化的普遍性而完成的对中国的区别看待，是通过以对"儒教"的区别看待为轴心兼有对日本的区别看待来实现的，这是津田支那学的特征。或者应当说，他为使日本（从"始祖"中国）脱离出来，而对中国（与日本）进行了区别看待……津田自始就认为，"世界是一个。同时日本是独立的。"[1]

但是对于意气用事的大多数人而言，如此冷静地看待问题很难做到，所以，通过伪证、诋毁等任何手段，拉低中华文明在日本人心目中原来的地位，使他们看到更广阔的世界，也是一种不妨为之的策略。

但是这种激励所造成的日本人对中国情感的全面变化，并不是没有副作用的。在上面的一段采访之后，薄井由问丸山文彦说，这种国策在感情上会不会包含着对中国的蔑视之意。丸山显

1　［日］沟口雄三：《日本人视野中的中国学》，第 105 页。

得有点犹豫，可还是坦率地回答说：

会有的、会有的，支那……还叫 Chan Koro。[1]

东亚自此百年多事，这当然不能让津田左右吉、西周、中村不折这些人中的任何一个人埋单。而唯一的误会在于，在开始"脱亚入欧"的时候，日本人认为中国从此对于他们而言"永远"没有用了，几乎当时所有的日本人都众口一词地觉得，"脱亚入欧"是一张一去永远不回头的单程车票。

我们列举这些尘封于昔日岁月之中的往事的目的不过是想说明，"文明"激励"文明中的人"是无所不用其极的，损人利己是一种常用的手法。

把历史理解为非黑即白是不理性的，但上升到更高的层次，我们又必须承认，因为"被激励者"并不全是那么理性的人，理性的精髓在于"理性地对待情感"。这些被激励者，大多数都是盘庚国王和乌尔班二世教皇演讲时在台下群情激愤的那些人，所以确实是越简单的历史观对大众的激励效果越显著。

也有的时候，被激励者本身也拥有知识，并不是无知群氓，可他之所以愿意倾听、接受激励是因为双方就这个观点在态度上有落差，再聪明的人也会被说服。毫无疑问，中村不折考证的那么多亚非上古历史的资料，显然超出了大多数人的知识范围，他只是在自己擅长的领域试图去说服一些更加聪明的人。

为了一些虚无缥缈的、抽象的观念而抛弃生活、抛弃亲人、抛弃生命，人类就是这么奇怪。任何一种价值观，无论在平常多么被视如珍宝，在一种被激励的时空情境之下，它们的价值都可

1　[日]薄井由：《东亚同文书院大旅行研究》，第140页。

Chan Koro：对于中国人的蔑称，类似"东洋鬼子""小日本"之类的称呼，现在日本几乎没有人说这些蔑称。此注引自《东亚同文书院大旅行研究》。

能会倒转，变得一文不值而被弃如敝履，这就是激励的力量。正如前文探讨过的，受暗示性极高，是吾等的物种特性，而叙述性的文明特色则助长了这种性质。这就好像古罗马的剧场之上，观众们聚精会神地欣赏《疯狂的赫拉克勒斯》(*Hercules Furens*)中辉煌而过火的表演，剧情到高潮处，观众们全然不顾这只是一群伶人在一个根本不存在的故事结构中的矫揉作态，来自观众席的饮泣之声不绝于耳。

在这种赤裸裸的观念交锋的、必然以思想当量较弱的一方臣服于强者作为结果的激励的战场上，艺术品对于观看者的激励就其本性而言略弱于故事和说教，因为视觉艺术需要被解释。本书开头提到过的米开朗基罗创作的《大卫》就是一个最好的例子，如果不提佛罗伦萨自治权争端这回事的话，他的这种愤怒就没有神性。研究他眉弓的凸起、眼眶的瞪圆、瞳孔的收缩和咬肌的鼓胀没有意义：我们所有人生气的时候都是这样的。无怪乎很多对美术史缺乏理解的观众站在这位身长两丈的巨人面前还在犯嘀咕，心想这个年轻人干吗这样气乎乎的。

刚刚好像说到古罗马？信手拈来的例证也随着我们的沉思浮出水面。我们还是尽可能选择一些曝光率较高的作品，以符合价值观的普适追求。现在请看雅克-路易·大卫的《贺拉斯兄弟之誓》。

画面人物的动作看似非常简单，贺拉斯三兄弟神色庄严地伸手从老爹处接过三把长剑。观众在欣赏这些英雄的站姿之时往往感到一种难以名状的肃穆之气充溢了整个画面，等闲的慷慨赴死主题似乎难以达到这个境界。这种庄严肃穆似乎来自人物叉腿站立的雄壮姿态？来自刀剑阴冷的寒光？来自眷属的悲泣和英雄的义无反顾？这些看法都对，但这些却不是这件作品所独有的。高乃依（Pierre Corneille, 1606—1684）就曾经就同一题材创作过

240

一出五幕剧，悲壮慷慨之气，不遑多让。那么什么是这件作品所"独有"的精神面貌而吸引人们为之趋之若鹜、啧啧惊叹呢？我们不妨在画面上画十条线以辅助解答这个问题：

第一条线是画面的基本结构线，也就是黄金分割线，它有形的部分是画面外侧的小贺拉斯——画面人物并没有一对一的身份考证，根据刻画主要人物的原则，我们姑且可以认为这位小贺拉斯就是决斗的最后冠军，我们以"冠军"（Princeps）这个代号来称呼他——和父亲对视的目光连线，内侧的两兄弟视线略低于此线，但这是因为透视，人人都明白他们的目光如同刀切一样平直不移。这条连线向两侧延伸切割画面，构成结构。

第二条线，看冠军右手的手臂，他手掌向下，掌缘和前臂构成一条直线。这条线延伸到画面左侧边缘的交点，是画面纵轴的下黄金分割位置。

第三条线，中间的小贺拉斯右手搂着兄弟的腰，冠军左手提长矛，这两只手的连线。这条线与冠军身体右边轮廓的交点是冠军右腿的起点。这条线的任务是概括出中间这位小贺拉斯搂住兄弟腰的力度，这个动作也许只是出于一种兄友弟恭之情，也许是为了将两个不相干的人物连接成一个整体。

第四条线，冠军的左腿，他的膝盖其实是弯曲的，左腿的膝弯大约呈 120 度角。120 度是三等分圆周的角度，在数学中代表一种稳妥的意向。

第五条线，老贺拉斯（贺拉斯老爹，他倒是在史书中留下了名字，叫普理斯·贺拉提乌斯［Publius Horatius］。不过这个名字实在拗口，我们后面还是称他为老贺拉斯好了。）手中利剑里最朝外侧（朝儿子们一侧）的那一把，这条线延伸出去与冠军笔直的右腿相交，交点正好处在小贺拉斯右腿线段的黄金分割点上。

第六条线，老贺拉斯手中角度居于另两者中间的一把剑，它直指冠军的脚踝。这条线与第三条线之间的部分就是冠军的整条右腿线段。

第七条线，老贺拉斯手中内侧的那把剑，它的剑尖与老贺拉斯的右膝及右小腿呈一条直线，这条直线基本垂直，宛如一根承载画面重量的支柱，但是略微左倾，从此开始画面的态势已经倾斜到了法线右侧的第四象限区域。

第八条线，老贺拉斯的左小腿，它与第七条线在画面下边缘切割出的线段中，黄金分割点的位置是老贺拉斯站立的重心。从这个重心看，老贺拉斯站立的姿势有一点危险，这一点在画面上也忠实地表现出来了，他正在向后微仰的体态积累了一种危险的态势。不过这一点还是获得了观众的原谅：作品描绘的本来就不是"平常"，在这样一个热血沸腾的、超凡脱俗的时刻，任何事情都可能会发生。

第九条线，老贺拉斯的左臂，手里握着三把剑，这条线看似最不起眼，但却是画面上位列黄金分割线之后的最重要的一条辅助线，原因等下会解释。

第十条线，老贺拉斯的右肩至身后内侧女眷的头顶和外侧女眷的背脊。这条线和第二条线在画面上完全法线对称，它与画面右侧边缘的交点处于画面的下黄金分割点。

这十条线完全以辐射状均匀发散，它们都指向一个点，这个点可以看成画面的辐射中心。而这个点就是老贺拉斯握着三把剑的左手。这个点处于背景中间洞门的法线位置，如果忽略微弱的水平透视偏移，很容易发现这个点就是画面的纵黄金分割线（第一条线）的正中点。前面之所以说第九条线也就是老贺拉斯的左臂线是除了黄金分割线之外最重要的一条辅助线的原因也正在于此：老贺拉斯的左臂线承载了这个点——握剑左手的重量，它将画面所有层次的构图和画面塌缩的原点联系在了一起。

选用"塌缩"这个词并不是一时兴起，这也是《贺拉斯兄弟之誓》这幅画令人流连的地方：对于这种萧风易水的英雄气概，并不像一般的宣传画那样将之凸显出来，而是试图将之收入到画面中更深的某个——我是说，如果它存在——位置。老贺拉斯握剑的左手这个画面原点非但不是画面的"最高"点，它反而是画面的"最深"点，这个点后面是拱门里内室廊庑最伸手不见五指的深处，这样的处理也凸显了这种气质。

后世发现了一张出自大卫本人之手的《贺拉斯兄弟之誓》钢笔素描设计小稿。看起来画家曾经考虑过另外的一种构成，即三兄弟伸出的手臂角度从外往里依次抬高15度，这使得三条手臂的组合看起来就好像一只正在扬起的翅膀。当然后来放弃了这个方案的原因也是显而易见的：这三条手臂会使注意焦点轨迹被拉离老贺拉斯的左手，而在三兄弟的脸部形成一个新原点。面对一幅慷慨悲歌的历史画卷，试图让观众看清其中人物的"容貌"显然是一种矫揉造作的庸俗之举。

这就是说，观众在欣赏《贺拉斯兄弟之誓》这件作品的时候，无论他们一开始是把它当成连环画看、当成宣传画看还是当成电影海报看，他们的目光都会受到这十条辐射线的引导而逐渐向画面中心游移。初次欣赏者一上来把目光停留在人物的脸上、试图看清楚他们的容貌是一种很正常的反应，可是这目光很快就会顺着一条虚幻的轨道游移，最后自然落到那只手上。那只是一只手，握着三把剑，毫无出奇之处，没有刻意突出，也没有什么共济会的宝藏线索隐匿其中。正因为此，这只手也很快隐没了，剩下的只有一片无边无际的、浓稠的、古典的黑暗。

不少欣赏者觉得自己遇到了某种不可名状的、谵妄的体验：他们不知道在这幅巨画前流连了多少时间，可却连这四个男子的容貌都说不上来。

当你因为为国捐躯的高尚而备感荣耀的时候，不要忘记这种荣耀本来是一件悲哀的事情。

这是一件沉睡在时间的碧海之中的往事，它的发生年代比有文字记载的罗马历史还要古老。前文曾经提到过，在罗马城市建立文明之前，曾有一个地处托斯卡纳的埃特鲁斯坎文明，又称为伊特鲁里亚文明。根据《建城以来史》(*Ab Urbe Condita*) 的记载，它起源于青铜时代和铁器时代的交界期，约在公元前十世纪，到公元前 90 年前后被罗马征服。埃特鲁斯坎是晚期泛希腊时代的一个城邦方国，它的人民在古希腊语中被称为第勒尼安人 (Τυρρηνοί)。埃特鲁斯坎文明以希腊文明为主体，杂合了东方文化风俗，为罗马的缔造提供了示范和先导。埃特鲁斯坎是希腊城邦与罗马共和国之间的媒介，是罗马人继承古希腊文明的桥梁。然而它自己的文明因为太过短暂，没有留下鲜明的回忆，它的文字是拉丁文的先祖，但是时至今日，已经无人能够辨识。

罗马通过学习埃特鲁斯坎文明而崛起之后，与埃特鲁斯坎本身的矛盾也随之越来越尖锐，这也符合历史的规律。物换星移几度秋，两个文明之间争夺历史的决战已经是一件必然会发生的事情。

没有埃特鲁斯坎，就没有日后罗马的世界和世界的罗马。我们好像又啰唆到前面谈到过的某个话题上了？还是就此打住——克洛诺斯 (Κρόνος) 在推翻了他的父亲乌拉诺斯 (Οὐρανός) 之后被自己的儿子宙斯推翻；在苏美尔人的神话《埃努马·埃利丝》中，创造者阿玛特和阿帕苏也被他们创造出来的神灵所背叛并杀害。凡人的道德不适用于历史和诸神，凡人情感中的背叛恰好就是历史的铁则。

《贺拉斯兄弟之誓》的故事就发生在这样的背景之下。

罗马王政时代的第三代国王托里斯·奥斯蒂吕斯（Tullus Hostilius，？—前640）因为扩张而觊觎阿鲁巴国王梅提努斯·福费提奥斯（Mettius Fufetius，生卒年不详）的土地。阿鲁巴是罗马人先祖雷穆斯（Remus）和罗慕路斯（Romulus）两兄弟的故乡，是罗马祖肇之地。为了避免事态的进一步恶化，两个国王商谈以一次公平的决斗来解决这次领土争端。两个城邦各自选择了一组三胞胎兄弟，罗马三胞胎称为贺拉斯家（Horatii），阿鲁巴三胞胎称为克里亚提家（Curiatii），以这六个年轻人的比武胜负来决定两国合并后的秩序。恶斗天昏地暗，贺拉斯家中的两位兄弟战死沙场，克里亚提家的三兄弟也受了不同程度的伤。最后贺拉斯家的"冠军"佯装逃走，利用对手伤势不同而追赶速度不同的劣势——击破，赢得了决斗。

前面提到过，这几位角斗士在画面上连名字都没法表现，这其实并不重要。他们只是无数为了道德和忠诚白白牺牲的人中的几个而已。"冠军"只是一个代号，姓名又何尝不是代号？一个罗马男性公民的名字分成三部分，由前往后分别是 praenomina、nomina、cognomina。praenomina 是名，出生时父母给的名字；nomina 是氏，代表所属的部落名；cognomina 是姓，代表父系家庭。古人起名都这样，恨不得带上整本家谱。《春秋》里记载的公子遂，姬姓，东门氏，名遂，字襄仲。古罗马人起名字也是啰啰唆唆的。就好像卢卡斯（Lucas）这个姓加了个词尾衍生出了卢古鲁斯（Lucullus）这个姓，马尔采拉（Marcela）这个名字加上词尾衍生出马尔采鲁斯（Marcellus）这个名字一样，他们就算真有名字——这当然是毫无疑问的，我的意思是，他们就算真的留下了一个应当被我们铭记的名字来的话——也最多就好像中国姓王的三兄弟起名叫王老大王老二王老三那样，可能只是随便给姓氏安上一个词尾使之人名化，用的词尾都是拉丁文中最常见的，比如，贺拉提乌斯（Horatius）、贺拉提尼乌斯（Horatinius）、贺拉提尼库斯（Horatinicus）什么什么的。

顺带一提，这几位奠定了千年罗马的英雄兄弟在史书里是真的没有留下名字来。我们来看看提图斯·李维（Titus Livius，前59—17）在《建城以来史》里关于此事的部分记载。

卷一 24-1：

> 两军中当时正巧各有一三孪兄弟，他们在年龄上、体力上不分伯仲。他们是贺拉斯家和克里亚提家，一般都赞同这一点，而且几乎没有其他故事比这更著名。

决斗中没有试图将他们区分开来——

卷一 25-9：

> 他杀死了第二个克里亚提兄弟。

一直到最后都没有名字——

卷一 26-2：

> 贺拉斯兄弟冠军手持三孪的战利品走在前列。

历史的阴谋论气质令凡人觉得但凡英雄总应该千古流芳，这其实真的没有那么重要。

两位国王害怕事态恶化的担忧不是没有道理的，因为罗马和阿鲁巴比邻而居，两城中居民泰半有姻亲关系，展开一场两败俱伤的殊死血战显然不是最明智的选择。

这种困惑贺拉斯家又何尝没有？画面右侧贺拉斯家的白衣少女已经许配给克里亚提家的一位兄弟，略微年长一点的身穿棕色外衣的女子是她出身克里亚提家的嫂子，她们满面忧愁，痛不欲生，在同时哀悼自己将死——古罗马角斗士都自称"我等将死之人"，可见死亡是决斗的唯一终结方式——的丈夫和兄弟。在她俩身后更深一点的黑暗之中，两个孩子的身影若隐若现，他们显然都是贺拉斯家和克里亚提家婚配生下的后代。

在堂皇而义正词严的史书之中，个人的或是情感的悲哀显得渺小。在决斗胜利之后发生的故事更加令人心旌动摇，可是出于某种冠冕堂皇的荣誉感或正义感的考虑，没有成为大卫笔下的题材。请看《建城以来史》中对这场奠定历史格局的决斗背后那些可怜无助的未亡人的一点记载：

卷一 26-2：

他尚未出嫁、但已与克里亚提家一位兄弟订婚的妹妹在卡佩纳门前碰见了他。当她认出她亲手做的、未婚夫的戎装在哥哥肩上时，她披散着头发，流着眼泪呼唤着她死去的未婚夫的名字。

卷一 26-3：

在他自己胜利和公众如此盛大的欢乐中，妹妹的悲哀震动了这个暴戾的年轻人。于是，他抽出剑，咒骂着刺穿了这个姑娘。

卷一 26-4：

他说道："离开这里，带着不合时宜的爱去你未婚夫那儿吧！你忘记了你死去的和活着的兄弟，忘记了你的祖国。任何哀悼敌人的罗马女人都应该这样去死。"

冠军一时冲动杀死妹妹的举动激怒了罗马市民，也为他自己的荣耀蒙上了阴翳。鸦雀无声之后，全场轰然沸腾，义愤填膺的罗马人把贺拉斯父子扭送官府。老贺拉斯不得不出庭分辩说，儿子犯了杀人罪应当伏法，可女儿哀悼敌人的行为也确实是拘泥小节而不守大义，鉴于他家里为了罗马的统一大业现在只剩冠军这一点骨血，恳求罗马人法外开恩。最后的仲裁结果是，他在大街的地面上捐了一根门槛为儿子赎罪，同时作为父子俩悔恨的见证。冠军为国浴血奋战的荣耀被他自己的冲动洗刷得荡然无存，他在悔恨中度过了余生，这可能也是他的名字没有被历史记住的原因。物换星移，这根门槛成了罗马的一处名胜，被称为"妹妹樑"（sororium tigillum），这处古迹被罗马人用城市公共基金仔细修缮和维护着，直到七百年后李维的时代都依然保存完好。

而这个在历史的阴影中暗自吞声饮泣的故事，没有被大卫画下来，因为它的忧伤，显然在某种程度上淡化了前面奋不顾身、热血报国的故事的激励效果。

历史是什么？有人说历史是一辐巨大的车轮。英国画家、新拉斐尔前派巨匠伯恩-琼斯（Edward Burne-Jones，1833—1898）在1875年为此创作了一幅题为《命运之轮》的佳作。正如画中所描绘的，这辐巨轮，被人们推动着前进，推动它的人都必然要花光最后一分气力、洒尽最后一滴血，而这车轮一万年来运转不息，没有丝毫停滞。也有人认为，历史是一种事业，谋得身后之名的不朽才是这场博弈的最后胜利。

"历史"就是"人"的复数。因此历史也具有人性的表象。它不仅具有重力效果——历史的价值都是由上而下地波及的——也具有类似人类那样挣扎求存的意志。这可不是什么科幻小说里的恐怖桥段，叔本华就曾经说过，生存意志这种东西，抽象存在于人类的思维之中，但对人类思维的影响却是具体的。它产生的这种影响被具体化成了某些口号式的价值表象，看似高尚而且越来越高尚，其实这种影响的出发点是非常实际且形而下的：它要生存下去、活下去，仅此而已。

是的，你没有听错。意志是一种从人类天性概括出来的抽象的概念，但是它也要活下去，它受自身原则的支配，也必须追求生存。影响到这种意志自身生存的要素只有三个，其一是丧格，即失去所有格，所以生存在任何生物性的基础层面上都是第一需求；其二是遗忘，所以生存意志必须被每个个体所铭记、被每一代的生命所铭记，这才是它延续永恒的方式；其三是忽视，当一个个体自身的价值观不能影响他人的时候，意志在他的身上难以弘扬，所以越容易影响到他人的个体对生存意志而言越具有价值。综合这三点，意志的基本价值观就是，尽可能地在个体影响其他个体之前延续个体的生命，尽可能地弘扬个体的一种"在上意志"的价值来增加这种影响的重力效果，因为生命的生生不息才能实现意志的永远存在。

但是意志没有肉身，这种价值的实现依靠的绝非是强制，而永远是诱使，这种手段看起来软绵绵的，实则比强制的力量大许多倍。这种意志诱惑个体做出的选择我们称之为价值观。在人类历史的不一而足的各种层面上，价值观表现为各种面貌，却无一例外地令当事人觉得，是他们"自己""想要"这样做，这样做是"对"的。

不应忽视的一点是，并非所有人都思猛士而歌大风，价值的多层次面貌使得一些人的欲求仅限于三饱一倒，显得非常卑微和无害，但是这些不同层次的价值彼此之间不是没有关联的。意志的重力效果表现为当一种欲望得到满足而使得当事人进化到具有能力追求更高层次欲望的时候，那些"更高层次的欲望"就会发生作用。我们来看看《韩非子·喻老》中的这样一段话：

> 昔者纣为象箸而箕子怖，以为象箸必不加于土铏，必将犀玉之杯；象箸玉杯必不羹菽藿，必旄、象、豹胎；旄、象、豹胎必不衣短褐而食于茅屋之下，则锦衣九重，广室高台。吾畏其卒，故怖其始。

这种物质乃至精神的一系列各种层次的"令人羡慕"成了凡人所理解的人生价值的外化表现，所以被一代代人所前仆后继地追求着。而对于意志自身而言，这种载驰载驱的人生有百利而无一害：一个有追求的人会努力求存，一个追求成功的人不会被遗忘，一个功成名就的人会被他人所羡慕和模仿。

所以对于一个单一的对象，他功成名就的现状在很多双喷薄欲火的眼睛里也表现为各种不同的令人歆羡的目标。在英雄的历史上，一个贺拉斯兄弟的晚辈——奥古斯都在公元前23年黄袍加身，他奋斗的人生由此也成为凡人口中流传了两千年的励志神话。

我们不妨简单设问：奥古斯都皇帝因为什么而不朽？

凡人们，羡慕他的广室高台、金玉满堂——顺带一提，这位罗马帝国的开国皇帝虽然出身豪富，但因为慷慨捐建神庙和资助文人，其实真的没什么钱，穷书生一个。他临死的时候立了一则遗嘱，留给一些关系不远不近的人总共两万塞斯特尔提乌斯，但是因为生前仗义疏财，死时已经身无长物，这笔遗赠不得不推迟一年、经营出来之后再兑现。为此苏维托尼乌斯（Gaius Suetoanius Tranquillus，生卒年不详，与小普林尼同时代）在《神圣的奥古斯都传》中感慨地说：

> 虽然在最后的20年间他从朋友们的遗嘱中得到了14亿的馈赠，但他说，在此期间为了国家的利益他已差不多花光了从自己生父和养父两方面所继承的财产。[1]

恐怕不只是最后二十年，因为《罗马十二帝王传》里说他虽然交游广阔，可是自奉箪食瓢饮，日常吃饭也不过是就着鱼干啃冷面包而已。

君王们，羡慕他的法统万里、投鞭断流。这倒是真的，因为罗马帝国幅员过于广大，分兵驻守不易，奥古斯都不得不规定驻守帝国都城罗马的军队减少到三个军团以内。为了供养这些带甲人，他设立了一个专款专用的军费库，专门辟出罗马人馈赠和继

1　[古罗马]苏维托尼乌斯：《罗马十二帝王传》，张竹明、王乃新、蒋平等译，商务印书馆，1995，第111页。

承税作为这个金库的来源。

而诗人、思想家，像贺拉斯——这里说的是诗人昆图斯·贺拉提乌斯·弗拉库斯（Quintus Horatius Flaccus，前65—前8），古罗马四大诗人之一。贺拉斯在罗马是一个高门望族，他很有可能是《贺拉斯兄弟之誓》里面的那些贺拉斯的后人。在这里再举一个迥异的贺拉斯的例子，就当是一种喋喋不休的文字游戏吧——这样的人呢？羡慕他的青史留名、升天成神。对于没有什么物欲的人而言，意志的诱惑亮出了它的终极法宝：名垂青史。这是一种道德的激励。贺拉斯曾经写过很多首诗与奥古斯都唱和往来，但是对他的权威、财富没有表现出多大的关注，诗中言过其实之处全都集中于对老友盛名的艳羡。我们来看看《书信集》（*Epistvlarvm Liber Secvndvs*）中《致屋大维》的这一段：

> 可是你尚在人间，我们就已献给你
> 无数荣誉，搭建了祭坛，以你的名义
> 祷告，称赞你是空前绝后的人物。
> 然而，这个民族虽然在这个领域
> 公正明智，认定罗马和希腊众领袖
> 非你对手，判断其他事却全然没有
> 相似的理性和分寸。[1]

这里话锋一转的原因是下文提到了一些守旧派对奥古斯都政治改革的攻击，就不赘述了。

总而言之，历史的意志就是激励个人追求更永恒的观念，虽然我们所追求的这种永恒其实只是对了意志本身的胃口，可我们还是觉得这是我们自己应该过上的一种"更好的生活"。它需要

1　［古罗马］贺拉斯：《贺拉斯诗选》，李永毅译，中国青年出版社，2015，第191页。

我们做出的选择只有利于它自己，我等只是它实现永恒的途径，一种被利用的工具。但是这种被利用是一种荣耀，等闲而不具备此价值者得不到永生之神的青睐。

我曾经不止一次地比喻过，这种"意志"（或者说是道德、价值、信仰、理想，这些说法都对）是一位具有寄生特色的、地下的神，形如某种北欧的野兔，黑白斑纹雪地保护色的被毛光彩照人。它们慵懒而又狡黠，通过便溺在卧室和客厅里划分地盘，索要兔饲料和葡萄干的时候贪得无厌，但却又——这是关键之所在——让人心甘情愿。

我们回过头来再看一眼《贺拉斯兄弟之誓》中的那位无辜罹难的白衣——这是大卫画中的形象——少女吧，她和她的哥哥一样没有留下名字。她不是英雄，没有轰轰烈烈的壮举，罗马人对她的哀悼只是出于一种淡淡的怜悯，可能真的没有人知道她是谁。可尽管如此，李维还是试图让她被历史记住。在《建城以来史》中，李维给她起了一个名字，确切地说更像是一个代号，在姓氏上简单地加了一个表示女性的后缀，这对于言必称实的历史学家而言已经非常勉为其难了。于是历史中终于留下了她沉默哀伤的、淡淡的身影。在《建城以来史》中，她叫"贺拉提娅（Horatiae）"——为了表达我们自己对这位姑娘的悼念，我们用一种更亲切的方式来翻译这个名字："贺拉斯小妹"。而在《贺拉斯兄弟之誓》中，她将在人类文明的回忆里永远沉默在画面一隅黯然神伤，浑似姑射真人，白衣胜雪。

II　展示与炫耀

　　不知道为什么，我突然想讲讲这个故事。1872 年，在维也纳，一个富裕的犹太粮食商人的家里，人们把两个幼儿——一个三岁，一个两岁——放在一个摇篮里，微风吹动窗帘，任由他们午睡。突然，不知道什么原因，两个幼儿中小一点的那个突然两眼翻白，发生抽风。人们惊叫着施救，可是不管用，片刻之后这个幼儿还是断了气。这一横生的变故给死者的兄长，就是躺旁边那个三岁的幼儿带来了无比恐怖的回忆——在抢救过程中没有人注意到他，人们都以为他什么都不懂，实际上他居然明白了一切。他还没有成长到足以理解死亡的年纪，不过惧怕死亡不需要以理解它为前提。死亡就是一堵透明的墙垣，横亘在所有人面前，只是大多数等闲之辈看不见它的存在。可是这个幼儿看到了，这可能是预示他不朽的标志，令他一辈子都在思索死亡的问题。等到他长大以后，他知道死亡就是一片无边无际的海洋。他就是阿尔弗雷德·阿德勒，弗洛伊德的高足、"个别无意识"理论的开山祖师，终其一生漂流在那片大海上的孤独的摆渡人。

　　人生就是死亡之海上的孤舟，人性也是如此，它载浮载沉在另外的一片海洋之上，这片海的名字就叫作"自卑"。与他的老师以及很多心理学大师前辈不同，阿德勒认为对于人性而言，自卑是但不仅是因为某些经历、某些回忆或是某些情结触发出来的人的"性格"，自卑也有某种超脱了事件的、形而上的层面，因而是人性的常态。就好像弗洛伊德关于海和冰山的比喻，阿德勒构思中的人性就是漂浮在自卑的海洋中的一片片孤岛，有的山岛竦峙，有的被吞没在洪涛之下的万丈深渊之中。前面的章节也提到过这样的深渊，伸手不见五指，不知名的神灵在黑暗的水域中游弋。

在 1918 年《理解人性》这部著作的第一部第五章"自卑感与力求获得承认"之中，阿德勒的精神哲学大厦从一种中规中矩的自卑感剖析开始，即因为身体缺陷造成的社会背离感。我们必须承认虽然这是一种特殊情况，但这种自卑层次是实实在在的，比起那种更普适的、人性更深层次的自卑而言更加容易把握。阿德勒因此说：

> 在承认灵魂固有发展过程中可能出现困难的重要性的基础之上，我们在这时已经获得了关于人性的正确知识，只要我们彻底地发展自己的社会感，这知识就永远不会变成一种害人的工具。我们反而可以用它来帮助我们的同伴。[1]

一个与阿德勒日后关于"在上意志"的理论密切相关的潜隐思索在此时其实已经开始变得越来越清晰。这段话及其相关章节给予我们的思索是：譬如一个因为不幸失去双腿的人，无论我们的"知识"在"社会感"的驱使下给予他怎样的帮助，都不可能让他失去的双腿再长出来；就算现代医术神鬼莫测，给他安上一双足以以假乱真的义肢，也不可能回到过去抚慰他在伤痛期间心灵上的刻痕。这就是说，知识解决这种自卑的方法无论怎样都不可能是根治性的。在这样的死局（失去双腿）之下，我们通过知识帮助伙伴的唯一方法只能是另外开辟一块领域，以知识诱导他

---

1 ［奥地利］阿尔弗雷德·阿德勒：《理解人性》，陈太胜、陈文颖译，国际文化出版公司，2000，第 51 页。

在那块领域里追求自己的虚荣。对于不幸者，我们的知识所能做的是且仅是试图分散他对自己不幸的注意力。

而这一点，我想可以算是人类文明的看家本领，我们这本书探讨这个问题一直探讨到现在。这种破而后立的人生轨迹也史不绝书，一些出身较为贫寒或经历人生惨变的古人转而追求精神世界的殊荣，袁邵公（？—92）、薄伽丘、莎士比亚、培根、王尔德都是这样的例子。所谓天将降大任于斯人也，必先苦其心志，就人生的轨迹而言他们经历过困顿和收获，看起来似乎是平衡的、此生无憾的，大多数人都认为为了永恒的荣耀"付出"早年的一点困苦是值得的。因此产生了各种门派不计其数的因果报应观点，其实这种交易关系只是一种联想而已。只是有一个机会，社会的知识让他们看到了追求永恒的另一种可能性，就宛如在溺水之时偶尔抓住了一根岸边的树枝。往昔的困苦只是使得这种荣耀更加显眼和令人唏嘘而已。

按照惯例，举个例子吧。请看《战国策·卷三·秦策一·苏秦始将连横》里的这段话：

> 说秦王书十上而说不行。黑貂之裘弊，黄金百斤尽，资用乏绝，去秦而归。嬴縢履屩，负书担橐，形容枯槁，面目犁黑，状有归色。归至家，妻不下纴，嫂不为炊，父母不与言……乃夜发书，陈箧数十，得太公《阴符》之谋，伏而诵之，简练以为揣摩。读书欲睡，引锥自刺其股，血流至足……期年，揣摩成，曰："此真可以说当世之君矣。"……当此之时，天下之大，万民之众，王侯之威，谋臣之权，皆欲决苏秦之策……将说楚王，路过洛阳。父母闻之，清宫除道，张乐设饮，郊迎三十里。妻侧目而视，倾耳而听；嫂蛇行匍伏，四拜自跪而谢。苏秦曰："嫂何前倨而后卑也？"

在有些供少年朋友阅读的历史故事里，苏秦全家人前倨后恭的态度被解释为一种善意的、挥泪斩马谡的计策，目的是激发他的斗志，鞭策他追求更高的辉煌。这淡去了人生的狞厉色彩，令不少大人也松了一口气。可是，大家心知肚明，势利就是势利，恨铁不成钢也是势利，儿童读物终究只是哄孩子的鬼话而已。

这就是说，对于一个人而言，自卑和虚荣是一个整体的数值，它们对人生乃至历史的影响在任何一个单独而片面的时刻，都很难说。先天的缺陷或是儿童时期创伤性的回忆造成的自卑感，看起来似乎在创造性方面造成了一种劣势，但是一种被压抑的势能也在无形中积累，一经另外一方面的激励，可能会造成超凡脱俗的效果。所以这种创伤的自卑虽然是难以挽回的，但是回头算算输赢账，却不是不能补救的——当然前提是你得承认另辟蹊径也算是一种"补救"。来自知识的和社会的帮助实际上无法解决自卑问题，只能平衡它的负面影响。这是自卑博弈的第一个层次。

第二方面，虽然在自卑的观念上，那些有特殊缺陷的人和正常人群相比确实是特别不幸，但是这并不代表身体和生活都正常的人就都是"幸运"的。因为人生中遭遇的几乎所有生活事件都是可以互相攀比的，自卑的海洋永远沸反盈天。我们来看下面三个命题：

A. 小明的爸爸每个月的收入只是小强爸爸的五分之一；

B. 小明成绩优异，小强经常挂科；

C. 小强成绩优异，小明经常挂科。

相比于失去双腿的不幸，这些看起来都是鸡毛蒜皮的小事，但这是人生的常态。如果命题 A 和命题 B 的组合是这两家人的现状，那么根据上面第一方面的概况，我们可以说他们在自卑博弈的观念上尚属平衡；可是如果是命题 A 和命题 C 的组合，也就是说小强爸爸赚钱又多、儿子又争气，那恐怕这个天平就会失衡了。面对小强爸爸的人生赢面，小明爸爸有足够的理由自卑、恼火、长吁短叹、把小明打得哭爹叫娘。

那位与小明爸爸相比看似事事如意的小强爸爸就可以高枕无忧了吗？当然不是，他遇到了一位身为投资财团总裁的小聪爸爸，小聪此刻正在普林斯顿大学的威尔逊公共和国际事务学院负笈求学。小强爸爸的所有优势一下就变成了劣势，他用不了一秒钟就能体会到小明爸爸的心境。这里还只是两个方面的人生境遇对比，而实际上能够互相攀比的侧面二十万个都不止。虽然这些琐事看起来毫不起眼，但是统计起来是一个非常大的数字，而对社会价值的迅速估算是一万年的文明史教会我们的唯一本事。在一段不长的火车旅途之中，池塘残荷寥落的孤影在窗外掠过，短暂的攀谈也足够让我们了解萍水相逢的旅伴的人生概况，我们几乎立即就能算出他处在人类社会金字塔的哪一层。

用金字塔来比喻人类社会结构非常贴切，不过这座金字塔是用自卑搭建而成的。在人生种种的侧面，处处不如人者总是最多的，然后在"自卑面"逐渐缩小的过程中，我们总能遇到那种各方面都比别人过得好的人，不过这样的人一般都在我们攀爬金字塔的旅途的后半段才开始逐渐出现。

不过，小明就算再颟顸，也总有胜过小强的至少一个优点，譬如说，身体健康。在这一点上轮到药罐子小强的爸爸自卑了，而且这种自卑和艳羡并不会因为其他所有方面的赢面而被冲淡多少。自己不曾拥有的那些东西总是比较容易引起人的注意。这就是说，不管一个人已经拥有了多少优势，他的劣势部分引发的自卑在他自己的印象里总是会被放大。为了弥补这种劣势，他会做出种种努力追求优势，而一个已经拥有很多优势的人在做出努力摆脱自卑方面总会是事半功倍的。这也是越接近金字塔顶部、资源越多的人赢面越大的原因。

自卑是人性的常态，是承载我们的一片海洋。沉沦者看不到希望，居于波峰者拥有的希望也不过就是不沉沦而已。

第三方面，我们把前面的两个层次总结一下，会发现一个有趣的现象：前文中所有提到"自卑"二字的场合，我们都可以用另外一个完全相反的词来代替它，效果严丝合缝，这个词就是"炫耀"。虽然这两个词看起来像是一对反义词，可事实确实如此：一个人面对自卑的态度与他面对炫耀的态度如出一辙，唯其如此，他的人生才是平衡的，不会被嫉妒的火舌所吞没。

这里就可以引入阿德勒的一个学术概念"社会兴趣"。虽然"社会兴趣"这个词的定义是人为了与他人相处而进行的积极的思想准备，但是联系阿德勒自己的"在上意志"的学说，以及在前面的引文中，阿德勒认为社会有义务通过某种"积极努力"去帮助那些需要帮助的人，而这种帮助就是通过自己的优势给处于劣势的自卑者指出努力的方向，我们很容易就归纳出，社会兴趣就是展示自身优势的兴趣，它对于社会的发展有一种确实的牵引力，但是它的出发点是非常主观的，炫耀是社会兴趣的动力。

就阿德勒个人而言，"积极努力"的模式对他的自卑心理研究和在上意志理论都是有好处的，它等于承认了人努力的方向和努力的价值，只不过这种价值不同于以往的诸神或是荣耀，它是现实主义的。但不管怎么说，认为积极努力的方向是"善"的，承认文明的所有努力是正义的、有进步意义的，这还是一种古典主义的理论框架模式。综合这种古典主义的理论结构和阿德勒的自卑理论，我们可以概括出它们之间的这种关系：对于那种抽象的、终极的"善"，个体与它的距离越近，他的人生价值就越值得炫耀。

我们来看斯宾诺莎（Baruch Spinoza，1632—1677）在《神、

人及其幸福简论》第二篇"论人及其所有物"第十二章"论荣誉、耻辱和无耻"中说的：

> 第一种（原文是 De eerste，即第一种，这可能是一个错别字，应该是 De eere，即荣誉）是当人们看到了他们的行为受到别人尊敬和赞美，而这种尊敬和赞美又不带有任何其他可能有的打算或利益时，在自己身上所感到的一种快乐。

> 耻辱是当人们看到他们的行为受到别人的轻蔑，而这种轻蔑又不带有任何可能有的不利或伤害时，在他们身上所产生的一种痛苦。[1]

现在我们不妨做个文字游戏，我们把斯宾诺莎的"荣誉"换成"炫耀"，把"耻辱"换成"自卑"，阿德勒的基本理论框架就出来了。小明爸爸因为某种伟大的、处江湖之远的高尚情怀而严厉教导鞭策小明，或是因为羡慕小强家优越的生活而咬牙切齿地痛打小明出气，这二者本来就没有任何区别。

我们总结一下古典主义思维模式和福柯理论的区别：古典主义哲学家认为社会希望人们"成为"某种人，但是福柯认为社会希望人们"不成为"某种人。但这两者可以在阿德勒的观点里找到暂时的平衡，积极努力是值得炫耀的、负语词性质的典型是值得自卑的，在这二者——把它们区分为两个概念只是一种便于认识的权宜之计而已——之间，凡人永远找不准自己的位置。

在上一节结束的时候我们提到了奥古斯都皇帝展示在历史画卷之中的、他那令人艳羡的一生。为了标示这种为了意志而奋斗的人生是典范类型，意志的历中就此赋予他神格。聪明正直谓之

1　[荷] 斯宾诺莎：《神、人及其幸福简论》，洪汉鼎、孙祖培译，商务印书馆，1987，第 209 页。

神，正如本书在探讨《华盛顿入圣》那幅画的时候讨论过的，人类的神性如果真正存在的话，也绝非飞天遁地、点石成金这一类的鬼话，而是人性的某些侧面在无可升华之时依然升华，而再难以"人性"二字来概括它们。但是面对无数以"故事"来理解历史本身的凡人，仅仅以这种日日可见、再平凡不过的"神性"，很难取得他们的共鸣。所以历史在肯定一些人的神性的时候，也有责任将这种神性进行包装，使之看起来更像是大多数凡人所能理解——当然这种理解其实只是一种曲解——的"神迹"，我们可以把这看成一种"历史的炫耀展示"。这样，意志号召凡人孜孜不倦地追求人生的奋斗才算是有了意义。

我们来看看这位"神圣的奥古斯都"的一生中，究竟有多少奇迹炫耀在凡人的眼前，可供他们膜拜：

1. 古代维利特雷城的城墙有一次被雷击毁，因此留下了一个预言，这个城市中的一个人终将统治世界。这一段史实有点含糊不清，除了这里是奥古斯都的故乡之外，另外一层意思可能是指罗马人都熟知的一段典故：屋大维年轻的时候有一次差点被雷劈中，所以一辈子非常害怕雷电。他无论走到哪里都带一袭海豹皮的披风，数十年从不离身，因为根据《自然史》的记载，海豹对雷电免疫。

2. 有个叫阿斯克勒庇阿德斯（Asclepiades，生卒年不详）的埃及历史学家在著作中记载，屋大维之母、恺撒的外甥女阿提娅（Atia Balba Caesonia，前85—前43）有一次在神庙中睡着了，有一条大蛇爬到她身上并且逗留了片刻。蛇游走之后，她身上留下了一条蛇形的印记。十个月之后，屋大维出生了。

3. 在怀着屋大维的时候，阿提娅梦见自己的脏腑被抛向星空，覆盖了整个大地，屋大维的父亲屋大维老爹（Gaius Octavius，约前100—前59）则梦见了太阳从阿提娅的子宫中升起。

4. 盖乌斯·屋大维路过色雷斯的一个地方、酒神利柏尔（Liber）的圣林时向祭坛致祭，浇在祭坛上的酒烧着了，弹出了一团火焰，一直飘到了神庙的屋顶上，还在冉冉上升。这种异象只有在三百年前亚历山大大帝（'Αλέξανδρος ὁ Μέγας，前356—前323）前来致祭的时候出现过。

5. 酒神祭坛祭祀后第二天夜里，盖乌斯·屋大维梦见自己的儿子手持雷电，头戴金冠，佩戴着朱庇特大神的标记，驾着十二匹白马拉的战车。

6. 大德鲁苏斯（Nero Claudius Drusus Germanicus，前38—前9）在笔记中记载，当屋大维还是婴儿时，有一天晚上从摇篮里爬了出去。第二天保姆发现他的时候，他已在一座高塔之顶，面朝旭日。

7. 屋大维刚刚学会说话的时候，祖父的农田里青蛙鼓噪。小屋大维大声命令它们安静，从此以后这些田地里再也没有听到过一声蛙鸣。

8. 他有一次在一片树林里吃干粮，一只老鹰飞过来夺走了他的面包。可是片刻之后，老鹰又飞了回来，把面包还给了他。

9. 罗马共和国晚期的一个元老，又名卡皮托里尼乌斯（Capitolinus，这个名字是为了与他的父亲有所区分，两人名字完全一样）的克文图斯·卡图鲁斯（Quintus Lutatius Catulus，前126—前61）曾经连续两个晚上做梦，第一个梦是朱庇特从一群贵族孩子中选出了一位；第二个梦是那个孩子坐在朱庇特的膝上，当他试图呵斥孩子的无理时，朱庇特告诉他这个男孩将是国家的拯救者。在第三天，卡图鲁斯才第一次见到小屋大维，后者和他梦见的男孩一模一样，这让他不禁大吃一惊。

10. 西塞罗（Marcus Tullius Cicero，前106—前43）在与屋

大维第一次见面的那一天前夜也做了个梦，他说他梦见有个少年被用一条金链从天上缒下来，后来朱庇特出现，抽了少年一鞭子。说这话的时候他正陪着恺撒在神庙中祭祀，这是他和屋大维第一次相见的地方。

11. 屋大维行弱冠之礼——在古罗马是给孩子披上成年人的袍子——的时候，他袍子的镶边自动脱落在他的脚旁。罗马人对此的解释是，衣服上有那种昂贵镶边的那个阶层以后会跪倒在这个孩子的脚下。

12. 恺撒在砍伐一株棕榈树的时候，看到树上有一根嫩枝飞速生长，很快就比主干还要茂盛。罗马人认为，这预示了他的外甥孙儿将会继承他的事业并且发扬光大。

13. 年轻的时候，两个从小玩到大的朋友屋大维和阿格里巴（Marcus Vipsanius Agrippa，前63—前12）一起前往一位叫提奥根尼斯（Thegenes）的占星术士那里占卜前程。当阿格里巴说出自己出生年月的时候，占星师断言他以后会创下惊人的勋业——这确实是法眼无虚的，这位万神殿建造者的头像至今还是年轻艺术家学习素描的入门形象。阿格里巴督造了几乎整个新罗马城，两次担任叙利亚行省总督，他去世后，奥古斯都为这位老朋友服丧月余。而当屋大维说出自己的出生年月的时候，占星师从座位上一跃而起，跪伏在他脚下的尘土之中。

14. 恺撒死后，屋大维回到罗马。他进城时，晴天出现彩虹，他姨母朱丽娅的坟墓被闪电击中。

15. 他宰杀牺牲时，所有祭品的肝脏下方都向内折叠。这在占卜中是伟大而幸运的吉兆。

16. 他晚年最后一次主持大祭的时候，一道闪电击中了他的雕像，将他的族姓"Caesar"的第一个字母"C"烧熔了，剩下"aesar"几个字。罗马人认为这个征兆的寓意是，屋大维大约还能活一百天，因为在罗马数字里 C 代表数字 100。不过人们对此并不太过担心，因为奥古斯都死后会升天成神——"Caesar"去掉了"C"字剩下的"aesar"，刚好是埃特鲁斯坎语中的"神"字。

17. 有一位法官声称，在屋大维的遗体火化后，他看见皇帝的身影冉冉升上天际。

类似于此的传说世界各地的国史掌故中都有，在中国古代叫述异志或是谶纬志，汗牛充栋。

编号 16 的这个征兆看起来似乎真的有点道理——当然大多数现代人宁可相信这是一种巧合——在那次祭奠之后的一百天，这位功勋卓著、风度翩翩的老皇帝带着无数的荣耀迎来了终焉之刻，他依然保持着严谨而一丝不苟的风范。那时候他已经病弱得连咬肌都使不上半点劲，可还是吩咐侍从给他梳理整齐头发，帮他合上已经无力闭上的嘴巴。他饶有兴趣地向来探病的客人打听大德鲁苏斯女儿的病况，在闲聊时突然去世。他最后的话是：

利维亚，记住我们的婚姻。好好活下去。永别了。

他死时，这对相濡以沫的老夫妻已经携手走过了五十年的岁月，为罗马人所啧啧称羡。然后这位罗马世界的缔造者就溘然长逝了。他去世前留下一首诗：

既然我

已经出色地扮演了

自己的角色，

那就请鼓掌吧——

让掌声伴送我

退出这片

舞台。

在翻译的时候将这两句诗分出很多句读，读起来似乎更有韵味。

263

总之，这样理想而具有典范意义的人生岂不是理应以纪念碑的形式予以炫耀？永恒的光荣激荡着艺术家与诗人躁动的心。请欣赏以纪念神圣的奥古斯都为题材的艺术品、奥古斯都雕像中最为著名的《戎装像》。我们先来看看在这件作品的艺术元素之中暗含的奥古斯都的两大功绩：

1. 右足边站立着一位骑着海豚的小丘比特（Cupid）。丘比特的身份暗示了朱里乌斯家族的身份，因为恺撒和奥古斯都的家族被看作丘比特的母亲——维纳斯的后代。海豚的形象看起来似乎令人费解，其实一方面暗示了维纳斯，那位海中出生的女神，另外一个潜隐的寓意是象征着奠定了奥古斯都一生勋业的一场大战：公元前31年9月2日的亚克兴海战。在这场天昏地暗的大战之中，奥古斯都击败了埃及女法老克莱奥帕特拉七世和安东尼的联军，结束了——那时候西班牙行省和北非行省总督雷必达（Marcus Aemilius Lepidus，约前89—前13）已经于公元前36年辞去一切军政职务，退休回乡隐居——后三头政治。所以海豚的寓意是奥古斯都一生中的一次绝大胜利：征服埃及。

2. 胸甲上雕有一个东方君主的形象，他正在将一杆有雄鹰标识的战旗交给奥古斯都。这雄鹰的标识又能令我们解读出一件尘封于时间的沙砾之中的往事。公元前55年，执政官克拉苏（Marcus Licinius Crassus，约前115—前53）自领叙利亚行省总督，率领七大兵团四万大军东征帕提亚——也就是中国古书中的安息国。战事失利，七个兵团在卡莱战役中几乎全军覆没，克拉苏本人也身首异处。而实际上，罗马人在亚洲的军事失利远非只有克拉苏一次，在奥古斯都征服亚美尼亚之前很多年，克莱奥帕特拉七世的埃及兵团和安东尼的部队就在亚美尼亚几乎消耗殆尽（这对奥古斯都的亚克兴大捷的意义是不言而喻的）。这两大强国兵戎相见的绝大变故震动整个中亚，直到卡莱战役之后二十多年，汉朝大将甘延寿和陈汤在征讨郅支单于（？—前36）的时候，还在西域看到了一支奇异的部队。《汉书·卷七十·傅常郑甘陈段传第四十》中是这样记载的：

> 望见单于城上立五采幡织，数百人披甲乘城，又出百余骑往来驰城下，步兵百余人夹门鱼鳞陈，讲习用兵。城上人更招汉军曰"斗来！"百余骑驰赴营，营皆张弩持满指之，骑引却。颇遣吏士射城门骑步兵，骑步兵皆入。延寿、汤令军闻鼓音皆薄城下，四面围城，各有所守，穿堑，塞门户，卤楯为前，戟弩为后，仰射城中楼上人，楼上人下走。土城外有重木城，从木城中射，颇杀伤外人。

历史学家认为这种作战方式很像罗马部队，而"鱼鳞"状的布阵，很有可能就是古罗马的方阵，"卤楯"和"戟弩"是罗马方阵兵的标准装备：大方盾（"卤"字古通"橹"，意为大盾。可参考贾谊《过秦论》："流血漂卤。"）、梭标和十字弓。这些人，很可能是七大军团流落在中亚的溃兵，在亚洲衣食无着，沦为雇佣军或是外籍军团。甘延寿和陈汤以火攻挫败了这些方阵，从此以后就再也没有人知道这些罗马军团的去向了。而雄鹰正是这些方阵军团的标志。东征帕提亚大战的失利使得罗马元气大伤了几十年。现在东方的君主将雄鹰战旗亲手奉还，预示了亚美尼亚的大捷。胸甲上的这个图案暗示的是奥古斯都超越前人的另一大功勋：征服亚美尼亚。

解读了这两处纹饰所暗示的历史事件，我们基本可以确定了，这件艺术品是炫耀奥古斯都丰功伟业的谀美之作。其实根本不需要这些分析，我们从雕像的形态上也能鲜明地感受到这一点：奥古斯都左手提着大氅，右手指向前方；他右手前指的动作很放松，这种处理非常巧妙——如果手臂挺直戟指，会显得非常俗气，看起来急功近利，放松则反而表现出他信心十足；直立的右腿和弯曲放松的左腿构成了一种人物重心正在向着他手指的方向前倾的危险态势，这种姿势暗示了人物孤注一掷的决心；他的神情冷漠而又坚毅不移，这种表情的处理方式在文艺复兴之后越来越鲜见，因为它们往往被用于神像的面部刻画，表现一种藐视一切而又掌控一切的面貌，这是凡人对"神"的最早理解，在这种古典的神性之中，"慈悲"的侧面往往并不被表现出来。原因列维-布留尔的互渗律学说已经解释得很明白，在很多原始性的思维之中，神就是一种机制，"运作"这个世界，但是没义务——甚至没有这种机能——"喜爱"这个世界。为此我们认为"冷漠"是"神性"的最高表达，本书前文列举的所有艺术品都或多或少地传达了这个意思：神就是神，慈悲是凡人的一厢情愿。

容貌……似乎有点年轻了。奥古斯都征服埃及时是三十三岁，征服亚美尼亚时是四十三岁。不过这并不意外，奥古斯都容貌出众，喜欢一切美的事物，艺术品位很高，将他的雕像塑造成美男子的形象并不过分。有趣的是，这种习惯——表现出人的年轻英俊——在罗马统治者的形象记录中并非贯穿始终。罗马共和国晚期，恺撒和克拉苏的雕像都是成熟而沧桑的长者形象。罗马帝国中期以后，皇帝的形象也没有再流行过刻意的美化，比如前文提到过的韦斯帕芗皇帝的雕像，一个肥胖的老头，连他尴尬无比的秃顶都没有试图掩盖；还有四帝之乱（公元69）时期的维特里乌斯（Aulus Vitellius Germanicus Augustus, 15—69）皇帝，雕像是一个大胖子（他在金币上的头像也是如此，大概是胖得实在没法美化了）；一位更迟的晚辈图拉真（Marcus Ulpius Nerva Traianus, 53—117）皇帝的胸像，也保留了五十多岁的中年人肌肉松弛的面部特征。但是在临近奥古斯都的时代，皇帝们，譬如说提比略（Tiberius Caesar Divi Augusti filius Augustus, 前42—

37）、卡利古拉（Gaius Julius Caesar Augustus Germanicus，12—41）一直到尼禄，都热衷于将自己雕刻成美少年的形象。唯一的例外是克劳狄乌斯，他当皇帝的时候已经年过半百了，实在没办法在这方面过于美化，但毫无疑问他的雕像还是能够看出年轻时美男子的痕迹。尼禄也算是有点例外：他太年轻。这是一位非常年轻而且才气过人的皇帝，学识修养俱臻上乘。在好几尊雕像中他有意地留着一部大胡子，可能是想掩盖一下自己稚气未脱的娃娃脸。这就很耐人寻味了。国运沧桑——罗马共和国晚期、四帝之乱时期或是五贤帝（96—180）时期——的时候，君主的雕像也表现得苍老而稳重；国家蒸蒸日上之际，雕像表现出来的就只有阳光俊美和踌躇满志的气度。

这是可以理解的。罗马号令天下，但是罗马也曾青春年少过。谁能说奥古斯都建立的罗马帝国的情感基调不是一种少年任侠而慷慨激昂的英雄之气呢？在奥古斯都的时代，内忧外患已经完全弭平，罗马人从埃特鲁斯坎文明继承古希腊文化，也通过《埃涅阿斯纪》确立了其民族自信心方面的正统性。此时的罗马，就好像《贺拉斯兄弟之誓》这幅画中所表现的一样，似一个刚刚从前辈手中接过利剑的少年，准备在广阔天地之中纵马驰骋。奥古斯都《戎装像》中这种一手放松一手前指（或指天）的姿势，他晚辈的历代罗马皇帝中有很多人模仿，但是没有一件作品能达到这样横槊赋诗、孤芳自赏的境界。

这就是罗马。

它，这尊雕像，也是罗马的皇帝。

但它就是罗马。

凡人们，仰观着这尊雕像，心悦诚服地点点头，神情肃穆，觉得他完全具有跻身于永生者之列的资格。

这就是这尊雕像想要向我们展示的东西。艺术就是"成教化、助人伦"，艺术就是将一种人生的荣耀永远保留下来，为后人指明奋斗的方向。这在于历史，是激励，也是炫耀。意志创造出这种境界，无数人付出毕生精力想要获得这种境界，目的同样是鼓励我等追求不朽，尽管那是意志自己的不朽。

请注意，这种不朽，与活生生的人世——每个人日常的生活——之间的关系理应是"间离"的，刻意保持着一种距离，这也是为什么我们在前文中认为"冷漠"是"神性"的一种表现。因为日常的生活衣食住行太过平凡，对于追求不朽没有什么用，没有什么值得炫耀的。历史有的时候掩盖了这种平凡，有的时候并不掩盖，但是在汗牛充栋的"伟大的"历史书写之中也鸡毛蒜皮、毫不起眼，难以引起阅读者的兴趣。

就比如奥古斯都自己，他的饮食习惯很古怪，除了前面说过的死面饼和硬鱼干之外，他有的时候就把剩面包用冷开水泡软，就着莴苣咸菜，也算是一顿饭；最令人大跌眼镜的是他喜欢吃摘剩的没有成熟的青无花果，这种东西在旁人看来应该是苦涩难以入口的。他还喜欢赌钱，但是数额很小，小赌怡情而已。在一封致提比略的信中，他写道：

> 亲爱的提比略，我们非常愉快地度过了五日节，因为我们整日地玩，没有离开过赌桌……至于我，则输了两万塞斯特尔提乌斯……[1]

他确实是个美男子，但是个子很矮，5 英尺 9 英寸（约 1.75 米）；一嘴牙长得不好，牙缝很大；他的皮肤质量也很差，身上长满雀斑还有癣，时常瘙痒；他根本没有《戎装像》里表现的那么肌肉发达，甚至有一点瘦小干枯，他七十五岁去世前看起来完全就是一个小老头，左腿也瘦弱无力，乃至于有时候走路一瘸一

---

1 ［古罗马］苏维托尼乌斯：《罗马十二帝王传》，第 91 页。

拐的。

这也是奥古斯都，但不是《戎装像》的那位奥古斯都。

这一切被艺术家所忽略了，理由很简单：这些都太平凡，不会引起人们的羡慕，不值得炫耀。炫耀只有在成功引发羡慕和追随的时候才有意义。

意志因而使得这种炫耀成为炫耀者本人的一种需求。这已经不再是这只狡猾的兔子——我们干脆就用前文的比喻这样称呼它罢——第一次使用这种伎俩了：还是老一套，它让我们"自己"觉得这样做是"应该"的，我们对这种事的热衷是出自于我们自己的"渴望"。

所谓富贵不还乡者，如衣锦夜行也。人类的炫耀欲望就是这样不可抗拒又不可理喻。它不可理喻的原因是，它是具有神格的，它比一切可诉诸语言的理性思维乃至于语言自身都要古老。前文提到过的奥林多夫的维纳斯是个斩钉截铁的例子，夏尔·佩罗（Charles Perrault, 1628—1703）的童话《穿靴子的猫》（*Le Maître chat*）则是个似是而非的例子。

我们假设奥古斯都是——当然他并不是——第一个拥有很多雕像、浅浮雕、画像、诗歌和传说的皇帝，虽然他为自己搜罗这些东西并予以炫耀可能只是出于一种个人兴趣，可是如前所说，他的人生已经成为一种屡获殊荣的"典范"，所以人们还是以"屡获殊荣"来理解拥有这些艺术品的代价。对于他之后的皇帝而言，尽管他们可能既无奥古斯都对艺术的那种兴趣，也无他那些名垂竹帛的功勋，但是他们仍会觉得既然同为帝王，则自己也应该拥有至少"不少于"奥古斯都的这些艺术品，因为在这些凡人皇帝和他们的凡人子民眼中，这样的帝王生涯才是被承认、被证明和被尊崇的。在他们的人生列表里，这一项必须毫无遗憾地被勾选掉。

所以尽管维特里乌斯，前文提到过的那位大胖子皇帝，只做了八个月零一周的皇帝，而且生前虚伪无德，就是一个草菅人命的军阀，但他至少也留下了三件以他自己为题材的艺术品——一尊托伽袍衫胸像、一尊甲胄胸像和一套压有他头像的金币。也许还有很多，不过维特里乌斯兵败被杀之后，韦斯帕芗——另一个胖子皇帝——登基，建立了相对稳定而长久的弗拉维王朝，维特里乌斯炫耀自己的很多艺术品可能在韦斯帕芗当皇帝的时候就被毁掉了。

他有什么可以炫耀的呢？也就是说，他据何而名垂青史？我估计没有人比维特里乌斯皇帝自己更加焦虑地思考过这个问题。只是往事如烟，再也难以考证了。外貌显然不是他炫耀的资本，这是毫无疑问的。在这三件肖像作品之中，他并没有改变自己肥胖、臃肿而丑陋的形象。按照常理，他可能命令艺术家有所美化，但是看起来还是非常肥胖。估计维特里乌斯本人比雕像更加胖得不可救药——这种猜测不是毫无根据的，他一天要吃四顿饭，吞咽下每份佳肴之后，过一会儿就用催吐剂呕吐出来，歇一会儿接着吃。根据老普林尼《自然史》中的记载，维特里乌斯每天置办的每一场宴会，花费都不少于四十万塞斯特斯，他曾为一次宴会下令购置两千尾精选的鲜鱼和七千只飞禽；在他统治的短短几个月内，用于大吃大喝的费用高达九亿塞斯特斯。肥胖而丑陋这一点，从根本上来说，他是无计可施的，他不可能通过艺术表现塑造一个俊美的少年形象，然后"假设"那就是他自己。雕像是为了炫耀他自己，而不是一个无人格的、俊美的配方。很多艺术品甚至很多俊美的活人看起来没有灵魂，正是因为他们表达的充其量只是这样的一则配方。

本书开头提到过，洛伦佐·德·美第奇老员外的几尊痨病鬼也似的雕像也是出于这种原因而没有过度美化，然而青史留名的美第奇在世人眼中，功勋几乎可以直逼奥古斯都。可维特里乌斯的人生乏善可陈，他虽然贵为最大帝国的皇帝，可除了一身骂名之外什么都没有。《罗马十二帝王传》里的奥古斯都传一共是一百零七节，可维特里乌斯传只有十八节，而且从头到尾没有一句好话。

所以，功勋同样不是他的资本：他不过因为是前几任皇帝克劳狄乌斯、尼禄和伽尔巴（Servius Sulpicius Galba Caesar Augustus，前3—69）的朋友而被任命为日耳曼行省总督，一个手绾重兵的土军阀而已，在伽尔巴被奥托（Marcus Salvius Otho Caesar Augustus，32—69）杀了之后起兵讨逆，他的成功其实是钻了一个大大的空子。

他不是胸无大志的，在军队中声望甚高，也算得上爱兵如子。虽然他短短任期里的每一天都在穷奢极欲中度过，但他确实思索过怎样把帝位坐得更久的问题。但是他的野蛮和迷信让这种思考的方向出了偏差：他受到一个不知道哪里来的巫女的蛊惑，相信父母死在自己之前有助于他帝位的长久，因此逼死了自己的母亲。

才华二字和他更是毫不相干，他除了在溜须拍马方面是一把好手之外，整篇帝王传中没有一个字提及他写过诗、朗诵过剧本或资助过艺术家。他的才华是一种典型的小人之才，他是第一个提倡给恺撒冠以神格的人，这一点倒颇受罗马人的赞同。可是后来，他又闪烁其词地想为自己也谋得神格，想要接受一个"协和之神"的尊号，罗马人却嗤之以鼻。

甚至论起恶行来，他和他前任的暴君卡利古拉与尼禄相比也丝毫不够看。他草菅人命，但多数情况下是通过下毒，手法非常猥琐，完全没有卡利古拉皇帝那种敢于向朱庇特叫板的疯劲。他非但没有获得神格，反而死得像条野狗：在暴乱暴发的时候，被愤怒的罗马市民当街乱棍打死了。

他贵为罗马帝国的皇帝，但是跻身于恺撒、奥古斯都甚至是尼禄这样青史留名的帝王之中，毫无可以炫耀的资本。他只是在奥托和韦斯帕芗之间短暂当过皇帝的一个人，他只是维持结构完整、历史叙述不致断绝的一个构件而已。他只是一个凡人——他是罗马帝国皇帝，可他还是一个凡人，他只是一个当过八个月的罗马帝国皇帝的凡夫俗子。

实际上古往今来的大多数帝王和富人都是如此：尽管炫耀的本来意义是，意志使一些表征看起来令人羡慕，意在号召人们群起而模仿之，做出同样的为意志效劳的奋斗，无奈乎凡人们离这个境界太远，他们除了一点比上不足比下有余的财富之外，和旁人一样一无所有。

但是意志规定下来的炫耀游戏可不管你是凡人还是天子，炫耀的欲望是一种身体机制，一视同仁地灼烧着所有人。所以久而久之，凡人也有了自己的炫耀游戏，历史分化成了理想和现实两个俱乐部：乞丐不会傻到和龙王比宝。在汉武大帝（前156—前87）、拿破仑皇帝、华盛顿总统和叶卡捷琳娜沙皇（Екатерина II Алексеевна，1729—1796）于汗青之上比较领土的辽阔、法统的严密和勋名的长久之时，凡人们热衷于攀比彼此住房的面积、股票的持仓量和儿女婚礼的规模。

但是这两个俱乐部并非永远相安无事。一位才华横溢的美术史学家、牛津大学的弗朗西斯·哈斯克尔（Francis Haskell，1928—2000）教授在撰写《赞助人与画家》这本著作的时候，为了解决一直令他困惑的基督教美术的巴洛克风格问题，集中考察了欧洲许多教堂，查阅了大量文献。所谓基督教美术的巴洛克风格困惑，其实起源于很多人读画时都会有的一种感想，只是它在大多数人的脑海中稍纵即逝，难以引起深思。这个困惑就是：以宗教美术庄严、崇高、严肃甚至是麻木不仁的标准——顺带一提，以这几个标准来衡量，被看成人文精神沙漠的中世纪美术反倒恰好是满分交卷——看来，巴洛克风格显然谈不上是一种合格的宗教美术表现手法，它疯癫、过火、俗气得很。可是在布鲁塞尔、布鲁日一带，教堂美术确实是巴洛克风格的天下。

为了理解巴洛克风格的这种过火印象，我们来欣赏一下凡·戴克（Anthony van Dyck，1599—1641）绘于 1618 至 1620 年间的《参孙和大利拉》。画面中最为引人注目的焦点是参孙赤裸的背部，占据了画面下半部约百分之三十的空间。与鲁本斯不同，凡·戴克在肌肉内部的摹画比较模糊，筋肉结构和明暗之间的色调差精细入微，因而整个人体看上去光溜溜的，没有那种筋肉虬结的零碎感，这种处理比鲁本斯更加圆融干净，更符合甜俗的欣赏趣味。参孙俯卧于大利拉身上，大利拉雪白的皮肤是画面的高亮点，她右乳裸露，手臂几乎与参孙的手臂一样粗，形象宛如一个肥胖的厨娘。她……无论如何谈不上美丽。这是一种典型的巴洛克叙述方式，以人物的夸张形态来扩大艺术主题的肉欲印象。画面中第三个主题人物是剃头匠，他的黑衣与男女主人公组成一个三色块的三角形，在画面横黄金分割的位置以重色稳住了全局。剃头匠的黑衣与大利拉雪白的皮肤相距不过分毫，这种强烈的色块对比在中期文艺复兴以前是很少见的。

参孙俯卧姿势的主结构线从他的左脚开始，穿过臀部、脊柱和被人提起的一绺头发，是一条仰角为 30 度的射线；大利拉的主结构线是她鼻尖和两乳之间的连线，仰角大约 60 度；这两条线的交叉点在大利拉肚脐的位置，处于画面的纵黄金分割点。剃头匠的结构线是鼻尖和右手的连线，和大利拉的结构线基本平行。这样，画面主题就变成了一条 30 度斜线被两条 60 度斜线切割，剃头匠前俯、大利拉后仰，主体人物群像体现出一种向着画面右侧压倒的危险态势。如果我们将这三个一组的主题人物看成画面中间的一块跷跷板的话，那么维持它平衡的是两侧两组次要人物。大利拉头顶，一老一少两个女佣屏息引颈观望，随时准备出手帮忙，她们的身躯融合在一起，看起来像是一只长着两个头的怪物，结构线完全平行，仰角 120 度左右。她们向前俯视的态势就好像一只正在把跷跷板往下压的手。而在跷跷板的另一端，四五个准备冲进房间的士兵直立待命，他们人数虽多，但是因为站立姿势普通且离画面太远，在跷跷板的取势上与两个女佣势均力敌。

这就是巴洛克，从色彩、明暗到构图都依赖一种危险的平衡，过火的元素彼此危如累卵地相互制约，从而保证了这种平衡将被永远保持下去。

而这种令人大呼过瘾的、大开大阖的画风对比以往传统意义上的宗教画会怎样呢？我们可以顺便参考一下弗拉·安杰利科（Fra Angelico, ？—1455）绘于约 1442 年的湿壁画《别碰我》。画面中耶稣自石室中复活以后，正伪装成园丁打算离开现场，抹大拉的玛丽亚（Magdalene）看见他并试图上前拥抱他的时候，面无表情的耶稣只是略微侧身轻摆了一下右手，阻止了她的行动。

在文艺复兴开始之前，人们觉得这种麻木不仁是"不好"的，但是在晚期文艺复兴之后，甚至直到现在这个博伊斯和张晓刚的时代，人们却又重拾对其的追思。文艺复兴使艺术贴近生活，可是说到底，艺术和生活还是间离的。麻木也许不可爱，但是崇高。

所以经过研究，哈斯克尔得出的答案是，巴洛克风格因为其太过享乐主义确实不是宗教绘画的首选，但是到了巴洛克艺术的时期，也就是晚期文艺复兴的时代，一个非常现实的问题是，当时的耶稣会组织已经潦倒得一文不名，在雇用装饰画画家的时候根本无力挑三拣四。哈斯克尔为此而查阅的无数尘封于历史之中的耶稣会档案、行述和信件都指向这个结论：当时的耶稣会建造、维修和装饰教堂基本是在靠告贷维持，求助于富人和美第奇家族这样的地方豪强。而这些豪强时至今日都至死难改的一个痼疾——我的朋友们称之为"甲方癌"——就是，对被资助对象横加干涉、颐指气使，他们就这样影响了欧洲美术史。

毫无疑问，这些教堂的资助人——也就是富商、资本家，怎么称呼都行，他们就是新时代的骑士阶层——对于这种投资是积极踊跃的，虽然这会让他们耗费一部分金钱，可这些人最不缺的就是钱。这种捐赠行为本身就是一种炫耀，炫耀他们的财富，这一点在文艺复兴之后的整个社会里是最有分量的，也最能满足人对炫耀的渴求。

人炫耀财富的需求如影随形，手段五花八门，好像每个富人都生怕别人不知道他有钱。有的富人的炫耀手段简直匪夷所思，我们来看看《世说新语·汰侈》里的这样一个故事：

> 石崇与王恺争豪，并穷绮丽，以饰舆服。武帝，恺之甥也，每助恺。尝以一珊瑚树高二尺许赐恺，枝柯扶疏，世罕其比。恺以示崇。崇视讫，以铁如意击之。应手而碎。恺既惋惜，又以为疾己之宝，声色甚厉。崇曰："不足恨，今还卿。"乃命左右悉取珊瑚树，有三尺、四尺，条干绝世，光彩溢目者六七枚，如恺许比甚众。恺惘然自失。

在一般的情况下，炫耀财产主要是通过王恺这样的展示的方式来进行。这令人想起在文艺复兴中期，美第奇家族的庞大收藏已经汗牛充栋、颇具规模，美第奇宫每年秋季会将所有藏品取出，置放在公共空间晾晒，其间允许市民免费欣赏，目的毫无疑问，依然是炫耀。

顺带一提，这一举动被称为近代公众博物馆的开端，每个博物馆学家一生至少要有一次美第奇宫的朝圣之旅。缜密的、严肃的现代博物馆学的语言中至今还保留着这种古老膜拜的痕迹。

言归正传。这就是说，巴洛克风格对于那些常年杜门高卧谢车马、满腹经纶的隐居修士而言可能是不够"美"的，至少不够崇高，但是他们苦于寄人谋食，人微言轻。而对于资产阶级革命将要爆发的尼德兰地区新崛起的富裕市民而言，这却是他们所能理解的艺术的极限。为什么不？这些作品里面肥盛的人体又热闹又过瘾，里面的故事又不难懂。

其实这两种观念的相左，也并不像我们将之提上桌面来研究的时候那样尖锐。我们不能忽视的一个事实是，从拉斐尔（Raffaello Sanzio da Urbino，1483—1520）时代开始，基督教艺术的世俗化和享乐化已然开始，前文提到过的文艺复兴时代的群雄，洛伦佐·德·美第奇、西克斯图斯四世、亚历山大六世、恺撒·博尔吉亚、利奥十世，无不是世俗艺术的大赞助人。唯一的区别是从中世纪美术向文艺复兴美术转变的过程是和缓、雍容而循序渐进的，不像从提香（Tiziano Vecelli，约1488—1576）开始至于巴洛克风格的转变那么夸张，但是二者的方向是相同的。这一点保证了金主指定的巴洛克风格虽然颇令教士们侧目，但是依然在他们的忍耐范围之内，看在钱的分上不至于让后者拂袖而去。更何况，在教团内部，能够觉察出这种不妥的雅量高致者本身也是凤毛麟角，他们的担忧可以忽略不计。

这种情况持续了半个世纪，终于再也没有人觉得巴洛克风格"不适合"表现《圣经》中的严肃故事了。久而久之，教士们和市民们开始信奉一条定理：巴洛克艺术即耶稣会的精神表现。几百年后，这条定理先入为主地成了欧洲美术史的一条公理。虽然依然有一些具有远见卓识的美术史学者，比如沃尔夫林（Heinrich Wölfflin，1864—1945），也因为这个问题而困惑过，但是人们基本不再为此大伤脑筋。沃尔夫林曾经试图统一这一对美术史中彼此矛盾的命题：

1. 巴洛克风格是畸形的、过火的和颓废的；
2. 巴洛克风格是耶稣会崇高精神的表现。

而这一对命题无法统一的原因是，它们看起来都是"对"的，不扭转其中一个，它们永远难以和谐。

沃尔夫林的尝试的重心在于他将证伪命题的主要注意力集中在命题一上，他的尝试是通过一些专业的分析和并不全是泛泛之谈的溢美之词来扭转巴洛克风格的粗野印象。沃尔夫林认为在巴洛克风格的艺术品之中，画面的局限被冲破了，不再作为内容的限制而存在，所以整件作品很容易在印象上被放大，给人以过火之感。他在《文艺复兴与巴洛克》一书中解释说：

> 巴洛克则将重点放在材料上，或是删除框架，或是使框架看起来不足以容纳它所环绕着的膨胀的团块。[1]

这一点遭到了哈斯克尔的否定。哈斯克尔认为这两个命题中确实为"真"的恰好就是命题一，巴洛克确实是过火的，任何解释都不能脱离基本印象；而应当推翻的是命题二，原因前面已经说过了。

哈斯克尔为此总结说，耶稣会的没落为世俗金主资助教会打开了一扇门，这些世俗富豪在热情捐赠的同时从趣味的方面对教会产生影响。这是一种原本没有可能发生的、低历史消费层级对高历史消费层级在趣味上的影响，它在金钱的助力下也终于变成

1　[德] 海因里希·沃尔夫林：《文艺复兴与巴洛克》，沈莹译，上海人民出版社，2007，第55页。

事实了。低历史消费层级趣味无法"消灭"高历史消费层级趣味，但是能够将之适当拉低，而巴洛克风格的位置，就是这两种趣味相互影响的最终平衡点，哈斯克尔将之称为"公共风格"。公共风格处于一个艺术趣味的时代里所有人都能理解、能欣赏和能忍受的位置。

怎样最快理解这种"公共风格"的含义？一如阿德勒所言，自卑是我们呼吸的空气，所以炫耀也同样是溶于血脉之中的。可不要觉得维特里乌斯一事无成就失去了给自己塑造雕像的资格，同样，也不要以为这种形象的炫耀距离我们现在的社会太远，已经和我们风马牛不相及。我们信手拈来的例子是现在电视广告中无处不在的"西装成功人士"形象。市场经济的运行规则完全确立以后，社会从复杂变得简单，不择手段地积累财富、获取成功成为所有人的理想。自然而然，那些已经获得成功的人生成了人们竞相模仿的对象，这些已经在商业的原始积累中赚取了第一桶金、获得最早成功的人士，就成了资本原始积累时代的偶像。他们便如同古罗马的帝王、中世纪的骑士，主导了社会发展的一切价值取向。他们也如同罗马皇帝和欧洲骑士一样，需要美化自己，以他们自己的价值观来改造世界的视觉意向。

在中世纪，除了宗教美术以外，世俗画有两种题材很受欢迎。每个中世纪骑士都喜欢给自己画一幅英俊庄严、正襟危坐的画像传之子孙，再就是描绘战争庞大而豪迈纵横的场面，歌颂自己的文治武功。这样一来，铠甲闪耀的骑士及其庄严肃穆的做派，就成了一个时代人们衡量人生成功与否的准绳。这就是以自己的阶级优势来改造世界的审美价值取向。而实际上呢？这些骑士也不过就是一群胡子满脸、酒臭逼人、草菅人命的厮杀汉而已。

所以，谁在社会中有优势，谁就有权力按照自己的意愿美化自己，谁就能主导社会的审美倾向。这样一来，也就不难理解现在电视上充斥的那些商务广告里面西装革履的"成功人士"形象了，这可以理解为一种新时代的供人膜拜的骑士画像。

受到这种公共风格影响的高历史消费趣味阶层可不仅仅是教会，整个具有专业知识的艺术家集群在艺术消费阶层中，都是高历史消费趣味阶层。所以公共风格在最初影响的只是几间教堂的墙壁，但是到后来影响的是整个美术风格的历史。

然而对于高历史消费趣味阶层而言，公共风格显然是一种不友好的存在，冒渎了他们所掌有的知识的神圣性。哈斯克尔在《历史及其图像》的第十四章"作为预言的艺术"中幸灾乐祸地记载了一个妙趣横生的小故事。在 1785 年 9 月的巴黎沙龙上，两个倒霉鬼的公共风格作品被安排与在那次沙龙上一炮而红的《贺拉斯兄弟之誓》一起展示：

> 位于它正上方的是让·巴尔丹（Jean Bardin）的《为临终的基督膏身》（*The Extreme Unction*），远比下方两侧的其他参展作品醒目，采用的是普桑风格的横构图——有一位感到厌烦的观众学着批评家们那乏味而又故作谦逊的口气评论："长、真长、太长了。"位于它下方的是受瑞典国王委托制作的《女王与太子殿下及夫人，以及国王的女儿在小特里阿农英国式花园漫步》（*The Queen with Monseigneur the Dauphin and Madame，the King's Daughter，Taking a Walk in the English Garden of the Petit Trianon*），这幅画很乏味，就连那些愿意向皇室输忠献诚的批评家也觉得无话可说。[1]

确实如此，当帝王炫耀威严、富豪炫耀金钱的时候，有什么

1　[英] 弗朗西斯·哈斯克尔:《历史及其图像》，孔令伟译，商务印书馆，2018，第 396 页。

可以留给精神趣味阶层——文人、诗人和艺术家炫耀呢？只有才华了。

同样是画家，大卫和让·巴尔丹在世人眼中也是不同的，可见游戏的规则未曾有一时改变：即便高历史消费趣味阶层自身，也同样分成不同的极端。就好像奥古斯都的雄才大略之于维特里乌斯的庸庸碌碌，或是巴洛克时代艺术资助人的富可敌国之于耶稣会的穷困潦倒一样，在任何一个世界内部都有两种极致试图互相消化、互相影响，但是结果只有互相无可奈何。我们来玩味一下下面的一对例子。

北宋诗人杨亿（974—1020）字大年，官至工部侍郎，曾经支持寇准（961—1023）抗辽，上书谏止宋真宗大兴土木，一生刚正不阿，在去世很久之后人们谈到他的人品都还是交口称赞。唯一的毛病是说话喜欢弯弯绕，文风华靡。他的晚辈东坡曾在《议学校贡举状》一文中提出了一种文论主张，认为文如其人只是大多数外行人的想象，文品的或柔靡或刚健和人品的或软弱或正直之间没有什么因果关系，关键在于通过教育树立人生的追求，杨亿正是最好的例子：

> 近世士大夫文章华靡者，莫如杨亿。使杨亿尚在，则忠清鲠亮之士也，岂得以华靡少之。

我们来看看杨亿的一首诗。为了更好地达到我们论述的效果，先隐去诗歌的主题。这首诗是这样写的：

> 碧城青阁好追凉，高柳新声逐吹长。
> 贵伴金貂尊汉相，清含珠露怨齐王。
> 兰台密侍初成赋，河朔欢游正举觞。
> 云鬟翠緌徒自许，先秋楚客已回肠。

杨亿的诗友、龙图阁学士刘筠（971—1031）见此诗后也和了一首：

庭中嘉树发华滋，可要螳螂共此时，

翼薄乍舒宫女鬓，蜕轻全解羽人尸。

风来玉宇乌先转，露下金茎鹤未知。

日永声长兼夜思，肯容潘岳到秋悲。

所有人读到这两首诗的时候都有一种莫名其妙感，不知道诗中所指何物。现在可以公布答案了：这两首唱和诗是咏蝉诗，题目是《馆中新蝉》。全诗言辞华丽，用典故十余处，却没有提到一个"蝉"字。与其说是诗，不如说是两则华丽的谜语。杨亿、刘筠和钱惟演（977—1034）等数位诗友于景德二年（1005）至大中祥符六年（1013）间，曾共事于皇帝藏书的秘阁，编纂《册府元龟》。他们将案牍之余彼此唱和的诗作汇编成《西昆酬唱集》二卷，后世就将杨刘的这种语词华丽、典韵丰美的诗风称为"西昆体"。西昆体祖述唐代李义山（约813—约858），一直到晚清"同光体"都影响不衰。东坡认为这样的诗风才是语言艺术华丽风格的极致。

反方意见来自东坡自己的阵营，请看下面的一个小故事。他们共同的一位前辈、唐代韩愈的弟子皇甫湜（777—835）是一位疯癫的文学家，曾任晋国公裴度（765—839）的幕僚。有一次裴度要请人写一篇序文，皇甫湜以辞职相威胁，非要毛遂自荐不可。可他的大作裴度拜读之后哭笑不得，皇甫湜文思奇僻、词句高古，裴度别说欣赏，连断句都断不出来。唐人高彦休（854—?）在笔记《阙史》一书中对这个故事是这样记载的：

（裴度）因舍讨淮叛所得，再修福先佛寺。备极壮丽，就有日矣。将至书于白居易，请为碑。湜在座，忽发怒曰："近舍某而远征白，信获戾于门下矣。某文若为白之作，所谓宝琴瑶瑟而比之桑间濮上也。然何门不可曳长裾，某自此请长揖而退。"宾客无不惊栗。度婉词谢之，且曰："初不敢以仰烦长者，虑为大手笔见拒。今既尔，是所愿也。"湜怒稍解，则请斗酒而归。至家，独饮其半，乘醉挥毫，其文立就。又明日，洁本以献。文思古赡，字复怪僻。度寻绎久之，不能分其句读。毕叹曰："木玄虚，郭景纯江海之流！"因以宝车名马，缯采器玩，约千余缗，置书，遣小将就第酬之。湜省书大怒，掷书于地，谓小将曰："寄谢侍中，何相待之薄也？某之文，非常流之文也。曾与顾况为集序外，未尝造次许人。今者请为此碑，盖受恩深厚耳。其碑约三千字，一字三疋绢，更减五分钱不得。"小校既恐且怒，归具告之。僚属列校，咸振腕愤悱，思脔其肉。度闻笑曰："真奇才也。"立遣依数酬之。[1]

且不论皇甫湜的狂妄自大是否名副其实，这种极致的才华炫耀所包含的不仅是对个人声名的强调，更是对自己观点的一种坚持。他的老师韩愈主张著文立意要奇崛而不被人理解时，皇甫湜曾声援老师说："夫意新则异于常，异于常则怪矣；词高则出于众，出于众则奇矣。"从史书中的行述来看，皇甫湜的癫态毕现似乎揭示了他罹患有某种偏执狂的人格障碍，不过这已经不重要了。他和白居易从文风上来说是同一个阵营的，可皇甫湜除了和白居易一样直白用语之外却也不愿意放弃一些非常高深的冷僻语词，在二者之间寻找反差。我们来读读他的一首诗《题语溪石》：

次山有文章，可愧只在碎。
然长于指叙，约洁有余态。
心语适相应，出句多分外。
于诸作者间，拔戟成一队。

1 （唐）高彦休撰《阙史》，见《太平广记·卷二百四十四·褊急》。

中行虽富剧，粹美若可盖。

子昂感遇佳，未若君雅裁。

退之全而神，上与千载对。

李杜才海翻，高下非可概。

文与一气间，为物莫与大。

先王路不荒，岂不仰吾辈。

石屏立衙衙，溪口扬素濑。

我思何人知，徙倚如有待。

直白的古意和晦涩的僻语似乎反差太大，反而显得有些做作，干巴巴的。他追随老师韩愈，标榜著文立意要奇的文学观点，一直身体力行。他的散文诗《出世篇》可以看成这种毫无顾忌地炫耀自己才华和学识的异想天开，读起来也有点怪，疯疯癫癫的：

生当为大丈夫，断羁罗，出泥涂。

四散号唊，俶扰无隅。

埋之深渊，飘然上浮。

骑龙披青云，泛览游八区。

经太山，绝大海，一长吁。

西摩月镜，东弄日珠。

上括天之门，直指帝所居。

群仙来迎塞天衢，凤凰鸾鸟灿金舆。

音声嘈嘈满太虚，旨饮食兮照庖厨。

食之不饫饫不尽，使人不陋复不愚。

旦旦狎玉皇，夜夜御天姝。

当御者几人，百千为番，宛宛舒舒，忽不自知。

支消体化膏露明，湛然无色茵席濡。

俄而散漫，斐然虚无。

翕然复抟，抟久而苏。

精神如太阳，霍然照清都。

四肢为琅玕，五脏为璠玙。

颜如芙蓉，顶为醍醐。

与天地相终始，浩漫为欢娱。

下顾人间，溷粪蝇蛆。

他把人间看成蝇蛆横流的溷藩，索要起润笔来倒是毫不含糊。皇甫湜在中国文学史上并不是最负盛名的作家，但是他标榜的文学观念却很符合我们谈到的观念的炫耀：既然身为文学家，就应该展示出自己学识的深邃，不该流于表面、自甘卑竖。这也正是他对白居易的全面口语化理念不满意的地方。

将这两个时空迥异的小故事并列，此举似乎别有一番别致的趣味：西昆和古文可以说是彼此针锋相对的两派文风，各自发展到极致却都指向了同一个效果——看不懂。

围绕古文运动的短兵相接从西晋开始一直持续到宋朝，这里争论的核心其实和前文谈到的中世纪美术和巴洛克艺术之间的对比基本一致，就是高历史消费阶层应该怎样炫耀自身知识的问题。而他们的困惑也是一样的：低历史消费趣味有井水处皆歌，但是局限于观念的可读性；高历史消费趣味在可写性上更具开拓空间，但是曲高和寡。任何诗人在这两条路面前都只能选择其一，义无反顾地走下去，徘徊者首鼠两端，将会被永恒地遗忘。

但是我们不应忽视的是，高历史消费阶层内部的批判性无所不在，无一不是宏言高论，等闲已经难以引发常人的大惊小怪。这些众说纷纭的批判意见也很难达到统一的标准，这使得我们以一个"阵营"的联想来看待它不仅不贴切，而且很容易堕入自相矛盾的境地。最重要的一点是，以尖锐的批判眼光发现问题，并不代表解决了这个问题。对于这种高历史消费阶层而言，发现问题的存在很容易，但是要解决这个问题，和常人一样艰难。西晋左思（约250—305）在撰写《三都赋》的时候批评汉赋"于辞则易为藻饰，于义则虚而无征"，他说：

> 发言为诗者，咏其所志也；升高能赋者，颂其所见也。美物者贵依其本，赞事者宜本其实。匪本匪实，览者奚信？

任谁来说这段评论都挑不出毛病，但问题在于后人也完全能够用这段评论来点评左思自己的文本特色。就比方他在撰写《蜀都赋》的时候，也根本没有条件前往四川"颂其所见"，而主要是道听途说。《晋书·卷九十二·列传第六十二·文苑传·左思传》中说他当时"复欲赋三都，会妹棻入宫，移家京师，乃诣著作郎张载，访岷邛之事"，至于"依其本""本其实"的部分，他也只是从记载成都的文献中挖掘当地的地理山川特色，从《史记》的记载以及地方向朝廷进贡的物品清单档案中统计当地的特产而已——这是一条证据链，它们是逻辑事实而非事实本身。我们只能说，相比被左思鄙薄的汉赋，左思自己的思想在现实主义的道路上也只前进（我们姑且以他们这个阵营的眼光来看待这种变化，承认他这乃是一种矢量意义的"进步"）了"一点点"，这"一点点"不足以产生什么颠覆性的影响。文本进化的历史就是无数个这样的"一点点"积累起来的，可是不知道什么时候，矫枉过正，颠覆发生了。

而另外一方面与巴洛克艺术的基督教精神问题如出一辙的境遇是，在精神阶层内部莫衷一是的同时，这个阶层之外的其他阶层也无时无刻不在对精神阶层整体施加着影响，思想的自由永远不可能按照它的字面意思那样被实现。文风的今古之争持续到唐初，骈文还是占据了八成赢面。唐太宗（598—649）喜好华丽的文风，上有所好，下必甚焉，造成了唐初骈文的兴盛。我们来看看他在《帝京篇·序》中的名句：

> 庶以尧舜之风，荡秦汉之弊；用咸英之曲，变烂漫之音……故沟洫可悦，何必江海之滨乎！麟阁可玩，何必两陵之间乎！忠良可接，何必海上神仙乎！丰镐可游，何必瑶池之上乎！

看得出在情感抒发方面，习惯了汉赋的过度演绎。我们不否认唐太宗的雄才大略非比常人，但是在专业的文学理论方面，他毕竟是在高历史消费阶层之外，至少是处于边缘。因为某些个人的喜好而左右了一时的文风，这个过程几乎和艺术投资人对耶稣会美学品位的影响如出一辙，这引发了一些更专业人士的警觉。早在韩愈之前百年，刘知几（661—721）就在《史通·内篇·言语第二十》中对初唐华靡文风的流行表示了极大的担忧：

> 唯王、宋著书，叙元、高时事，抗词正笔，务存直道，方言世语，由此毕彰。而今之学者，皆尤二子，以言多淬秽，语伤浅俗。夫本质如此，而推过史臣，犹鉴者见嫫姆多媸，而归罪于明镜也。

唐太宗和刘知几在文学观点上的碰撞不能说没有对韩愈力推古文产生过不可替代的影响。

然而一个问题也不能忽视。高历史消费趣味阶层毕竟有其独特性，所谓文无第一，这种独特性在于其标准的不确定性。譬如财富阶层，拿任何两个人相比，必然是一个"穷"一个"富"，哪怕这两个人一同位列福布斯富豪榜的顶端，《世说新语·汰侈》里那个石崇与王恺争豪的故事就是最好的例子。但是在高历史消费趣味阶层内部，随便列举两个人，你很难说谁的文章写得比谁"好"，或是谁的画描绘得比谁"美"。这个阶层内部的层次和标准是晦暗不明的，很多时候，依赖于评判人的灵光一点。

所以说将财力区分"多寡"是没有问题的，但是将才华区分

"高下"就很值得商榷。古文运动也是如此，在大多数世人看来这更像是一场擂台比赛，"华靡"一派对抗"古朴"一派，双方奇谋迭出、各显神通……看起来挺热闹，可是很遗憾，这在很多时候只是便于外人——低历史消费层级——理解历史的一种叙述方式上的权宜之计罢了。

你永远无法以一种绝对的风格框限一群人，至多承认他们彼此风格之间存在无穷无尽的相似，但是他们不可能整齐归一。举个例子，在历史上被看成同属一个文学派系的"建安七子"，此七人的划分典出三国曹丕（187—226）的《典论》。在认识上处于一般层次甚至更低层次的文学史观念中，这七个文学家很像是一个师父教出来的七个徒弟，武功彼此相似，结成了一个牢不可破的、作家的非凡绅士联盟。

现在，出于统计上的需要，为了强调这种派系特点，文学史不得不捏造出一些似是而非的"相似性"作为某种可供参考的规律。我们来看看以下的几个命题：

1."建安七子"都生于汉末乱世；

2."建安七子"在思想上都受到汉赋的影响，注重作品的精神特质；

3."建安七子"在形式上都受到乐府的影响，注重语言的平实特质；

4."建安七子"在气度上都认同"三曹"的情感，注重情怀的慷慨特质；

5."建安七子"都受到曹操"唯才是举"的感召而最后趋于曹营，当然，孔融（153—208）除外。

并不只有第五条命题是强词夺理，前面四条其实也毫无信息量，说了和没说一样——生于汉末的文人，才学上怎么可能不受汉赋、乐府的影响？曹氏灭汉自立，天下人履于魏土、食于魏粟，谁能幸免？这只是后知后觉的历史统计的条目而已，无法用以预测事件的发生，可是凡人以为这就是历史的规律，在考试前夜秉烛强记。

这种认识对历史理解的一个影响是，尽管罗列相似性只是出于统计方便的一种策略，但是它的意义还是被扩大了；大多数人弄不明白"立论"和"结论"之间有什么区别，就干脆将它们看成一回事。于是，一个文学上的新精武门就跃然纸上了——可是，你猜怎么着？曹丕列举"建安七子"的时候，意思是刚好相反的：并不是为了探讨七子之间的"共同"，而恰恰是谈论七子之间的"不同"。我们来看看《典论·论文》里的这一段分析：

> 王粲长于辞赋，徐干时有齐气，然粲之匹也。如粲之《初征》《登楼》《槐赋》《征思》，干之《玄猿》《漏卮》《圆扇》《橘赋》，虽张、蔡不过也。然于他文未能称是。琳、瑀之章表书记，今之隽也。应玚和而不壮。刘桢壮而不密。孔融体气高妙，有过人者，然不能持论，理不胜词；以至乎杂以嘲戏，及其所善，杨、班俦也。

这七位作家也许确实有前面统计的那些"共同点"，也许他们的才华的"综合得分"真的都在一条水平线上，但是还是难以统一成一个标准。他们各自擅长的文体是大相径庭的，因此对于语言的要求都不一样，没有"通才"，至少这七个人中没有：

> 夫文本同而末异，盖奏议宜雅，书论宜理，铭诔尚实，诗赋欲丽。此四科不同，故能之者偏也；唯通才能备其体。

我们只能说，不同的文体之间有一点至少是共同的，它们都是通过展示炫耀自己才华的一种方式。

为了进一步探讨这个问题，在七子中我们列举一对老朋友作为例子：王粲（177—217）和徐干（170—217），境遇差不多、年龄差不多、寿算差不多、官位差不多，曹丕总结他们的区别是"王粲长于辞赋，徐干时有齐气，然粲之匹也"，这个"匹"字表示两人在才华上的总体得分，也差不多。

"齐气"这个词，唐人李善（630—689）在注《文选·曹丕》时解释说："言齐俗文体舒缓，而徐干亦有斯累。"为了更形象地理解这种"齐气"，我们来欣赏一下徐干的作品《齐都赋》：

> 齐国实坤德之膏腴，而神州之奥府。其川渎则洪河洋洋，发源昆仑。惊波沛厉，浮抹扬奔。南望无垠，北顾无鄂。蒹葭苍苍，莞菰沃若。瑰禽异鸟，群萃乎其间。戴华蹈缥，披紫垂丹。应节往来，翕习翩翻。灵芝生乎丹石，发翠华之煌煌。其宝玩则玄蛤抱玑，驳蚌含珰。构厦殿以宏覆，起层榭以高骧。龙楹螭桷，山屺云墙。其后宫内庭，嫔妾之馆，众伟所施，极巧穷变。然后修龙榜，游洪池，折珊瑚，破琉璃。日既仄而西舍，乃反宫而栖迟。欢幸在侧，便嬖侍隅。含清歌以咏志，流玄眸而征眄。竦长袖以合节，纷翩翻其轻迅。王乃乘华玉之辂，驾玄驳之骏。武骑星散，钲鼓雷动，旌旗虹乱，盈乎灵圃之中。于是羽族咸兴，毛群尽起。上蔽穹庭，下被皋薮。

短短 293 个字，分成几个部分：从开篇到"北顾无鄂"描述地理位置，从"蒹葭苍苍"到"驳蚌含珰"描绘自然风光，从"构厦殿以宏覆"到"破琉璃"描述建筑雄伟，从"日既仄而西舍"到文末描绘贵人繁花似锦的生活。步步深入，层次井然，别有一番舒缓从容之气。可是徐干所匹的王粲呢？我们再来读一下王粲的《浮淮赋》(括号里的文字为《艺文类聚》所录，其他版本没有)：

> 从王师以南征兮，浮淮水而遐逝。背涡浦之曲流兮，望马丘之高澨。泛洪榜于中潮兮，飞轻舟乎滨济。建众樯

以成林兮，譬巫山之树艺。于是迅风兴，涛（波动，长瀨潭湲，滂沛汹溶。）钲鼓若雷，旌麾翳日，飞云天回。□□□□，若鹰飘逸，递相竞轶。凌惊波以高骛，驰骇浪而赴质。加舟徒之巧极，美榜人名闲疾。白日未移，前驱已届，群师按部，左右就队。轴轳千里，名卒亿计。运兹威以赫怒，清海隅之蒂芥。济元勋于一举，垂休绩于来裔。

和司马相如（约前179—前118）的《长门赋》相似，除了第一句稍微介绍情形之外，抒情几乎是从头到尾，占据了整个篇章。

《浮淮赋》可能是王粲生前的最后一篇佳作。建安二十二年（217），王粲随曹操征讨孙权，在凯旋的途中染瘟疫而殁。曹丕称王粲"长于辞赋"并不是没有道理的，《浮淮赋》虽然名为歌颂军威，但类似汉赋，为抒情而抒情，实质上囿于炫耀自身才华，情泛而气靡。作为对比，我们来读一读一篇同题的作品、曹丕自己作于建安十四年（209）的《浮淮赋》：

溯淮水而南迈兮，泛洪涛之湟波。仰岩冈之崇阻兮，经东山之曲阿。浮飞舟之万艘兮，建干将之铦戈。扬云旗之缤纷兮，聆榜人之喧哗。乃撞金钟，爰伐雷鼓。白旄冲天，黄钺扈扈。武将奋发，骁骑赫怒。于是惊风泛，涌波骇。众帆张，群棹起。争先遂进，莫适相待。

通篇描绘的军旅之盛跃然纸上，符合"三曹"诗文的慷慨气概。

这样一来，三篇赋相比，特点就很鲜明了：徐无王之文，王无徐之质；曹无徐王之和，徐王无曹之壮。但是这些特色无一可以用作普适的价值，它们连在"三曹"加上"建安七子"这十个人的小团体内部都不能以偏概全，况乎文风今古的基本价值？《典论》中谈到的辞赋、齐气、隽、和、壮、密、妙，没有一个

290

人或一篇文章能够兼备。而设使有一篇宏文兼具了上面的所有要点，那就只有一点是毫无疑问的：它一定不是一篇佳作。

所以，以规律来理解文气，就好像认为巴洛克艺术代表耶稣会精神一样，难以自圆其说，最后只得以结论反套立论，事后诸葛亮，没有什么用。反倒是我们将这些文气理解为个人炫耀才华的展示手段，似乎更符合文学史的特性，因为展示炫耀自身本来就不志于"求同"，而重在"存异"。

在论争之中，党同伐异本来就绝非一种愉快的体验——宋朝有位徂徕先生石介（1005—1045），泰山学派始祖，在批评西昆体时认为杨亿"穷妍极态，缀风月，弄花草，淫巧侈丽，浮华纂组……其为怪大矣"。这种看起来甚至很像人身攻击的评价除了透出一股子小家子气之外并没有造成什么影响——但是在这片自卑的大海上，志于存异，又不能不求助于高下之判。正应了《典论》里的这句话："常人贵远贱近，向声背实，又患暗于自见，谓己为贤。"世人都以为自己对，他人错。这就好像石崇摔坏了王恺的二尺珊瑚，愿意以"三尺、四尺，条干绝世，光彩溢目者"相还，否则就无从炫耀。我们的探讨陷入了一个循环的死圈，即便是唇枪舌剑，也难以寻出一个对大家都有意义的答案，但是争论会永远持续下去。

既然奥古斯都给自己造了一尊雕像，那么维特里乌斯皇帝就也要给自己塑造一尊，他把这看成身份的一种证明。炫耀的本来寓意，是且仅是"证明"这个词的一个不重要的同义词。至于他自己是否喜欢雕塑艺术，他的形象是否具有被塑造的优势，甚至他的勋业是否值得被纪念碑化并永远铭记……一切都变得无足轻重了。将被总结出来的规律看成教条这一认知习惯非常普遍，在任何领域都阴魂不散，这是文明的一种认知障碍，具有极大的危险性，但是难以剔除。在这些规律诞生的源头，具有始祖或是某种母体性质的艺术家们无所顾忌地炫耀自己的才华，他们——孔子、屈原、柏拉图、荷马——也是普通人，创作方式没有什么鬼神莫测之机，只是享有更大的自由空间。当规律诞生并且被理解为教条以后，后人的这种自由就消失了。对于一个母体型的艺术家而言，他本人能够炫耀自己的才华，后人所能炫耀的就只是对他的才华的模仿，他的自由因此成为后人的枷锁。

这样的模仿被重复了无数次以后，母体变得更加难以挣脱，它终于变成了一个谁也无法逃脱的、游弋于深渊中的猎食者，通过华美的、荣耀的观念和意象吸引人们前赴后继趋之若鹜，变成它的一部分。

1900 年，美国文学艺术学会荣誉奖得主、晚年当选美国作家协会主席的德莱塞（Theodore Dreiser，1871—1945）在完成他的长篇小说处女作《嘉莉妹妹》的时候突然百感交集，他给这篇现实主义小说安上了一段非常感性的文字作为结尾，令很多人感到突兀。但在今天探讨的话题面前，这段话可以说异常深刻、如同闪电般地击中了我们：

> 啊，嘉莉、嘉莉！这人心盲目的挣扎！前进、前进！它在呐喊着。美走到哪里，它就会追逐到那里。不管是静夜的旷野中寂寞的羊铃，还是田园美景的灵光离合，或是旅行者双眼中灼灼的灵魂的光彩，她心里都会懂得，而且有所反应，一定要追上去，直到走痛了双腿。当希望仿佛要幻灭了的时候，才会产生彻骨铭心的痛苦和焦灼。只有到了这种时候，你才会明白你是永远不会餍足、不会满意的。坐在窗边的摇椅里梦想着，你会永远这样独自渴望下去；坐在窗边的摇椅里，梦想着你永远不能企及的幸福。

它——荣耀，前面说过的那位狡诈的兔子之神，诞生于意志，所以它的结构、习性和猎食方式都非常类似于意志。

文明的开拓绝非我们以为的那样是仰望明日的峰峦，而是俯察往昔的渊薮。

请俯视黑暗的深渊罢，但是否纵身一跃取决于你自己。在这深渊里游弋的黑暗就是你与生俱来的、面对这个世界时无边无际的自卑，是深渊里的另一个你。为了驱散这种黑暗的寒意，你唯有仰望太阳、点燃火炬，去炫耀自己的自卑，又自卑于自己的炫耀，这才是文明的真相。但是耀眼夺目却使黑暗更加黑暗。

"即便是高加索山巅的冰川，也难以熄灭我心头的烈焰。"

III　展示与哀忘

　　来说个笑话吧。1985 年 9 月，意大利文豪卡尔维诺（Italo Calvino，1923—1985）在一次赴美演讲的准备中突发脑溢血病倒，人们随即将他送到医院紧急手术。术后，主刀医生前来探视。可能是初见这位德高望重的文学老人（当时卡尔维诺已经获得诺贝尔文学奖提名）多少有一点忐忑，主刀大夫一时想不出什么恭维话，约摸十五秒的时间在尴尬之中流逝，情急之下他憋出了一句："您好，卡尔维诺先生，祝贺手术成功。您拥有我见过的最'漂亮'的一个大脑。"

　　原来大脑还分漂亮不漂亮，卡尔维诺失笑。他看看旁边琳琅满目的各种输液的管子、心电图电线，它们好像错综复杂的迷宫，从他身上连接到病床边的一圈机器上，他被拱卫在中间，显得特别弱小，宛如风中飘曳的残烛。他朝它们努努嘴，用虚弱得几乎听不见的声音说："不敢当。我倒觉得我现在像是最漂亮的一盏水晶吊灯。"

　　这句轻描淡写地牵连于生死之间的初秋笑语是人们对卡尔维诺的最后印象。几天之后，他就去世了。

　　而对卡尔维诺，我自己除了小学时候曾经一度手不释卷的《意大利童话》之外，印象最为深刻的是短篇小说《亚当，午后》。在这个故事里，一个小女孩遇到了"新来园丁的儿子"，两人在午后的花园里略微聊了一会儿天。一切都随意、轻松，宛如那个花园里萍影飘摇的池塘。然后……然后就没有了，没有家世的试探，没有人生的探讨，也没有若有若无的朦胧的爱情。小男孩名字叫"里博热索（Liberaj）"，这个词在世界语中是"自由"的意思。他送给小女孩的礼物是一条蛇、一只蜥蜴和一只癞蛤蟆。玛丽亚-娜琪塔（小女孩）一开始害怕得腿软，几乎摔倒，可仅仅是片刻之后，她却觉得这几件礼物别有深意，至少不像以前那样无端地令人害怕了——她随即隐约感到以前害怕这些小动物是没有道理的。总之它们绝非美妙的礼物，但似乎弃之可惜。

里博热索对她说：

> 星期天我和我兄弟一起去森林，我们捡两麻袋的松果。到晚上，我爸爸会朗读克鲁泡特金的书。他的头发一直垂到肩膀，胡子长到胸前。不管春夏秋冬，他都穿短裤。我为无政府主义者的宣传橱窗画画，戴礼帽的是商人，戴军帽的是将军，戴圆帽的是牧师。我用水彩画他们。

两人一起散了一会儿步，里博热索就走开了。玛丽亚-娜琪塔回到家，发现里博热索许诺给她的礼物已经送到了：

> 她留下风干的每一个盘子上都蹲了一只青蛙；托盘上盘着一条蛇，汤碗里装满了蜥蜴，细长的蜗牛正在玻璃上留下闪光的黏液。装满了水的水盆里游着一条孤独的老金鱼。

玛丽亚-娜琪塔还是有点害怕，但是没有像以前一样逃跑和尖叫。午后的阳光在树冠的缝隙间流光铄金，光与影在她的脸上游移，自由的意象便如清凉的流水，浸润着小小厨房里的每一个生灵。

对了，克鲁泡特金（Пётр Алексéевич Кропóткин，1842—1921），里博热索一家的神像，一个追求理想至死不渝的大胡子老汉。他的观点虽然祖述于巴枯宁（Михаил Александрович Бакунин，1814—1876），但是没有巴枯宁那种阴谋为体的别有用心。按照巴枯宁的设想，无政府主义的实现应该从有序地建立一种有领导的武装力量开始，从而倚重这种力量推翻现有的阶级社会政府的一切形态。这种观点无疑是饮鸩止渴。巴枯宁认为农民是无政府主义的社会基础，但把流氓无产者看作暴动的主要力量，倚借这种力量，由个人坚强意志领导的密谋团体组织全民暴乱是推翻资本主义乃至所有阶级社会政府形式的唯一途径。巴枯宁自己也承认，这种"个人坚强意志"唯一的外化方式只能是强加于人。通过这种途径和依靠这种力量实现的无政府主义，只是一种统治的另一个概念而已。以暴力作为对自由的理解，唯一的结果是人们永远不可能"忘记"政府这种东西，它们曾经存在、依然存在，并且无时无刻不在对他们的生活施加影响。相比于巴枯宁，克鲁泡特金的观点显然更加温和。他没有忘记"自由"这个词原本的含义，强迫他人接受自由本来就是一种专制。克鲁泡特金的理论阐述主要集中在，人和人之间的"互助"概念补充了达尔文（Charles Robert Darwin，1809—1882）的自然竞争法则，也就是说，一群人即便仅仅是简单地聚居在一起，守望相助的羁绊也会自然发生，政府对其刻意维系或是摧毁都改变不了这个事实。人的互助是出于一种自然的需要，但道德使之更加熠熠生辉。因此，由于人类具有互助的本能，没有国家、阶级和权力支配的社会是完全可能的，而且更完善、更理想、更富于生命力。

这似乎就有点接近我们在第一部分里谈到的那个"不知有汉，无论魏晋"的 folie——癫人的世界了，也许遗忘一切是吾人达到自由的最便捷途径。仔细回想一下，克鲁泡特金构思的那个无所谓统治和被统治的世界，在我们的回忆中其实并不陌生。陶渊明在《五柳先生传》最后感叹说："无怀氏之民欤？葛天氏之民欤？"很多人不知道这两个名字代表的是何方神圣。宋人罗泌（1131—1189）在《路史·卷九·前纪九·禅通纪·无怀氏》

里记载说："无怀氏帝太昊之先。其抚世也，以道存生，以德安刑……当世之人甘其食，乐其俗，安其居而重其生。"在《路史·卷七·前纪七·禅通纪·葛天氏》中说："葛天者，权天也。爰拟旋穹，作权象。故以葛天为号。其为治也，不言而自信，不化而自行。"无论是"以道存生，以德安刑"还是"不言而自信，不化而自行"，都体现出了中国知识分子数千年来想象其存在的一种游离的道德状态。在陶渊明的想象中，另一种至大的、不可捉摸的道德律（das moralische Gesetz）在掌控着那个时代的一切。自由是一种盲目的闲定，人们白天耕作，中午饮酒，晚上载歌载舞。

在那个时代，每一刻都是细致、完美和诗意的，甚至是静寂的黑夜。寂寞的夜晚就好像特朗斯特罗姆在一首题为《昼变》的诗中说的：

> 林中蚂蚁静静地看守，
> 盯视着
> 　虚无。
> 但听见的只是
> 　黑暗树叶上
> 　　滴落的水珠，
> 和在夏日山谷
> 　夜晚的
> 　　喧嚣。

在阴天上午并不明亮的天光里，空气中似乎飘散着一种白纱也似的雾气。在雾中，堡垒和塔楼影影绰绰，城镇和花园水乳交融，凉亭和石碑星罗棋布。在祖先的光辉照耀下的每一个露水浓重的清晨、每一个余阳泄泄的黄昏之中，时光，时光便如和缓的流水，有时候在墨蓝夜空的静谧月色之中甚至看不出它丝毫的流动。

1917 年 6 月，七十五岁高龄的克鲁泡特金回到了圣彼得堡，此时他阔别故乡流亡海外已经长达四十一年。克鲁泡特金谢绝了临时政府打算任命他为教育部长的邀约，隐居在德米特罗夫（ДМИТРОВ），一个绿草如茵的小城，每日笔耕不辍。他前后给列宁（Влади́мир Ильи́ч Улья́нов，1870—1924）写过几封信，谈论自己对时局的看法。列宁虽然对这位老朋友的奇谈怪论付之一笑，但却时刻安排人关怀存问他的生活。克鲁泡特金此时的健康状况已然很糟糕，在他精疲力竭地写完《伦理学》的第一卷《伦理学的起源和发展》之后，就再也无力完成这个庞大写作计划的其余部分了。1921 年，七十九岁的克鲁泡特金与世长辞。人们关于这位老人的回忆，最为荡气回肠者当属英国文豪王尔德笔下的克鲁泡特金。王尔德于 1897 年在狱中给情人写了一封长达八万多字的长信，后来被编辑成一本题为《自深深处》(*De Profundis*) 的著名散文集，哀婉的忧思成为王尔德生命的绝唱，在这封信寄出的三年之后，他就去世了。

在《自深深处》中，王尔德在回忆起克鲁泡特金时说：

> 我希望有生之年能写出这类作品，这样在生命的最后时刻就能够说，"是的，这正是艺术生命把人带到的地方。"在我本人经验中所碰到的两个最为完美的生命，是魏尔伦和克鲁泡特金亲王，两个都是在监狱中度过许多年头的人了。第一位是自但丁之后仅有的基督诗人，另一位具有似乎是出自俄罗斯的那种美好的白人基督之魂。[1]

魏尔伦（Paul Verlaine，1844—1896）从 1894 年开始就被法国的诗人同行称为"诗人王子"，而克鲁泡特金的"亲王"头衔

1　[英] 奥斯卡·王尔德:《自深深处》，朱纯深译，译林出版社，2008，第 109 页。

则是来自他父亲阿列克谢·彼得罗维奇（Алексей Петрович）公爵——他真的是世袭的留里克（Рюриковичи）系亲王。

王尔德于 1895 年被同性爱人道格拉斯（Lord Alfred Douglas, 1870—1945）的父亲告上法庭，罪名是同性恋和道德败坏，因而被判服苦役两年。他就好像他自己童话里的那尊忧郁的雕像，失去了黄金的甲胄和宝石的目瞳，轰然倒塌。所有曾经簇拥他、仰望他的人将他看成某种瘟疫的携带者，避之唯恐不及，连他的妻子也把两个孩子的姓氏改为赫兰德（Holland），带着他们移居意大利，与他参商永隔。他的一切都四分五裂、不复存在，只有萧伯纳（George Bernard Shaw, 1856—1950）等寥寥无几的老友还忠诚于与他的友情。1900 年，他死在一家旅馆，举目无亲。就好像他那篇童话里说的那样，一尊忧郁的雕像崩塌了，一只来不及迁徙的候鸟冻死在他的身旁。

死去的鸟儿和折断的翅膀因此而成为王尔德作品中的一种意象。我们来读一下他的《冬去春来》：

> 绿叶葱茏的时光在欢愉中流淌，
> 哦，画眉鸟欢欣地歌唱！
> 在明灭的光影中，我苦苦追寻
> 追寻那未曾见过的爱人，
> 哦，快乐的鸽子有对金色的双翼！
>
> 怒放的红白锦簇之上，
> 哦，画眉鸟欢欣地歌唱！
> 吾爱初次蹚入我的视野里，
> 哦，这是完美的欢悦之影，
> 哦，快乐的鸽子有对金色的双翼！

黄色的苹果洋溢火焰般的模样，

哦，画眉鸟欢欣地歌唱！

哦，双唇与箜篌，难歌此间真意，

怒放的玫瑰就是我的爱欲，

哦，快乐的鸽子有对金色的双翼！

而今雪花飘临，树也白头，

啊，画眉鸟歌唱得如此忧愁！

吾爱已逝：呜呼，痛摧肝肠！

看啊，我蜷卧在她静默的脚旁，

是鸽子，但折断了翅膀！

他就好像折翼的飞鸟，在黑暗的深渊借着一点恐惧的微光书写悔恨的词句。

也有人认为，王尔德在《自深深处》中提到这两位老朋友时使用的"完美"一词应该理解为"幸福"。这是无可厚非的，毕竟在很多人的理解中，"幸福的生命"和"完美的生命"这两个概念是画等号的。于是就附会出了一个命题：魏尔伦和克鲁泡特金是王尔德见过的仅有的两个"幸福人"。当然，这个说法也说得过去，但前提是这种"幸福"不能是凡人理解的那种平安喜乐的幸福，它必须包含孤独寂寞、穷困潦倒、终日浮沉醉乡。1871 年魏尔伦结识了前文提到的大诗人兰波，成为至交和同性情人，两人无忧无虑地结伴流浪比利时和英国，在一个大锅子里搅马勺，肥马轻裘。魏尔伦还特地写下了《无言的浪漫曲》（*Romances sans paroles*）纪念这段自由的旅途。1873 年，两兄弟酩酊大醉在布鲁塞尔大吵了一架，魏尔伦在情绪失控中顺手掏出佩枪，醉眼蒙眬地连放两枪。兰波尖叫一声，手臂挨了一枪子儿。一对损友被路人扭送官府，魏尔伦为此坐了两年牢，《无言的浪漫曲》诗集中的一首《我在心中哭泣》即是抒写对此事的悔恨。兰波则回家养了好长一段时间伤，他在养伤期间郁郁寡欢地写完了《地狱一季》和《彩图集》，之后就永别诗坛了。

什么是幸福？凡人认为纸醉金迷是幸福，但不认为箪食瓢饮也是幸福；他们认为在觥筹交错中沉醉梦乡是幸福，但不认为于刀兵相见后留下诗篇也是幸福；他们因此而认为石崇这样的人是幸福的，但不认为五柳先生这样的人是幸福的。

好吧，既然扯到了魏尔伦，我们来读读这位"幸福人"的一首题为《秋思》的诗吧：

长久地啜泣，
秋之
　梵婀玲
刺伤了我
　忧郁
　　枯寂的心。

使人窒息，一切
如此苍白，
钟声响着，
想起
　往昔
　　不觉饮泣。

我，如帆
听任长风
　送我漂散
海北天南，

301

似一片

枯叶。

你还觉得他是一个幸福的人吗？可见就好像上一节谈到趣味的层级关系那样，对于魏尔伦这样的人而言幸福也是有层级梯次的。

王尔德理解的"完美的人生"对于不同人而言有了不同层面的含义。

卡尔维诺在《亚当，午后》中向克鲁泡特金表达了敬意；克鲁泡特金和魏尔伦是受王尔德敬仰的仅有的两个"幸福人"；魏尔伦枪击密友兰波而（或多或少地）导致了后者退出诗坛，郁郁而终。一条并非完全虚构的链条将五位巨人联系在一起，凡人理解这条链条为命运，不朽者理解这条链条为荣耀。如果有必要，这条链条可以无限地延伸下去。

有一个地方，青山翠谷，绿草如茵，专门供这些人诗文相聚、把酒言欢，但并非天堂——请参考《神曲》，这个地方在地狱的第一层。在不记得第几次读《神曲》之后，有一天晚上我居然梦见了这个地方，梦境源于白天看到的一张举世名的照片：皓首龙钟的博尔赫斯以一种十分舒适的姿态坐在沙发上，手里握着那根闻名遐迩的中国拐杖。在梦中，这个形象发生了变化，拐杖不见了，变成了一柄剑。一柄剑？我随即想起了《神曲》中描绘地狱第一层景象时的一处不太起眼的描述：

你瞧那边个掌剑在手的人，

他走在其他三人前面，像位陛下，

他就是诗人之王荷马……

这种联想是有道理的，就是它诱发了我的梦境。

就是这个博尔赫斯，他在《关于犹大的三种说法》中说过这样一句话：

302

尼尔斯·吕内贝格彻夜难眠，被论证搞得昏昏沉沉，在马尔默街上到处乱跑，大声祈求同救世主一起分享入地狱的恩宠。[1]

走进地狱——哪怕只是匆匆一瞥——都是一种荣宠，等闲不得许人。

既然谈到了这五位被荣耀之链连成一串的巨人，我们本能地想将他们摆在一起对比一番，但是无从比起。他们家徒四壁，度日如年，在人世的边缘辗转，权力和金钱这些东西与他们都搭不上边；才华是他们唯一的财产，但是上一部分我们已经探讨过了，才华这种东西是不能互相比较的。一个突如其来的念头涌入了我的脑海：不如比较一下这五位巨人的"幸福"或说是"荣耀"？虽然荣耀同样不能比，但是它能够给人以一种模糊的印象，就好像《典论·论文》里提到的"建安七子"的文学印象，这种印象是可以相比较的。我们来看看下面的这几条人生变故和这几位巨人想说的话：

1947 年，卡尔维诺加入了意大利共产党，担任中央机关报《团结报》的专栏主笔。此时的卡尔维诺踌躇满志，对于人类社会的未来充满信心。这段时间，他写出了《分成两半的子爵》等许多具有社会现实意义的童话，影射资本主义社会无序的现状。可是 1956 年"匈牙利事件"爆发以后，卡尔维诺痛苦地发现，"无序"并不只是"资本主义社会"的弱点，它其实是人类社会的痼疾。1957 年，卡尔维诺登报声明，退出意大利共产党。

——因此，卡尔维诺在 1959 年出版了一部题为《不存在的骑士》的小说。小说的主人公、查理大帝（Charlemagne，742—814）麾下的一位勇敢的骑士阿季卢尔福（Agilulf）是一种纯粹

1　[阿根廷] 豪尔赫·路易斯·博尔赫斯：《博尔赫斯全集》，小说卷，第 178 页。

精神的存在，他没有身体，一种凡人不能洞悉的机制在运作着一套空空如也的铠甲。除了没有身体之外，阿季卢尔福各方面都符合那种骑士精神的最高准则，他正直、诚实、勇敢、忠义，他看起来像是那种人类标榜了几千年的纯粹的"善"的化身，但是很遗憾，这种纯粹性实实在在地出现在肉身的凡世却是一个错误。阿季卢尔福虽然具有完美的精神性，但是有两方面的困惑始终挥之不去，其一是他没有肉身，所以在精神生活以外被一片无边无际的空虚所围困；其二就是无论他再勇敢再忠诚，在同袍、朋友和主君眼中都是一个异类，而对于一个异类而言，他的任何特质越完美，就越令凡人感到危险。终于，在一系列的陷害、欺骗和冤屈之后，阿季卢尔福心灰意冷地离开了骑士团。他留下了一封信，将自己心爱的铠甲赠给老朋友，从此不知所终。

1921 年，克鲁泡特金去世。成千上万的人扛着无政府主义的旗帜为他送葬，他的葬礼队伍成了一道黑旗的激流。就在苏联政府为了纪念这位智慧老人而将东部的一个城市命名为"克鲁泡特金"之后不久，爆发了震惊世界的喀琅施塔得水兵无政府主义叛乱。没有理想、只有目的的无政府主义又回到了巴枯宁曾经犯过的错误之中，成为一种灾祸。从此之后，"无政府主义"就变成了恐怖的代名词，成为一片人们所避之唯恐不及的死地。

——因此，克鲁泡特金曾经把 1879 年至 1882 年在其主编的法文报纸《反抗者》上发表过的文章汇编成一篇长文《一个反抗者的话》，后人将之命名为《告青年》。克鲁泡特金在文中反复告诫年轻人和革命晚辈，一切政论、政纲和政体都只是手段而并非目的，为的是建立符合人类普适价值的真正的幸福，而切不可舍本逐末、沉迷于在权力的更迭中翻云覆雨。失去理想的革命行为就是空想妄行，没有理想的革命者就是行尸走肉。一个钢铁般坚定的革命者之国可能对以往一些腐朽的艺术形式嗤之以鼻，但那只是因为那些艺术形式及其寓意腐朽了，而不是因为这个文明不需要艺术。克鲁泡特金说：

> 浸润在自然源泉中的喜悦，产生了文艺复兴时代那许多杰作，这种喜悦，现代文艺里早已是没有的了；革命的理想在现代艺术里早已消失；现代艺术因为没有别的更高的理想，便自以为在写实主义里面找到了一个，这就是呆呆板板照相似的用颜色去绘一粒草上的露珠，描一只母牛大腿的筋肉，或是仔仔细细地用散文和诗歌去描写一条阴沟里的臭泥，一个上等妓女的卧房！

> 你要说了："倘使果真是这样，又该怎么办呢？"

> 我的回答是：如果你以为你自己所有的圣火，只是微弱得像一支将灭的烛光，那么，你很可以照你以前那样继续地做下去；你的艺术不久就会成为一种职业，去替小商店装饰门面，替下等小戏园去作剧本，替无聊的小报去作小说——现在的艺术家，大半已经很快地向着这方面堕落下去了！[1]

1897 年，王尔德继图圄、破产一系列人生惨变之后，黯然离开了英国，辗转来到巴黎。他的同性爱人、引发他身陷缧绁的道格拉斯前来相会，但是两人之间的隔阂已然超越了可以视而不见的程度。大半年以后，道格拉斯还是离开了王尔德，因为此时的王尔德已然不再是那个万众瞩目、投果盈车的才华王子，他孤身一人、一贫如洗、无家可归。道格拉斯以前也说过："如果你不再是那个高高在上的王尔德，那一切就不再有趣。"两人从此天各一方。王尔德去世之后，道格拉斯饱受悔恨的煎熬和对庸俗

1　［俄］克鲁泡特金：《巴金译文全集第十卷》，巴金译，人民文学出版社，1997，第 486 页。

凡世高不成低不就的愤怒，一直到 1945 年逝世为止都疯疯癫癫的。这个决定注定了道格拉斯这样的人，空有一身诗人或是文学青年之名，但是注定与永恒之国无缘。一座忧郁的雕像倒塌了，凡人觉得这没什么大不了的，因为它已经不再有黄金和宝石的装点。他眼前的此人，确实还是那个吟出了"我们都身在阴沟，但仍有人仰望星空"的快乐王子，只不过这种快乐变了一种方式。他只看到了这句话的前半句，拂袖而去，但是他凡俗的眼睛看不见仰望星空的灼灼目光，看不见星空的璀璨因为阴沟的污秽而更加耀眼夺目。

——因此，王尔德在牛津时曾经写下过一首《你洞悉一切》（*The True Knowledge*）（现有的翻译都不太满意，我试着意译了一下，不要太介意于准确）：

你洞悉一切：——我茫然追寻，
追寻一块土地可供播种耕耘；
黑沃的土壤满目杂草荆棘，
不会苛求降下的是泪水还是甘霖。

你洞悉一切：——我茫然坐等，
双手残废、两眼失明；
我等到帘幔最终掀起，
轰然洞开上帝那神圣的大门。

你洞悉一切：——我茫然无知；
但我相信自己不会虚度此生：
我知道我们会再次相见，
在某一个神圣的永恒。

路过巴黎笛卡尔街的行人，都不难在 39 号门洞的上方看到一块匾额，上书"1896年诗人魏尔伦去世于此"。魏尔伦因为枪击兰波而被逮捕以后，对他最为猛烈的攻讦控告来自他那嫉妒成狂的结发妻子，她控告魏尔伦和兰波之间不正当的同性关系，这成为对魏尔伦最为不利的证词。在开庭之后，尽管兰波一再宣称撤回控诉，可是法院还是判处魏尔伦两年徒刑。出狱之后的魏尔伦众叛亲离，在巴黎再也无法生存下去，只好到乡下隐居教书。1894年，《古歌》和《野歌》的作者、高蹈派宗师勒贡特·德·李尔（Charles Marie René Leconte de Lisle，1818—1894）去世，法国的诗人同行一致推选魏尔伦为法国的"诗人王子"。但是魏尔伦此时已经老病缠身，意兴阑珊，他回到巴黎之后日日买醉，健康每况愈下。每当朋友规劝他应该振作起来的时候，他总是苦笑一声说："我还能怎么样？我是一个'被诅咒的诗人'。"

我们应该延续之前的看法，这种诅咒本身就是一种荣耀。如此蹉跎了一年多之后，魏尔伦出版了诗集《死亡》，之后就去世了。

——因此，魏尔伦觉得孤独、茫然和举目无亲，哪里都不是故乡，巴黎更加陌生。他在一首诗《苦恼》之中曾经描述过他孤独而恐惧的梦境，梦中他是一个冷漠无情的陌生人，不相信一切，到最后描述本身也陷入了梦呓的谵妄之中，他却好像管不住自己一样义无反顾地喋喋不休下去：

> 大自然没有给予我什么，无论是无垠的沃野
> 慨然的余阳、
> 西西里红光离合的回音，
> 还是绚丽的极光，
> 已经没有什么能够触动我的心房。

我嘲笑艺术，也嘲笑凡夫俗子，

嘲笑歌与诗，也嘲笑希腊庙宇，

我嘲笑教堂的塔楼凌空戟指，

在我眼里毫无二致，管他是仁翁善长，还是城狐社鼠。

我不相信上帝，我否认所有的思考，

至于自古以来的笑话——

爱情，更该三缄其口。

我的灵魂已经厌世，却又害怕死亡，

我就像惊涛中的玩具船，大海随时将我埋葬。

可就算迟早沉没，我还是只能扬帆出航。

这种疏离感我们偶尔也会有，只是不会像他那样如影随形。在梦游般的举步维艰之中，我们觉得虽然身边人潮汹涌，但是却好像踏在一片荒漠之上。面目模糊的路人信奉面目模糊的神，他们走过我们身边时都有意无意地让开几步路的距离，这种冰冷的人潮汹涌之中，好像只有我们自己是一座与世隔绝的孤岛。

1876 年在魏尔伦出狱后，兰波又赶去和他见了一面，两个老友兼旧爱愁眉相对，似乎有一肚子话要说，但却相顾无言。这次见面之后，两人从此就天各一方了。与魏尔伦的交恶令兰波对诗歌创作感到意兴阑珊。他在写完《彩图集》之后又活了十七年，当过咖啡商、土特产商、军火商，在三十七岁上英年早逝。他后半生走南闯北，变成了一个地地道道的、他少年轻狂时的诗歌里最鄙视的那种人，和强盗、军阀、土王称兄道弟、讨价还价，唯独没有再拿起过那支曾经描绘过天国荣耀的梦幻之笔。兰波从诗国的王子变成了一个锱铢必较、患得患失的小商人，但我们还是觉得他比其他锱铢必较、患得患失的小商人幸运，因为他毕竟曾经是诗国的王子。对于锱铢必较、患得患失的小商人而言，看见地狱都是他们毕生难以企及的属于天国的荣耀。

因此——天国的荣耀？请读一小段兰波的《地狱一季·地狱之夜》（头三节，翻译出自已故的上海社科院文学研究所副所长王道乾教授）：

> 我吞下一大口毒药。——给我这么一个好主意，真该三倍地祝福！——五脏六腑烈火燃烧。毒性猛烈，我的四肢五体痉挛抽搐，我扭曲变形，倒翻在地。我渴死，我窒息，透不出气，叫也叫不出。这就是地狱，永恒的惩罚！你看，火焰往上窜！把我烧个够。滚开，魔鬼！

> 皈依良善和幸福，得救之路，我已经隐约看到。即便我能说出看到的景象，地狱也容不得赞美诗！有难以数计美好动人的创造物，有芬芳灵智的乐曲，力量与和平，高尚的壮志雄心，我知道？

> 高尚的雄心壮志！

> 依旧是那样的生活！——罚入地狱莫不是永生永世！——人欲自毁自伤，必下地狱，是不是？我信我已落下地狱，所以，我就在地狱。这就是亲自践行教理。受洗即卖身，我自是我受洗礼的奴隶。父母呵，你们做成我的不幸，也做成你们自己的不幸。可怜的无辜的人！——地狱伤不到异教之人。——照样还是生活！往后，下地狱的快乐将更是深不可测。按照人世的律法，一次犯罪，我立即就被打入虚无。

这五位巨人的背影，就好像英国威尔特郡的荒原之中古代德鲁伊教徒遗留的巨石阵那样苍凉而孤寂地围坐无言，又好像埃斯库罗斯（Αἰσχύλος，前525—前456）在《被缚的普罗米修斯》中描述的那些直布罗陀海角的黑色巨岩那样，俯视着黑暗的海面上终年翻滚的苍白波涛。尘世，只敢远远观望他们摩天接地的背影，对他们亿万斯年的沉默和孤寂噤若寒蝉。凡人们为之抱头鼠窜，伟人们为之黯然神伤。然而只是这样的远远一瞥，难以言说的孤寂和苍凉也像黑暗森林里刮出的阴风，将我们懒于跳动的心吹出伤痕。

我们列举了他们在人世的种种不幸，又列出了他们想说的话。至此，相信大多数人不会再觉得这种"青史留名"将会是幸福的了，凡人的望而却步保证了这种光荣不被轻易触摸。然而他们毕竟还是幸福的，只是这种幸福的理解角度不同。这种幸福就是不朽。历史的层级消费最后落在实处的影响必然是且仅是对人生的幸福和意义的层级理解。是时候对这五位巨人的五段话做一个简单的总结了，还是让他们自己推选一位代表来发声吧。请欣赏兰波的《地狱一季·永恒》(译文来自中国人民大学教授王以培)：

终于找到了！
什么？永恒。
那是沧海，
融入太阳。

我永恒的灵魂，
关注着你的心，
纵然黑夜孤寂
白昼如焚。

众生赞誉，
普遍冲动，
你就此飞升！

超脱凡尘……

没有希望，
没有新生，
科学与耐心
难逃苦刑。

没有明天，
炭火如织。
你的热情，
天生使命。

终于找到了！
什么？永恒。
那是沧海
融入太阳。

　　长久以来，为大多数人所认识并且接受的文明的唯一形态，被理解为一条类似上坡路的路径。几乎所有人都认为，文明的发展和科技的发展是一回事，文明正在变得越来越"好"，而且这种"变得越来越好"也是文明进化的唯一任务。而这五位诗国的巨人，出于各自的原因，离开了这条路径，这决定了他们进入另一种境界，这决定了他们孤独的结局。在一本由数学家撰写、二十年前曾经风靡全球的小册子《数字化生存》里面，作者尼古拉斯·尼葛洛庞蒂（Nicholas Negroponte, 1943—　）、一位麻省理工学院的老教授甚至引用了一种算法来描述这条昂首向上的进化论线条。它并非平铺直叙，而是近似于阿基米德（Ἀρχιμήδης，前287—前212）棋盘放米的算法，越来越陡峭，而且最终统计的近乎于所有比例都来自三十次求和中的最后三次。这根陡峭的线条符合科学发展的规律，也被看成文明的基本路径，人们因此而认为文明发展在变得越来越"容易"、高产和一日千里，乃至于产生了各种流派的末日猜想。人们众说纷纭地揣测人工智能何时毁灭人类取而代之，或是范围越来越辽阔的宇宙探索终于冒犯了某个具有无所不能的科技水平的星际文明，令地球惨遭灭顶之灾。

但是文明的发展毕竟不能等同于科技的发展，证据是显而易见的。没有任何一个时期像东周那样涌现出那么多大哲学家，进入汉朝以后，这个数字并没有逐步增加；同样没有任何一个时代像唐宋那样涌现出那么多的诗人，从元明清到现代，这个数字也没有逐步增加；没有任何一个世纪像盛期文艺复兴时代那样涌现出那么多的艺术巨匠，在巴洛克风格兴起以后，这个数字同样没有逐步增加。这里遵循的似乎是一条峰谷形态的迂回曲线，根据某种未知且不可捉摸的算法，不时磅礴井喷、百花怒放，但也不时销声匿迹、万马齐喑。

这条曲线绝不陡峭，它就是一条平静、和缓的河流表面的粼粼波光。做此比喻也不算过分，你可以说霍金（Stephen William Hawking，1942—2018）对宇宙的认识绝非张衡（78—139）所能想象，但是却不能说希姆博尔斯卡（Wisława Szymborska，1923—2012）的诗歌比维吉尔的"高明"，也无法证明贾科梅蒂（Alberto Giacometti，1901—1966）的雕塑比米开朗基罗的"更加"接近美的本质。这些史实是无法攀比的，不同于科技史之中算法的迭代、冗余和修正，艺术史的发展规律波诡云谲、不可捉摸，宛如文明进化中挥之不去的幽魂。

所以，凡人本能地以更加容易把握的进化算法来理解文明的发展，也就不足为奇了。但这就产生了一种后果，以陡峭攀登的进化论视角来看，那些处于文学和艺术那条古怪曲线上的史实，其运动轨迹就非常难以把握。有的时候，譬如文艺复兴时期，它们随着进化曲线齐头并进、令人欣慰；有的时候，譬如中世纪，它们慵懒颟顸、停滞不前；甚至有的时候，譬如"垮掉的一代"时期，它们甚至是批判的、反主流的，因而也被理解为是倒退的。一切都在猝不及防中发生。

如果我们只能以进化论来理解文明史的话，那么这些不经意间和进化唱了反调的艺术史事实对于进化自身而言毫无疑问是"无益"的了，这样的诗人和艺术家在当时的进化视角看来，也就无异于自绝于人类，徘徊在进化的洞门之外了。前文提到的马克斯·恩斯特战栗而冷酷的画风、卡夫卡阴郁而暗无天日的喋喋不休和艾伦·金斯伯格狂暴而荒芜的破口大骂，无疑都属于这个阵营了。他们就是这样的一种人，就好像一颗桀骜不驯的棋子，在共时文明层面的棋盘上，无论如何都找不到适合摆放他们的位置。可是，当一局终焉、偃旗息鼓之时来临，我们又会发现在全局之中，他们的光辉无论如何都无法掩盖。

这就是说，他们对文明史的贡献不利于当下，但是有待来者。可是这没有用，我们只能承认文明的进化算法曲线，在这条曲线里，有意义的只是当下。你不可能放纵一种因素破坏"当下"，而只因为它们在"未来"具有某种统计意义，因为未来是虚无缥缈的。这种艺术思想上的批判性从来不被时人待见，所以，卡夫卡郁郁而终、王尔德锒铛入狱、艾伦·金斯伯格在越战时期因为反战态度而被中央情报局严密监控。正如第一部分某一节所探讨过的那些思绪那样，文明的发展不容这些"癫人"——folie 破坏，所以最好的办法就是将他们一网打尽，塞进船舱，发配到贝桑松甚至是比利时的蛮荒之地，让他们无法再兴风作浪、蛊惑世人。

对，这艘船的名字就叫作"遗忘"。

现在两条路似乎走到一起了：失去社会关注而被遗忘与失去生命而被遗忘像是一回事，看起来似乎只有死路一条，而这个被遗忘的过程又好像是一个实实在在发生的死亡的过程。当代实验文学的先驱、作家北村较早的一篇小说《玛卓的爱情》花费了所有的叙述时间来层层渐进地见证了这样一个永远不能习惯凡间世界的诗人死亡的过程，精神的死亡乃至于肉身的死亡，就是这两条路走到一起的见证。那位名叫"玛卓"的女诗人当然是一个虚构的人物，可当人们读完她的故事，尤其是结尾处那一段宛如布道的话，都觉得未必是如此，这个"人"是不是真实存在并不重要。这一段话是这样的：

> 伙计，生活如此沉重又如此轻盈，让人无所适从。我真后悔当时夺下了刘仁的手电筒，让他握着多好，虽然疯了，到底还留条活命，那样他自得其乐，感到幸福，也比死好。我真后悔，我杀了他，哦不，我怎么有力气杀他呢。哎呀，我的天，人真脆弱呀，一滴水就可以把他打死。现在，我们爱也爱过了，恨也恨过了，哭也哭过了，幻想也幻想过了，唱也唱过了，我最喜欢唱《在那遥远的地方》，它是不是太遥远了。

> 我的天哪，我们不会生活，你看生活被我们弄成这个样子，我们像走迷的羊，都走在自己的路上，我巴望尽快离开经历这条黑暗的河流，一定有一个安慰者，来安慰我们，他要来教我们生活，陪我们生活。我相信一定有的，这就是我不同于他们两个人、能暂时活下去的原因。

> 伙计，你睡着了吗？

> 我住口后起身，发现他真的睡着了。海滩上的人已经走光了，天黑了下来，潮水已经涨到高处，我们躺的这块

314

礁石被潮水团团围住。我恐惧地望着黑暗的潮水，看来靠我们自己是无法上岸了，一切都是徒劳。

但我的伙计还没有醒来。[1]

所谓诗人，就是指那些人，他们永远不能习惯凡间的生活。

这种社会的"强制遗忘"的方法有很多种，流放、文字狱和禁止出版是最为常见的几种，还有一种就是自身的枯萎。久而久之，诗人们都已经认可了这条崎岖的道路：被社会"强制遗忘"乃是一种境界，等闲不得许人。俗世面对王尔德如临大敌，可是那位曾经和王尔德形影不离的道格拉斯呢？他也写过诗，可是无人屑于对其一顾，他死的时候就是一个絮絮叨叨的老头。没有人喜欢他，也没有人讨厌他，他曾经一脚踏入了永恒，但是狐疑着瞥了一眼又原路退出，他最终的结算结果基本等于零。所以，诗人和艺术家非但不讨厌被看成 folie 并且被社会强制遗忘，甚至将之看成一种荣耀而趋之若鹜：浮沉于遗忘的海洋之上而最终幸存，是他们迈入永恒之门前的最后一道考验。

另一个结果是沉迷其中：也有人并不拘泥于"通过"遗忘的考验，而是在被遗忘中找到了舒适和顾影自怜的满足感——卡夫卡就是最好的例子，他临终嘱托好友勃罗德将他的所有手稿付之一炬，以便真正达到被遗忘的境界。出于种种原因，勃罗德没有执行这份遗嘱——参考日本文学理论大家本居弥四郎宣长（Motoori Norinaga，1730—1801）的"物哀"美学，我们将这种被社会强制遗忘以及沉湎于自我遗忘的境界，称为"哀忘"。

我们似乎突然理解了巨人们锲而不舍地追求哀忘的用心：一个伟人是否被社会遗忘，也并不由他自己决定。对于任何一个具有鲜明作为的人而言，文明史都不会轻易将他遗忘，哪怕他与一

1　北村：《玛卓的爱情》，长江文艺出版社，2001，第258页。

时的世界为敌。而那些没有作为的芸芸众生呢，又不具有被文明遗忘的资格。从某种意义上来说，达到这种"哀忘"的境界——而非庸庸碌碌地被遗忘，这二者之间的区别我想不用详加解释也能令人心有所感——和名垂青史一样可遇而不可求。

历史不允许遗忘？请看下面这个故事。

思出"生命诚可贵，爱情价更高。若为自由故，二者皆可抛"的那颗心，早已停止了跳动。关于裴多菲（Petőfi Sándor, 1823—?）的结局，现在的一般意见是在1849年俄国镇压匈牙利革命起义时战死沙场。在无数激励少年人的诗话故事之中，这件事被传得有鼻子有眼、宛如亲见，甚至详细到：当时战场上有两个哥萨克骑兵向裴多菲发动攻击，裴多菲躲过了一个骑兵砍来的马刀，却没能闪避另一个骑兵刺来的一枪，猝不及防倒地身亡。

可是早在匈牙利独立之时，裴多菲并未战死而是被俘虏继而流放的说法就一直在民间流传，匈牙利政府组成了一个专门的办公室调查此事，但是一直没有找到有力的证据。苏联解体之后，很多重要的官方文件解密，有人在1849年战争后的俘虏流放名单之中找到了他的名字，从文件上来看，他似乎被流放到了贝加尔湖附近的一个荒芜之地。那个地方有一个老人回忆，他小时候就听大人说，村子里的墓地中有一座荒坟埋葬着一位名叫"彼得洛维奇"的匈牙利革命者，似乎是个诗人。而亚历山大·彼得洛维奇，正是裴多菲的本名。

1989年，调查委员会组建的历史学多国专家科学考察队闻声找上门去，其实在那个偏僻之地的三家村里这根本不是什么不解之谜。根据村民的回忆和指引，科考队看到，那个早年竖着一块木牌、上书"ASP"三个大字的荒坟还是静静地卧在那里，虽然木牌早已朽烂，封土破败不堪，可是一点也不难找到。而"ASP"这三个字母，原本浑不可解，现在似乎也若明若暗地有了答案，"A"是亚历山大，"S"是山陀尔，"P"是彼得洛维奇。

根据村中遗留档案的片言只语以及村民回忆的拼凑，这位墓主人被流放到当地之后，和一位邮差的女儿结婚，于1856年5月去世。这就是说，如果这位"ASP"真的就是裴多菲的话，那他就不是战死沙场，在世上盛传的他为国捐躯的那个日期之后，他又默默无闻地苟活了差不多六年的时光，最后在平凡、贫穷和卑微中死去。

科考队员开启墓穴，找到了墓主人的遗骸。队员之一、匈牙利人类学家基赛伊教授几乎立即断定眼前的头骨就是裴多菲的遗骨，它与画像中裴多菲清隽瘦削的面容无比符合，还都有一颗虎牙。

考察行动继续下去，队员们都心知肚明，这是一项将会改变已成定论的历史知识的研究，以偶然性（被俘）和随遇而安（苟活）来重写一个已经被描述为英雄的历史人物的结局，很有可能被世人看成历史虚无主义。可几经会议之后，调查委员会主席莫尔毛伊·费伦茨认为，所谓史鱼秉直者也，历史的真实性比它的用途更为重要。委员会决定力排众议，把调查进行下去。

考察进入到了遗骨的 DNA 检测阶段，科考队通过种种途径获取了一位匈牙利女子的血样，她的第六或是第七世祖先是裴多菲的姨妈。经过多个实验室的检测未果，科考队求助于中国上海的一家基因检测实验室，这家实验室位于上海市光复西路，隶属于中华人民共和国司法部司法鉴定科学技术研究所。科考队的申请邮件发到实验室之后，中国科学家欣然应允。经过数日实验，实验室约请费伦茨主席来沪会议，双方共同向全世界发布了基因检测的结果：

> 最终，检验结果提示送检腿骨与血样间具有较近的生物学关系，在客观上支撑该腿骨极可能为裴多菲本人的这

317

一事实。从 DNA 证据的角度一定程度地支撑了 1989 年考察队挖掘遗骨时，匈、苏、美人类学家以及文字记载资料的考证结果。

历史的结论终于被改变了，但是这对桂冠上的光环并未造成几许影响。科考队员执手唏嘘，中国科学家也为之恻然，裴多菲同样是中国人景仰的英雄。这一段公案的科考工作尘埃落定、队员们握手话别之后，中华人民共和国司法部的科学家们郑而重之地将这一则实验报告刊登在司法部的网站之上，至今依然能够查阅。

文学和艺术的历史曲线呈现出不同于科技史的飘摇不定的原因是，这些历史的主人翁是活生生的人，不是公式，不是定律，也不是某种斩钉截铁的算法守则。裴多菲确实是铮铮铁骨的革命英烈，这一点到任何时候都不会受到质疑，但他也同时是一个有血有肉的人、一个感情起伏瞬息万变的热血青年，他也有七情六欲的事实不可能也不应该影响到历史的判断和人们的景仰。

陪裴多菲走过生命最后岁月的那位邮差的女儿究竟是怎样的一位女子，恐怕再也无法考证了。可裴多菲也有他的爱情故事，本来就有，而且感人程度与但丁和比阿特丽斯的故事相比不遑多让，只是有些人觉得这种儿女情长相对于裴多菲的革命壮行而言是一种亵渎，或至少是不值一提的，故事这才变得哀忘而默默无闻。1844 年，二十一岁的裴多菲与一位名叫爱德尔卡的十五岁少女相爱了，两人度过了极短暂的热恋期。恋爱中的裴多菲毫无一般人想象的那种"革命诗人"的挥斥方遒，他也会唏嘘，他也会吟哦，他也会辗转反侧、彻夜难眠，他也会在清香的露水宛如净琉璃的珠宝般自枝头滴落的黎明时分写下这样的诗：

姑娘，你可见过多瑙河？

它从一个岛的中央流过；

318

我说你那娇美的面容，
轻轻荡漾着我的心波。

绿色的落叶从岛旁，
被卷入蓝色的水浪，
我说你那希望的浓荫，
悄悄洒在我的心上。

在这首《致爱德尔卡》被吟出之后没多久，两人热恋不到三个月的时候，爱德尔卡急病暴亡。裴多菲在爱人的坟前哭倒在地。根据爱德尔卡妹妹玛丽亚的回忆，爱德尔卡下葬之后，裴多菲在爱德尔卡家又住了两个星期，他睡在她去世时躺的床上，茶饭不思，黯然神伤。

如果裴多菲自己能够选择，他一定不仅希望历史记住他为国慷慨捐躯、奔赴沙场的豪情，也希望历史不要遗忘这一段仅持续了旬月之久的刻骨铭心的爱恋。可惜这一切他自己不能定夺。在慷慨激昂的裴多菲和柔情似水的裴多菲之间，历史一般是二选一的，幸运之如但丁者寥寥无几。这是因为历史是展示于历史知识的消费阶层的，他们的消费容量有限，而且基于本书题目所提出的那种消费层级结构，消费能力也参差不齐。我们不可能要求一个历史知识的普通消费者（阅读者）记住所有历史人物的历史功绩的同时，也记住他或刻骨铭心或平淡无奇的情感生活，只能选择那些最容易被记忆的以及记下来最有用的。

是否被遗忘和是否被铭记，都不由个人的主观意志所决定。铭记和遗忘在本质上说来都是一种悲天悯人的忧伤。所以，那些被历史、被文明的发展看成"没有用"的诗人或艺术家，以及他们的诗歌和艺术品，能以一种更加超然物外的眼光看待这个营营役役的世界。哀忘乃是一种境界。

为了这些"有用"的经验不至于失传，人类有了历史，继而有了历史规律和历史哲学，它们都是管理这些"有用"的经验的纲目措施。这令人想起了一个近似但是因为过于耳熟能详而被熟视无睹的例子：城市。如果说历史是对"有用"记忆的统筹管理的话，那么城市就应该是对这种"有用"记忆的统一"使用"。人们面对历史和面对城市的态度其实是一样的：为了更有效地持续某种"被许诺"的生活，而必须遵从一些什么、牺牲一些什么和遗忘一些什么。

城市中各种便利的生活方式就是科技文明使得生活越来越有效率的证明，而一些看似与日常生活无关的纪念碑式的设施，例如寺庙、图书馆和某位历史人物的纪念建筑，则代表了文明允许其成员沉思的精神的传承。这样，城市的存在就完成了一种从肉体到精神面面俱到的、承载文明进化的意向。虽然有很多东西是被城市和文明所摒弃和遗忘的，但是因为一代代的城市居民是在这些已然精确调配完毕的城市生活"剂量"之中被培养出来，只缘身在此山中，所以他们还是以为他们拥有的是全部。

而远离城市的荒芜的天性呢？他们会自由地生长，进化出某一位或几位文化人类学谱系之外的原生的神，这些新兴的神谱在后世有可能会发扬光大，但与当时的人类社会格格不入。我为此忍不住又想一吟我非常喜欢的一位诗人的一首诗，这是艾伦·金斯伯格的《野孩子》（*Wild Orphan*），金斯伯格的诗中不算特别出名的一首。我把这首诗的每一段完整地翻译出来，但是句读的排列是基于我自己的喜好：

　　慈祥的母亲
　　　带着他在铁路和河流间
　　　　流浪。
　　流窜飞车党的儿子，

他想象汽车的模样、
他梦见驾驭它们
　　闯荡。

他渐渐长成，
伴随着想象的机车
和逗留镇的幽魂。

没人讲故事，
只有靠想象
　　他编织
　　　　自己美丽的、狂野的
　　　　　　神话。

他以后会不会幻想出自己的
　　神祇？
哪怕令自己泥足深陷于
　　冥想中疯狂的
　　　　闪烁？

只有在梦中他才能触摸
　　他灵魂的珍珑——
那是一个憧憬，
　　为了一种
　　　　完全不同的生活。

所有触及灵魂的疑问，

都会销蚀他们的纯真：

一位偶像，一副十字架，

一段刻骨铭心的

爱情。

父亲，黯然神伤地缧绁

  记忆的樊笼，

在千里之外，

茫然无知于

    正有一个年轻的

      陌生人

        在向他的门前

          奔来。

逗留镇的典故出自华盛顿·欧文（Washington Irving，1783—1859）写于 1820 年的小说《睡谷的传说》（*The Legend of Sleepy Hollow*），那是一个到处游荡着鬼魂般的荷兰酒鬼的小村庄。这个地方在现在的曼哈顿以北二十五英里，哈德逊河塔潘泽大桥（Tappan Zee Bridge）桥下，下了塔潘泽大桥的高速匝道口，再开几百米就到了。

在理性的边界之外，纯粹来自个人想象的思考会被混沌和无序充斥。

因此，无怪乎斯坦福大学陆威仪教授在撰写《哈佛中国史——分裂的帝国：南北朝》的第四章"城市的变化"之时，突然大发感慨，他认为城市是理性文明的边界，在此边界之外游弋的遗忘和混沌都是文明人类无法生存于其中的死域：

这个女人沿着水路行走，既有自杀的可能，也犹豫不决。城墙标志着有序世界的边界，在这类诗歌中，走出城门，接下来通常会是绝望与死亡的场景。[1]

"这个女人"可不是籍籍无名的一介怨妇，她乃是汉代著名的女诗人卓文君（前175—前121），而引发陆威仪深为掩卷长吁的那首诗，就是传说是卓文君诀别司马相如所作的《白头吟》。陆威仪引用了哥伦比亚大学安妮·柏丽尔（Anne Margaret Birrell）博士编于1988年的《汉代民间歌谣》中的版本，但是没有引用全，缺解（汉乐府诗中的分段）一首句和解四解五。而这本《汉代民间歌谣》里引用的《白头吟》，却是南朝沈约（441—513）《宋书·卷二十一·志第十一·乐志第三》的版本，比起传为卓文君原作的汉版，《宋书》版解二多一句，还多了解三和解五的后两句。原诗是这样的：

> 皑如山上雪，皎若云间月。
>
> 闻君有两意，故来相决绝。（解一）
>
> 平生共城中，何尝斗酒会。
>
> 今日斗酒会，明旦沟水头。
>
> 蹀躞御沟上，沟水东西流。（解二）
>
> 郭东亦有樵，郭西亦有樵。
>
> 两樵相推与，无亲为谁骄？（解三）
>
> 凄凄重凄凄，嫁娶亦不啼。
>
> 愿得一心人，白头不相离。（解四）
>
> 竹竿何袅袅，鱼尾何离簁。
>
> 男儿欲相知，何用钱刀为？
>
> 𪩘如马噉萁，川上高士嬉。
>
> 今日相对乐，延年万岁期。（解五）

1　[美]陆威仪：《分裂的帝国：南北朝》，李磊译，《哈佛中国史》丛书，卜正明主编，中信出版社，2016，第87页。

从严格意义上来说，这首诗的题目应该叫作《皑如山上雪》，因为最早提到《白头吟》的南朝徐陵（507—583）《玉台新咏》仅仅记载了卓文君曾作《白头吟》，但是未引原诗，显然不能作为证据。这些考证和本文无关，在此不再赘述。

很显然，引发陆威仪感慨的是解三的那两句。这些生活在城市边界之外或至少是游离于城市边界——"郭"的人，可能暗示了文明的理性和本能的蒙昧性之间模棱两可的一种状态。你看，一个居住在城市边缘（郭）的"樵"，他虽然需要在城市之中谋生，但是谋生的手段（伐木）是超脱城市界限之外的。这种如同幽灵般游荡在城市（理性）和荒原（蒙昧）之间的人物显然是为文明人所鄙夷的，因为他们没有严格地以一个文明的人的要求来限制自己，他们的生命中具有某种挥之不去的动物的劣根性。

这种"被鄙夷"的边缘人是这首诗解三中主要的对比对象，陆威仪明确体会到了诗人描述这两个野蛮人的用意：

> 拾薪者是人类社会外围最贫穷的人，但是因为有家人的陪伴，即便是他们也比被抛弃的女人更幸福。[1]

这句感慨之中，没有什么言语比"即便"这一个毫无实指的副词更明确地表现出了这种鄙薄之意。而且在这句话里，陆威仪并没有说"人类城市外围"，而是说"人类社会外围"，这两个概念自然而然地被一条看不见的纽带牢牢地缔结到一起。

这种荒芜而蒙昧的天性，未经城市（道德）的砥砺，最终很有可能迈入毁灭一途，至少不会被人类社会所接受。无独有偶，雨果在《悲惨世界》中也说过一段感慨的话，认为放任自然生长的一点点人性也会被动物性所吞噬，在远离文明边界的蛮荒之中，这一切经历无所谓某个"堕落"的过程，都是自然而然发

1　[美]陆威仪：《分裂的帝国：南北朝》，第87页。

生的：

> 执达吏领着戈什巴依来了。这个受着终身监禁的囚犯，和舍尼杰一样，也是从狱中提出来的，也穿一件红衣，他是卢尔德地方的乡下人，比利牛斯山里几乎近于野人的人。他在山里看守过牛羊，从牧人变成了强盗。和这被告相比，戈什巴依的蛮劲并不在他之下，而愚痴却在他之上。世间有些不幸的人，先由自然环境造成野兽，再由人类社会造成囚犯，直到老死，戈什巴依便是这里面的一个。

无怪乎巴黎人神经质地认为"不是巴黎人"是一项可以被指控的罪名。《悲惨世界》里面有一处描述了两个自作聪明的穷棒子（割风大爷和掘墓人格利比埃）相互结识时令人发噱的对话。面对这位老前辈，格利比埃毫不在意地说：

> 您是乡巴佬，我是巴黎人。

（ Vous êtes paysan， je suis parisien. ）

丝毫不觉得自己冒犯了别人。这差不多相当于上海人把世界分成两个部分，分别名之以"上海"和"外地"（"外地"算是比较客气的称呼，上海人彼此之间交谈的时候往往代之以"乡下"一词）。城市是理性世界的边界，在城市外面发生的一切都是邪恶的，或至少是不值一提的。时过境迁，巴黎人和上海人的这种毛病现在治愈了大半，但是有时候依然会复发。

耐人寻味的是，世间万事都有反思，反思是这个文明最为健康和缔造奇迹的一种活力，其中甚至包括反思那些被文明本身所排斥的事物。文明相信——我们假设文明具有某种第三人称的所有格，或是处于文明阶段内部的所有人都有同样想法，这并不重要，了解我想表达的意思就行——荒芜的自然性对于璞玉浑金的原生人而言会将他们导向兽性，但是已经接受过文明洗礼的"健全者"对这种不良影响是免疫的。这种想法可能来自某种简单的逆反心理，更大的可能是文明社会种种戒律的压力令人不胜其烦。总之，当有一两个人战战兢兢地离开城市、尝试那种旷野中没有戒律的自由生活之后，这种超凡脱俗就成为一种颇为耐人寻味的幻想。虽然只要不在文明（城市）之中就算是 folie，但是人们也至少希望那些离经叛道、勇于探索蛮荒的历险者的遭遇美好一点。当他们的背影真的被蛮荒所吞噬，追随者们也只愿意承认后来发生的一切是"未知"的：

> 老子修道德，其学以自隐无名为务。居周久之，见周之衰，乃遂去。至关，关令尹喜曰："子将隐矣，强为我著书。"于是老子乃著书上下篇，言道德之意五千余言而去，莫知其所终。

老子即便不是历史上第一位自动离开文明（城市）的归隐者，也至少是最具有影响力的一位。《史记·卷六十三·老子韩非列传第三》中闪烁其词描述的"莫知其所终"引申附会出了无数或深邃或荒诞的故事，不乏炼制丹药、升天成神，以及入住离恨天兜率宫——他在成神之后的通信地址。但是没有一个人敢于想象老子西出函谷关、离开人类社会之后可能遇到的生活上的种种危险、窘迫和不便，而且他的结局也很可能和其他老人一样，在困顿中寿终而殁——一个值得被修饰的历史事件被修饰以某种宗教性的狂热，无怪乎曹丕在《折杨柳行》诗的解三和解四中对这种以讹传讹的怪诞故事嗤之以鼻：

> 西山一何高，高高殊无极。
>
> 上有两仙僮，不饮亦不食。
>
> 与我一丸药，光耀有五色。（解一）
>
> 服药四五日，身体生羽翼。
>
> 轻举乘浮云，倏忽行万亿。
>
> 流览观四海，芒芒非所识。（解二）

彭祖称七百，悠悠安可原。

老聃适西戎，于今竟不还。

王乔假虚词，赤松垂空言。（解三）

达人识真伪，愚夫好妄传。

追念往古事，愦愦千万端。

百家多迂怪，圣道我所观。（解四）

与《华盛顿入圣》所歌颂的精神升华不同，愚夫愚妇的成神故事永远以违反自然规律为着墨点，后世中国人思维的至少一半分量都完全建立在这种不切实际、光怪陆离的幻想之上。道家学派的世外思想有的时候对社会是一种破坏性的力量，有的时候、大多数时候则至少是不合作的。

我们反思文明和荒芜的辩证关系的时候很少会去想我们"已经"得到了什么，多数是在思索我们"没有"得到而通过另外一种生活态度"可能"甚至是"应该"得到的东西，所以，有了远离文明、归于隐逸，最终获得自由、寻得自我的各种故事，它们即便是在今天的办公室白领人群之中也很有市场。久而久之，这种想象出来的"自由"被夸大了，成了一种虚幻的快乐的载体。在一种思维定式中，一切都被想象得很美好：

何日山中住，山中广置田。

高原儿课种，精舍我闻眠。

二月到八月，莺天与笋天。

总无愁苦法，那得不长年。

这是清代画家龚贤（1620—1690）的一首题画诗。而实际上龚贤困顿一生，另有自作诗云："百苦不一乐，到老尚谋生。"龚贤死后，穷困无以为殓，全靠好友孔尚任（1648—1718）的资助后事才勉强办完。

隐居山野的人，想喝一口干净的水都很困难，食物也很难完

327

全脱离人类社会经济模态而自行生产出来，只是这些都被看成不重要的事。隐士们为了追求这种"哀忘"的境界，还是前仆后继：

> 少无适俗韵，性本爱丘山。
>
> 误落尘网中，一去三十年。
>
> 羁鸟恋旧林，池鱼思故渊。
>
> 开荒南野际，守拙归园田。
>
> 方宅十余亩，草屋八九间。
>
> 榆柳荫后檐，桃李罗堂前。
>
> 暧暧远人村，依依墟里烟。
>
> 狗吠深巷中，鸡鸣桑树颠。
>
> 户庭无尘杂，虚室有余闲。
>
> 久在樊笼里，复得返自然。

顺带一提，《归园田居·其一》这首诗中的"狗吠深巷中，鸡鸣桑树颠"一句出自汉代古词《鸡鸣》，收录于《乐府诗集·相和歌辞三》和《宋书·卷二十一·志第十一·乐志第三》。没有人怀疑陶渊明对隐逸的、哀忘的、文明之外的生活的喜爱是出自真挚之情，但是《桃花源记》里那些村民的"先世"为了"避秦时乱"而躲离人境的动机呢？其实只是很自然、常见的一次逃难而已，它被这种真挚的热爱所夸大了。

这当然可以理解。如果文明要求所有人都奋勇争先，那么总有人会对此感到厌烦，这些厌烦的人中大部分人选择逆来顺受，也总有人会走出避隐的第一步。这种自我放逐式的隐逸和哀忘，对于那些尚未归隐也未淡出记忆边界的文明的参与者而言，用处就是在提醒世界，脚步放得慢一点，再慢一点，不要为了追逐自己的太阳而累垮在奔跑的旅途上。

所以，在文明（城市）的边界之外，蛮荒的美也被那些并非原住民的外来者（文明人）发掘得淋漓尽致，"丘山"成为很多远望者的精神家园。我们再来看陶渊明的另一首诗《时运·其二》：

> 洋洋平潭，乃漱乃濯。
>
> 邈邈遐景，载欣载瞩。
>
> 人亦有言，称心易足。
>
> 挥兹一觞，陶然自乐。

"丘山"对于情思的作用就是"载欣载瞩"。在中国艺术中"山水画"和"风景画"（landscape）的意义是不一样的，其实中国画山水画也经历过一个"风景画"的阶段。我们来读一读南朝宗炳（375—443）《画山水序》中这样的句子：

> 于是闲居理气，拂觞鸣琴，披图幽对，坐究四荒，不违天励之藂，独应无人之野。峰岫峣嶷，云林森眇。

这是说风景画是给人幽居于室内——城市的中心——而欣赏旷野的风光所用。它的功能是让人暂时忘记自己居于文明的樊笼之内，忘记自己对文明的责任，忘记文明许诺给自己的一切荣耀。哀忘令一切都无比舒适。这种舒适的原因，就是哀忘是我们唯一的结局，它早就被固化在吾人的生命和血液之中。

陶渊明在《归园田居·其四》之中谈到了他和伙伴们在山泽林野之间的一次令人荡气回肠的废墟之旅：

> 久去山泽游，浪莽林野娱。
>
> 试携子侄辈，披榛步荒墟。
>
> 徘徊丘垄间，依依昔人居。
>
> 井灶有遗处，桑竹残朽株。
>
> 借问采薪者，此人皆焉如？
>
> 薪者向我言，死没无复余。
>
> 一世异朝市，此语真不虚。

人生似幻化，终当归空无。

一个被遗忘者的故居，已经没有人知道主人是谁。虽然陶渊明原本就不知道他的身份，但是这已经不重要，上升到整个人类文明的全局层面，陶渊明也是那些遗忘遗迹主人的人的同谋：他是遗忘者，也终将是被遗忘者，正是这一点拨动了诗人的心弦，令他黯然神伤。

于是，为了追寻这种哀忘的真谛，他远离了人类的社会。"采菊东篱下，悠然见南山"就是自我放逐于理性世界的边界；而他离开了克鲁泡特金所说的那种人类城市经济互助的便利性，想喝点酒都得自己酿，也就是说他与死亡的距离也随之大大缩小了。这种自我放逐既有自由的地方，又颇为不便，所以他写出了《桃花源记》：理想的社会是一小群自我放逐的人自然结成一个社团，达到生活互助的最低标准，但是又不达到社会的规模，以避免"道德""伦理"这一系列次生甚至是再次生的语言观念的发生、侵入和喧宾夺主。

究竟是什么迫使陶渊明宁可过着"值其酿熟，取头上葛巾漉酒"、事必躬亲、各种困顿可想而知的生活，也要远离文明世界呢？在中国，这个问题的答案是小学生也能倒背如流的。我们来看萧统（501—531）《陶渊明传》中的这段描述：

> 岁终，会郡遣督邮至，县吏请曰："应束带见之。"渊明叹曰："我岂能为五斗米，折腰向乡里小儿！"即日解绶、去职、赋《归去来》。征著作郎，不就。

就是说，陶渊明连这位督邮的眉毛是横的是直的都没看见就拂袖而去，"乡里小儿"云云，其实只是一时的气话。他只是反感这种"社会规则"由"人"之中抽象出来又强加在"人"之上作威作福的丑态。至于那位无辜中枪的督邮究竟真的如他所想象是一个脑满肠肥、阿谀奉承的市井小人，还是甚至有可能也是一个志趣高洁的人，这已经不重要了。

我们再来看看那个无辜的、被千古人一口死死咬定是"乡里小儿"的督邮。李贤（655—684）注《后汉书·卷二十五·卓鲁魏刘列传第十五·卓茂传》云："《续汉志》曰：'郡监县有五部，部有督邮掾，以察诸县也。'"——他在进行的巡视评估其实是一项再常见不过的政府工作。从长远来说，如果说政治的运行和王朝的更迭代表了文明发展的话，那么这位"乡里小儿"就是在自己力所能及的范围内，为文明的进化做着微不足道但是集腋成裘的贡献。现在，这种卑微的贡献也被陶渊明嗤之以鼻，而且舆论齐刷刷地倒向陶渊明的高风亮节，这只能说明一个结论：哀忘——对文明不胜其烦而甘于自我放逐——能够得到充分的理解，每个人心中都有这种选择的意向，而荣耀则归属于那些真正做出了选择、敢于向文明说"不"的人。

很多对中国士大夫隐逸文化持不同看法者认为，以陶渊明为首的"隐士"阶层是一群不愿意肩负自己对文明的责任的逃兵，在文明建设的添砖加瓦之中，他们选择逃避现实。他们离开城市，一走了之，对躲避文明责任的行为轻描淡写。这些逃避现实的人鱼龙混杂，其中甚至有一些居心叵测之人。一篇题为《北山移文》的著名散文攻击了这种伪隐士的丑态：

或叹幽人长往，或怨王孙不游。谈空空于释部，覈玄玄于道流，务光何足比，涓子不能俦。

及其鸣驺入谷，鹤书赴陇，形驰魄散，志变神动。尔乃眉轩席次，袂耸筵上，焚芰制而裂荷衣，抗尘容而走俗状。

而这笔账即便真的算在陶渊明这些真隐士头上，似乎也无可厚非。这些观点，见仁见智，隐逸—哀忘者对文明责任的逃避之举究竟是对是错，我们既无能力也无兴趣在此辩白。但是认为与文明的"不合作"仅仅是拂袖而去、明哲保身而已这种观点，不敢苟同，因为明哲未必保身。

这个"乡里小儿"督邮是文明的规则诞生于"人"而又反过来掌控"人"的最基层单位。与他的前辈张翼德（？—221）怒鞭督邮相比，陶渊明拂袖而去、拒绝合作似乎更没有什么危险性——可不要以为怒鞭督邮只是传说而已，和很多人想象的不一样，这个看起来极具戏剧性的小故事反倒是确有其事的，请看《三国志·卷三十二·蜀书二·先主传第二》里的记载：

> 督邮以公事到县，先主求谒，不通，直入缚督邮，杖二百，解绶系其颈着马枊，弃官亡命。

督邮官太小，英雄们想骂就骂，想打就打。可在较高级的文明层面上，哀忘——拒绝合作可能要付出越来越高昂的代价。我们来看看《后汉书·卷八十一·列传第七十一·独行列传》中的这一段话：

> 初，平帝时，蜀郡王皓为美阳令，王嘉为郎。王莽篡位，并弃官西归。及公孙述称帝，遣使征皓、嘉，恐不至，遂先系其妻、子。使者谓嘉曰："速装，妻、子可全。"对曰："犬马犹识主，况于人乎！"王皓先自刭，以首付使者。述怒，遂诛皓家属。王嘉闻而叹之曰："后之哉！"乃对使者伏剑而死。

对于社会的颐指气使不仅仅是冷眼旁观，而且重大义而轻生死、坚辞不就。只有《后汉书》设有《独行列传》，里面记载的都是这一类的故事。这个"独"字，就代表一种一贯坚持自己观点的固执。《大学》中第一次出现"慎独"这个词，就开宗明义地解释了这一点：

> 所谓诚其意者，毋自欺也。如恶恶臭，如好好色，此之谓自谦。故君子必慎其独也。

诚意就是对自己诚实、对自己忠诚，哀忘不是不用付出代价的。

与前文列举的《党锢列传》的激励意义不同，《独行列传》中社会观念的正误判断更加波诡云谲。《党锢列传》中李膺对抗中常侍被后人看成一种正邪大战，非黑即白，但是《独行列传》里我们举的这个例子呢？公孙述（？—36）雄霸益州、割据自立，只是因为最后失败了，才被人看成乱臣贼子。而在当时不能预见自己失败的情况下，公孙述肯定认为自己正在进行的事业是正常的王朝兴替，换言之，就是文明在假手于自己，实现进化。而不必讳言的是，如果公孙述建立王朝的军事行动按照他的设想侥幸成功的话，后人——我们这些历史消费者对于这个事件的看法，也大抵如是。

这就是说，就算是王皓和王嘉两位义士自己，也吃不准公孙述的行径究竟是犯上作乱还是天命所归，他们的抗节可能是出于对前汉的忠诚，也可能是勘破世情，这都不重要，关键是他们忠诚于自己的选择，选择被文明的发展所遗忘。如果说哀忘值得为之献出生命，那么我们将它和其他人类的高尚情怀相并列，看成一种理想而非逃避，大抵是不算过分的。

公孙述当然是一个失败的文明革新者，可是理想就是理想，不会因为对象的成功抑或失败而有所改变。我们再来看一个相似的例子，有所不同的是前来延揽的势力已经成功建立了一个欣欣向荣的新王朝。下面的句子出自《三国志·卷十一·魏书十一·管宁传》：

> 天下大乱，闻公孙度令行于海外，遂与原及平原王烈等至于辽东。度虚馆以候之。既往见度，乃庐于山谷。时避难者多居郡南，而宁居北，示无迁志，后渐来从之。太祖为司空，辟宁，度子康绝命不宜。中国少安，客人皆还，唯宁晏然若将终焉。

管宁刻意地和那些暂居此地的避难者保持距离，此举被解释为"无迁志"，实际上管宁和前文的陶渊明以及王皓、王嘉两位义士不同，他的反抗并不激烈，他的行为也不是明确的拒绝，而是充满了暗示，不止此一处。我们再来看看南朝裴松之（372—451）《三国志注》中的描述：

> 管宁自越海及归，常坐一木榻，积五十余年，未尝箕股，其榻上当膝处皆穿。

这一段话其实引自西晋皇甫谧（215—282）《高士传·卷下·管宁传》，原文是：

> 宁凡征命十至，舆服四赐，常坐一木榻上，积五十五年未尝箕踞。榻上当膝皆穿。

这两段话都没有解释管宁为什么一直坐在木榻上，原文只是记载管宁"五十五年未尝箕踞"。箕踞就是叉腿坐，在古代是一种不得体的坐姿。管宁为人认真，从不苟且，只跪坐而不箕踞。但是后世有人将管宁常在木榻的真实用意附会为"不履魏土"，这种看法就好像华盛顿的樱桃树，可能有一点过度诠释，但是联系管宁割席绝交、避居郡北、征命十至、舆服四赐的一生，也让人觉得未尝不是如此。

一个相映成趣的例子是，官修史书中也只有清代编有《贰臣传》。《清史列传·卷七十八·贰臣传》中的《贰臣传》来自一部单独的官方历史传记集，系乾隆四十一年（1776）下旨编纂的《钦定国史贰臣表传》。《贰臣传》共分上下两卷，上卷收录的"贰臣"是那些降清之后对清朝有绝大贡献的，洪承畴（1593—1665）、祖大寿（？—1656）等人依然被收入了这个被历史铭记的耻辱列表之中。为此乾隆四十一年上谕云：

> 朕思此等大节有亏之人，不能念其建有勋绩，谅于生前；亦不能因其尚有后人，原于既死。今为准情酌理，自

应于国史内另立《贰臣传》一门，将诸臣仕明及仕本朝各事迹，据实直书，使不能纤微隐饰，即所谓虽孝子慈孙百世不能改者……此实朕大公至正之心，为万世臣子植纲常！

我所居处往东南六十里，湖山掩映之间，长眠着一位抗清不屈的义士，张煌言（1620—1664），他因为他宁折不弯的气概赢得了对手的尊重。张煌言罹难后，同道为他下葬时不敢公开其身份，一直对外宣称此处是一位"王先生墓"。直到乾隆八年（1743），新立神道碑镌刻了作家全祖望（1705—1755）撰写的《明故权兵部尚书兼翰林院侍讲学士鄞县张公神道碑铭》，真相才大白于天下。乾隆皇帝闻听此事击节赞赏，非但没有干预，还下诏追谥张苍水为"忠烈"。

这看起来好像是前文提到的激励的故事，但它是哀忘的、固执的、拒绝与文明合流的。哀忘是一种境界，张煌言被捕后，写过一首诗《被执过故里》：

知者哀其辱，愚者笑其颠。

或有贤达士，谓此胜锦旋。

人生七尺躯，百岁宁复延。

所贵一寸丹，可逾金石坚。

求仁而得仁，抑又何怨焉？

所有人都觉得张煌言是兵"败"被捕了，只有他自己觉得这是"胜锦旋"。这确实是一种胜利，另一种胜利，百代之下的所有英雄——譬如说乾隆大帝——无论是同志还是敌雠，无不折服于这种胜利。以上的《贰臣传》和张苍水祠只是两个突然联想到的小故事。

从此将有勋名的冠冕，为汝长存。

语言的形而上之处在于它如同海绵般浸透了文明的权力意识，管宁木榻的暗示——我们姑且相信这种暗示是确有其事的——就是最好的例子。语言在文明之中可以缔造一切奇迹，一种陷阱对一种野兽永远有效。

在一篇写于 1945 年的小说《1984》里面，作者奥威尔（George Orwell，1903—1950）在一个虚幻的"大洋国"里构思了四个社会的主要职能部门，全部用以监视居民的日常生活。和平部负责国防，友爱部负责维持内部社会秩序、司法和镇压异己，真理部负责宣传思想、教育和历史的有意识编写，富裕部负责经济。大洋国只有一个统一的政党，英格兰社会党（IngSoc）；全党又绝对服从于一位领导人，他被用一个不知道是职务还是代号的名词称呼为"老大哥"（big brother）。"新话"（Newspeak）是"老大哥"和 IngSoc 在思想控制上最厉害的一招。这是一种被全新设计出来的、妙到毫巅的通用语言，统治秩序和思想烙印充斥其中，令人在说话的同时不自觉地陷入 IngSoc 洗脑的逻辑之中。

温斯顿·史密斯，一个 IngSoc 的外围党员，在某份普通的案牍工作的层层推进之中对"老大哥"产生了怀疑的想法，自由主义思想逐渐萌芽。他越来越不相信"老大哥"和 IngSoc 的行事方式，甚至连和情人的自由恋爱都让他产生了某些灵光一闪的想法，但是因为身处"新话"的语言逻辑里，许多道理有口难言，根本无从辩驳。温斯顿的叛逆思想终于被 IngSoc 发觉，他被押送到友爱部。所有人都以为他无法生还了，但是实际情形更糟：他经历了某种刑罚，或者说是改造，或者说是友爱的帮助，那些危险的思想被消除了，他重新变成了一个"思想纯洁者"，然后故事到这里就结束了。

那位神龙见首不见尾的、温斯顿暗中与之为敌的"老大哥"在整个故事中一直没有露过面，他就好像卡夫卡的《城堡》里面的那位神秘的克拉姆，他是一个权力的或者说是"新话"本身外化的实体存在。与凡人的存在相反，他有权力，但是没有肉身，是"权力"被人格化之后产生的一种效果。在"新话"乃至于所有语言之中，"权力"是一种完美无缺的枢纽概念，和几乎所有的语言逻辑概念的融接都严丝合缝。这些林林总总地被"权力"四通八达的触手牢牢连接在一起的社会概念甚至包含一些很个人、很基层的语言概念，例如"爱情"和"荣耀"，这些原本很主观的概念经过"权力"的连接和改造之后也变成了一种社会制度的概念，一个现成的例子就是《城堡》里的阿玛丽娅，因为一时使小性儿拒绝了一个城堡官员的追求，全家人在村里都再也不能抬起头做人。

一个如同管宁木榻一样别致的小插曲是，小说命名为"1984"的原因可能是，1984年是费边社成立一百周年。那是一个带有空想性质的、不科学的社会主义学说流派，与前文提到的克鲁泡特金主义在理论血统上非常接近。费边社的主体由一些同情国际共产主义运动的资产阶级知识分子组成，包括萧伯纳在内。他们信奉斯宾塞（Herbert Spencer，1820—1903）的社会达尔文主义，正如他们的会徽——一只乌龟——所表达的那样，费边社的成员相信社会主义取代资本主义并不需要依靠革命，是可以"等"来的。

友爱部将温斯顿改造成"思想纯洁者"的行为就是一个迎接folie重归社会的尝试，和前文提到的愚人船死马当活马医，带着癫人四处求医的旅程一样。高于普适的理性水平和低于这个水平都被看成在理性的界限"之外"，存在某种危险，至少是没有用的，而权力只允许处于当下理性界限"之内"、循规蹈矩的成员合法生存。

而在这个界限之外，要么灭亡，要么西出阳关、被驱逐到为文明所眼不见心不烦的蛮荒之地去。出于某种目的——另一种权力逻辑的目的，他们还是会被纪念，但是这种纪念也只是一种权力的外化表象，就好像温斯顿作为《1984》的主角，或是管宁割席、许由洗耳被传颂，都是因为他们"反叛"了权力。被历史记忆的观念永远无法达到哀忘的纯粹形态，它们依然在观念斗争的孽海之中永远地载浮载沉。只不过人生苦短，这一切纪念和斗争基本上和当事人本人不再有关。

在浩如烟海的历史描述之中，字里行间充斥着文明的权力。权力是什么？权力就是语言，像"新话"这样的语言并不只在小说中出现。哀忘是什么？哀忘就是脱离这种语言的霸权性。陶渊明孤身一人采菊东篱下或是挥汗如雨地躬耕于将芜的园田之中的时候是无言的，他为自己缔造了一个宁静的、从语言的权威之中暂时解放出来的、孤岛式的思考环境。

但是在这种无言之中思索的真理，经常是不可言说的。在《景德传灯录》中有这样一个小故事，讲述了唐代香严智闲和尚（生卒年不详，他是沩山灵佑禅师的弟子，约活动于唐代元和、大中年间）大彻大悟的那一个瞬间：

> 一日，因山中芟除草木，以瓦砾击竹作声，俄失笑间，廓然省悟，遽归沐浴焚香，遥礼沩山，赞云："和尚大悲，恩逾父母。当时若为我说却，何有今日事也！"仍述一偈云："一击忘所知，而不假修治。动容扬古路，不堕悄然机。处处无踪迹，声色外威仪。诸方达道者，咸言上上机。"

所以，谈到这种真理的不可言说性，香严和尚做了这样的一个比喻：

> 如人上树，口衔树枝，手不攀枝，脚不踏树，树下有人问西来意。不对即违他所问，若对又丧身失命，正恁么时，作么生对？

这种不可说的真理虽然不与权力同恶相济，但对权力也没有什么威胁，所以权力容忍了它们的存在。实际上，文明的语言记录真理只是为了填充一些观念的条目，记录真理的历史修辞不等同于真理自身。真理在形式上很像是死亡，只对当事人自己有意义。而另一方面，既然谈到了身后的历史修辞问题，不应忽视的一点是，在一个历史人物身后的观念之争更加纯粹、更接近历史规律的本质，是死亡使永恒真正成其为永恒。

这种生者对死者的多事，无时无刻不在反过来波及生者世界自身。我在上一本书的一个章节里谈到了盛行于魏晋的墓志。墓志是一种仰置的方碑，很多碑上还加上精心雕制的盖子，看起来仿佛是故意在为阅读增加障碍。这是生者世界留给死者的最后的对话文件，类似于奖状或是表彰信，代表了文明世界对死者一生的最终评价。与历史书写不同，墓志里只有表扬，没有批评，即便墓主人真的做过一些为人所不齿而且无法抵赖的恶行，墓志一般也选择缄口不谈，或是含糊其词。我们来看看唐代狄仁杰（630—700）为袁公瑜（613—685）写的墓志里的这几句话：

> 君素多鲠直，志不苟容，猜祸之徒，乘间而起，成是贝锦，败我良田……惜乎忠而获谤，信以见疑，盗言孔甘，文致□罪，永隆岁，遂流君于振州。

而实际上，在历史上袁公瑜是一个声名不算太好的小人物，他在新旧唐书中均无传。《旧唐书·卷六十五·列传第十五·长孙无忌传》记载，袁公瑜的主要罪状是逼死一代名相长孙无忌（594—659）：

> （长孙无忌）流于岭外。敬宗寻与吏部尚书李义府遣大理正袁公瑜就黔州重鞫无忌反状，公瑜逼令自缢而死，籍没其家。

而在《新唐书·卷二百二十三·列传第一百四十八·奸臣传·李义府传》中，袁公瑜的形象则是一个助纣为虐的帮凶：

武后已立，义府与敬宗、德俭及御史大夫崔义玄、中丞袁公瑜、大理正侯善业相推毂，济其奸，诛弃骨鲠大臣，故后得肆志攘取威柄，天子敛衽矣。

关于这个基本已经被历史定调的小人物，现在发现了由狄仁杰——一个人品风骨无可厚非的评论人——亲笔书写的墓志，而且充满谀美，可以想象的结果都是唐史一时多事，掀起了很多为袁公瑜翻案，甚至重新审视长孙无忌的研究风潮。

其实这些都是一种阅读习惯引起的误解，后世将一些描写夸张的碑文和墓志称为"谀墓"也是基于这种习惯认识而发生的错误。墓志虽然看起来很像是一篇用文字撰写的历史文档，但是它并不是历史文档。就好像前文所比喻的，墓志相当于文明社会给予死者的最后的表扬信。它是一封"信"，它没有面向公众保证真实的责任。这是一封信，就好像所有温情脉脉的情书，其真实性既不公开又不重要；它也像幼儿园老师夸奖小朋友"你真是一个好孩子"，它是"你"和"我"之间的对话，真实性只取决于两者之间的协议。

当墓志被盖上并被掩埋的时候，埋葬者——也就是生者、文明社会，都基准于一个推论，即这个坟墓"幽室一已闭，千年不复朝"，它不会，至少不应该被再打开、暴露在公众的视野之下，所以墓志应该怎么写，其正确性的判定不取决于公众社会的历史消费。

现在，文化人类学的考古工作使得很多这样的幽冥文件重见天日，换来世人不予理解的嗤之以鼻。即便如此，墓志的情感立场也不应当受到质疑：它是文明社会委托撰写者命笔写给死者的一封信，任何死者之外的人阅读此信的行为首先就是非法的，这种非法取证保证了墓志中的任何信息都免责于生者世界道德法庭的审判。这就好像我们在热恋之中给爱人写的信里那些天花乱坠的砌词造意，待到劳燕分飞，甚至仅仅是狂热情怀意兴阑珊的时候再翻出来一读，自己都觉得肉麻。

没有"铭记"与"遗忘"无关。

没有"生"与"死"无关。

所以，对死亡的窥探和猜测，对于大多数踌躇满志的生者而言有一种消极的、变态的抑郁气质，但是对于某一类的思想者而言，这确实特别有助于冷静思考、玩味他眼中的一切，这种一瞬间哀忘一切的视角有一种旁观者清的豁达和自然。我们可以再回到陶渊明的话题上来。无论是在他之前还是之后，人类文明都给自己培养出了一些"叛逆者"，是文明教会了他们不要痴信文明，这也正是我们的文明之所以文明、之所以高尚的表现：是文明教会了他们反思，教会了他们冷眼旁观，是文明教会了他们以怎样的心态甘于被文明遗忘。而实际上，这种遗忘每天都在发生，哀忘就是我等文明的最基本特质。

这就不由得让人很想尝一尝这种被遗忘之后的渺冥的滋味。陶渊明的《拟挽歌辞·其三》是一首视角很有趣的作品，他模仿的是死者自身冷眼旁观的口吻：

荒草何茫茫，白杨亦萧萧。

严霜九月中，送我出远郊。

四面无人居，高坟正嶣峣。

马为仰天鸣，风为自萧条。

幽室一已闭，千年不复朝。

千年不复朝，贤达无奈何。

向来相送人，各自还其家。

亲戚或余悲，他人亦已歌。

死去何所道，托体同山阿。

在这一段娓娓道来的、忧思不绝如缕的旅程中，陶渊明想象自己在一个萧瑟的秋日在扶棺人的簇拥之中被送离城市——前文所说的理性文明的领土——来到郊野。郊野是理性与自然的边界，也是生与死的边界，一切对文明发展没有"用"的东西，譬如垃圾场、旷野和坟墓，都自动聚集在郊野，近在咫尺，对理性文明虎视眈眈。郊外的坟场也是一个随时提醒生者诸行无常的所在，它们隐没在杳无人烟的旷野，既是生的极限，也是理性无法企及之地，因为如人饮水，冷暖自知，没有任何一个理性世界的生者能够理解死亡是怎么一回事。然后，死者被送入墓穴，甬道的大门轰然关闭，永远不再开启。诗人想象被隔离在幽冥之中的逝者最后听到的声音依稀是隔着墓门人们远去的足音，还夹杂一两声谈笑。然后一切都没入幽暗之中，万籁俱寂。

我们现在找到了一首可以用以与《拟挽歌辞·其三》相对比的佳作。葬仪和纪念都是生者的狂欢和自怨自艾，逝者已经被遗忘。做此推测应该是不过分的。证据是奥登（Wystan Hugh Auden, 1907—1973）写于 1936 年的《葬礼蓝调》（*Funeral Blues*），好像是由于某部电影的原因，这首诗的知名度比我们想象的高一点点：

> 切断电话，时钟旋停，
> 给小狗一块鲜骨头，别让它狺狺，
> 喑哑的钢琴，低沉的鼓音，
> 抬出灵柩，悼者云集。
>
> 飞机在头顶悲旋，
> 在天空草书着信息：他已往生，
> 把黑纱系上信鸽的白颈，
> 还有戴着黑手套的交警。

他曾经是我的北，我的南，我的西，我的东，

我的工作天，我的休息日，

我的正午，我的子夜，我的絮语，我的歌吟，

我错了：我以为爱可以永存。

不再需要、请摘掉每一颗星星，

把月亮包起，驱逐太阳，

倾干大海，横扫丛林，

因为从此的一切，了无欢情。

生者的纪念止于在"没有他的话'我'怎么办？"这个问题上顾影自怜，这一切和死者其实已经没有任何关系了。没有"生"与"死"无关，但是死是自然的、漠视的和冷眼旁观的，一切催人泪下都是生者自己多事。

上面的两首诗还是纪念与生者有关的身边之人，已觉多事。而那些纪念古代英雄的史诗呢？浩如烟海，无不让人觉得这些人是"应当"甚至是"必须"被铭记的。历史课本上的那些学分从来都不好拿，令人愁眉相对，实际上还是和我们关系间离，只是把生者多事推到了一个极致的、仪式化的境界而已。下面这首为很多人所钟爱的日本古诗《敦盛》，当然也还是纪念，但总算是在纪念之中透出了豁达的无常思想。我将之翻译了一遍，偶尔有加句，词无达诂而已，不必介怀：

当思此凡世，原非吾家园。

珠露悬幽草，影月沉古潭。

葬花一歌者，谢尔莫流连。

荣华蜃中景，唤人乐无前。

无常天上风，万古一轻烟。

南楼月清胧，泡影疑真幻。

343

一切有为法，明灭在云间。
人生遐五旬，化天寿八千。
一梦瞑而醒，修短何可怜。
身名有时尽，云谁生不灭。

此事本天上，有数原身前。
此亦菩提种，生灭俱因缘。
来世扼腕人，一往如露电。
躜途今上洛，舟车万重山。
卿首在国门，万人叹忧怜。
盗此少年头，狱门解其悬。
明日寄此躯，黄卷青灯前。
此身为阇梨，无常烛永燃。
寿君冥报远，勋名永流传。

这里的“寿八千”似乎出现了一点计算上的偏差，“化天”二字可参考《俱舍论》：“化乐天，身量为一又四分之一俱卢舍，以人间八百岁为一昼夜，寿命八千岁。”人间的八千年只相当于化天的十日，可见这里的八千岁显然是指他们（化天人）的八千年，那么他们的寿命应该是人间的二十三亿三千六百万年。这首诗纪念的英雄平敦盛（Taira Noatsumori，1169—1184），从五位下无官大夫，于十六岁在寿永三年（1184）的一之谷大战中战死，死前掏出自己心爱的短笛“小枝”吹奏一曲，了无惧色。据说敌方将士闻听这悠扬的笛声都不禁潸然泪下。关于这首《敦盛》，另外一个有名的故事是，日本永禄三年（1560）桶狭间之战前夕，一个阴云密布的早餐时分，织田信长（Oda Nobunaga，1534—1582）正在扒拉着碗里的茶泡饭时，听到了今川义元（Imagawa Yoshimoto，1519—1560）大军发动攻击的消息。信长泰然自若地吟了几句《敦盛》里的诗句，也就是"人生遐五旬"那几句，把饭碗一扔就身先士卒地冲进了敌阵。

死亡是很简单的，像一句诗被遗忘了而且再也想不起来，就好像从来没有被写出来过一样，是生者使之变得复杂、越来越复杂、仪式化而且沸反盈天。1997 年的早春，金斯伯格因为肝癌在曼哈顿十三街的家中往生。根据最后陪伴他的人的描述，这位撼动了世界诗坛的巨人在临死前的若干时日一直很平静，不过有的时候悲从中来，也会垂头饮泣，决不强颜欢笑。人们在他流泪时也假装没有看见，一切都舒适、寂寥而平静。这一切令人想起他在 1986 年写于上海的《读白乐天抒怀》这首诗第一节的最后几句，在上一本书中我两次引用过这段诗，现在我把它又翻译了一遍，译文分成很多句的用意是追求金斯伯格自己一直喜爱的俳句风格。它是金斯伯格作品中我最钟爱的一段：

> 我仍担心我将报应于
>
> 自己的粗疏，
>
> 在身后——我的诗
>
> 飞散飘零而我的名字
>
> 被人遗忘，
>
> 我的自我
>
> 将会轮回为一个愚鲁的
>
> 民工，
>
> 在河北省的一条乡间公路旁
>
> 开采石头，
>
> 冻得
>
> 瑟瑟发抖。

死亡就好像是悠闲的、漫无目的的旅行途中，路过一处精美的小花园。当旅行者被它吸引，徜徉其中流连忘返之时，原来那条小路上，旅伴们已经悄然继续前行。这条路，就是北村说过的，"我们像走迷的羊，都走在自己的路上，我巴望尽快离开经历这条黑暗的河流"。他们，这些旅伴，迟早也会因为找到了他们自己的花园而驻足，但此刻他们在那条路上迈向那个想象中的目的地的步伐依然是坚定不移的。

空山鸟语，将忘行者温柔地包裹其中，一切归于寂寥、舒适，万籁俱寂。林间的枯叶上洒满了小银币也似的一地光斑，在树木的缝隙中露出绿草如茵的一角。花园后面的山谷之中，氤氲的雾气缓缓袭来，带来一阵清凉的爽意，蔷薇树瀑布一般的花冠如美人浴发，影影绰绰之中唯余暗香浮动。雾气里，凉亭和塔楼若隐若现，雕像和石碑苔痕密布。柔软的草地尽头，一泓小湖的湾角如同鲜亮的镜面，山色辉映其间宛如倒悬于天上的绿色城垣。那里，一片云海，云层的边际翻滚着亮线也似的金色波涛；云海之下，一襟晚照，夕阳下幽深的溪谷，淙淙的水声流走了无数的往事，但是一望无际的树海之中不知何处响起的风声却是去年今日，千载不变。落日，那长河的落日，悠久而永恒。天空仿佛承受不住它的光与热力似的，不时抖落片片余阳，余阳便如雪飘飘散散，洒满了深谷幽客的双肩。

这个花园的意象令我突然想起一句格言，我少年时代最早读到这句话也是在前文提到的《玛卓的爱情》里面，它带来的某种陌生的、微妙的激情，曾经冲决过我年轻的胸膛。很多人以为这句话是海德格尔（Martin Heidegger，1889—1976）说的，其实不然，它是海德格尔转述自荷尔德林（Friedrich Hölderlin，1770—1843）的名言：

人应当诗意地栖居。

从字面上来看，这句话很像是在教人应该怎样"生"，但不知为什么我突然觉得，这样的"生"却恰好是"生"本身很难达到的境界。

前两年有一次樱花凋零之季的东游，从草木清华的京都圆光寺（地址是京都府京都市左京区一乘寺小谷町 13）出来，车行过东山山麓纵横交错的小巷，院墙和电线杆在眼前浮光掠影，远处的山色和密林则岿然不动。我突然在两条小巷交错的十字路口看到一块碑，在电光石火的交错之中我读到那上面的碑文是："与谢芜村翁……"

后面的看不清了。我随即问车里的朋友那会不会是与谢芜村（Yosa Buson, 1716—1783）诗翁的墓碑，同行的日本文学史学者胜又顺子女士想了想说，她不清楚，但这是有可能的。

死亡也像是与谢芜村写的这首俳句：

幽草雾氤氲，

一天气象正晚晴，

泉鸣渐悄声。

（草霞み水に声なき日ぐれ哉。）

死亡还像这句诗被读完之后合上书页。然后，在初夏蝉鸣中，宠物小兔悠然午睡之机，它就被遗忘了，而且再也想不起来，就好像从来没有被写出来过一样。

IV　无题

就好像一个蜂巢之中的工蜂，历史的消费者是历史意志成就自身的工具。我们经常能够看见，在市井街巷的闲谈之中，一些看起来博学多才的主讲人在谈到李鸿章（1823—1901）的软弱误国、汪精卫（1883—1944）的奴颜婢膝，甚至琼瑶文笔的柔媚甜俗时，都是慷慨陈词、唇枪舌剑，没有人怀疑他们这种蔑视的正当性。然而这实际上是一个笑话：李鸿章被日本首相伊藤博文视为"大清帝国中唯一有能耐可和世界列强一争长短之人"；汪精卫 1910 年挺身而出刺杀摄政王载沣（1883—1951）而慷慨入狱；琼瑶全集六十册近八百万字。无论如何，这三个人都不应该被一个成天在网上追踪明星绯闻事件始末、与设计师签约时信口开河乱提要求、在停车场插队占位的猥琐小人所鄙视。

所以，历史的阴谋论特色至此昭然若揭。我们可以认为，此时鄙视这些壮志难酬的历史人物的，并不是那个庸庸碌碌的小公司部门经理，他已然成了一种化身，一种历史主流思想的化身，或者说——如果这种比喻比较容易理解的话——他被那种看起来不存在但是实际上如影随形的地下之神即历史的意志所"附身"了。他口诛笔伐，没有人质疑这种吊民伐罪的正当性。历史的意志没有嘴，不能责骂，它看起来充其量像一只人畜无害的宠物兔而已，两只毛茸茸的招风耳不丁不八，嘴里好像永远在咀嚼着什么。而历史价值的实现、教诲和责成，就是通过这种形式进行的，这是一种普遍价值的从众心理，天网恢恢，疏而不漏。

在全书的最后，我想我们应该揭示答案。历史知识的消费，就是这种"附身"最有效的也是唯一的途径。我们从汗牛充栋的书本、美轮美奂的神像和长辈们絮絮叨叨的漏风的嘴里主动索取这些引人入胜的故事，但实际上我们得到的是价值体系自身——但是，大多数人不思考。这种消费而不思考的设计是非常精妙的，它能保证我们尽可能不出意外地完成我们对意志所肩负的使命。

如果说思想的传播规律真的如《礼记·大学》里概括的，"修身齐家治国平天下"，是一种当量越来越强、扩散影响范围越来越广阔的矢量数学模型的话，就不难理解为什么大多数人将人类历史理解为一种进步，或者通俗一点说，认为人类历史的意义及实际的情况就是整个人类的生存状态正在变得越来越"好"。因为这刚好也是大多数人的人生追求，于是它便成了历史发展的一种动力，令人前仆后继、无怨无悔。然而，仅仅从目录中就不难看出，本书的记述方式是与这种规律的矢量方向恰恰相反的。我们的论述从无私的"激励"开始，代入自私的"炫耀"，最后在长吁短叹、形影相吊之中隐入"哀忘"的一片烟雾。如果说历史的规律是人类的社会理应越来越好，那么很遗憾，我显然是出于顾影自怜或是其他的什么用心和它唱了反调。

我虽然不太赞同将人类历史看成一种简单的进步的观点，但从未否认人类的历史是一种"进化"。这里应当注意的是，"进步"和"进化"两个概念之间的精微区别在于，进化是没有感情基调的。就好像人类的双手变得灵巧是一种进化，但是嗅觉、听觉、被毛和动耳肌的减弱也同样是一种进化。进化是一种事实，不管你喜欢不喜欢。杜甫小的时候也是一个踌躇满志的、三天不打上房揭瓦的、"一日能上树千回"的熊孩子，可是他之所以不朽，并不是因为他这种能够敏捷爬树的身手，而是数十年以后他活成了一个"强将笑语供主人，悲见生涯百忧集"的困顿者，在很多觉得天下事无不可为的上市公司小老板看来，堪称人生失败的范本。杜甫令自身的思想乃至于中华文明都"进化"了，但是他自己的人生，不敢恭维，看不出丝毫"进步"的影子。

必须声明，我并没有狂妄到以为"历史即进步"的阳刚思想就是一种庸俗的低历史消费层级世界观——虽然它在低历史消费阶层中的影响不可小觑——相反，整个现代以前的人类哲学史，几乎就可以理解为一整个"人类文明阳刚论"的历史，乃至于在现代和后现代交界之时，一个被认为最不可能盲从于人类思想主流意识的人，尼采，在《人性的，太人性的·卷一·第四章·一四七》中感慨万端地说：

> 为了艺术的这种普遍效用，即使艺术家并不站在启蒙人类、使人类继续男性化之前列，人们也应宽宥他：他一辈子是个孩子，或始终是个少年，停留在被他的艺术冲动袭击的地位上；而人生早期的感觉公认与古代的感觉相近，与现代的感觉距离较远。他不自觉地以使人类儿童化为自己的使命；这是他的光荣和他的限度。[1]

尼采承认人类历史的进程是一个"男性化"诉求鞭策力越来越强的能量传播过程，充满了侵略性，受支配于务实而心如铁石的原始冲动，这与历史的意志价值一致：这正是那个狡猾的兔子之神所"希望"我们做的——历史有所作为，意志才能传承。但是尼采却希望这个孩子永远不长大，一辈子都是个孩子，因为毫无疑问他已经觉察到，孩提，或是一些够不上这种"男性化"标

1　［德］弗里德里希·威廉·尼采：《悲剧的诞生》，周国平等译，青海人民出版社，1995，第 126 页。

准的个体，被认为缺乏历史意志所需要的这种冲劲，而被打上等外品的标识：同事们敢和你开任何不得体的玩笑，亲戚们对你视而不见，同学会上没有人过来向你敬酒。你变成了一个碌碌无为的、对历史意志的发展推动力作用越来越微乎其微的、机能老化的零件，兔子再也不会对你假以辞色。

但这是一种孤独的荣耀，受选人一开始因孤独如坐针毡，但是久而久之，他注定不朽，而且在他自己也若有若无地觉察这一点之后，他会沉湎于这一泓孤独的湖水而无法自拔。1889 年，尼采在街上散步的时候，看到一个马夫正在鞭打一匹老马。出于某种我们至今无法理解的心理活动的链式反应，孤独常年积攒在他心中的能量爆发了。尼采冲上前去，抱住那匹老马的脖子，号啕大哭。自此以后，尼采在凡世的使命结束了。此后十年，他漂泊流浪，没有再产生过什么献给俗世的思想，因为那已经没有必要。他于 1900 年在魏玛去世。凡人将恸怜老骥事件看成尼采"发疯"的标志，因而为之扼腕，却没有人意识到这标志了另外的某个契机的到来。他们对这个头发乱得如同鸡窝一样的流浪汉嗤之以鼻，很大原因是无法理解，他们眼见的疯癫正是此人踏入永恒的征兆：凄凉，潦倒，居无片瓦，从容地迎接不朽。

他死前数年，妹妹伊丽莎白曾经将他接到家中悉心照料，但奇怪的是，尼采似乎已然不习惯这种人间的亲情，后来还是不辞而别。我们不妨沿用本书第一部分谈论华盛顿时的那个比喻：他超凡脱俗、获得神格，俗世孜孜以求的"幸福"对于他而言已经索然无味。

"孩子"就是"男人"的准备式，而我们所说的这种男性的、阳刚的冲劲也不仅仅是一种比喻，它已经被理论所证实了。例子，不暇他举，前文提到过的心理学大师阿德勒一生的两个重要观点，"个别无意识"理论和"在上意志"，在"孩子"这个比喻上获得了统一。阿德勒在"在上意志"学说中认为，人的本性是追求任何团体中的领袖地位，小到一个班，大到整个联合国，而童年时这种渴望是最为赤裸裸的，就好像小狗玩打架游戏，一定要把对方压倒才算过瘾；而"个别无意识"理论则认为，童年，就是一个各种经历的垃圾堆，我们的人生经历之树就根植在这一堆腐土之上，少年时的所见所闻对我们的一生都有着无可估量的影响。综合这两个理论，特朗普与希拉里大选辩论时的唇枪舌剑和两个小混混为争当弄堂足球队队长而打得头破血流，这两种行为为何如此相似，就不难理解了。

所有人在争夺权力的时候都有"如果权力在自己手中，世界就会变得更好"的想法，这种想法中涉及的那个"权力"其实是一种假象、一种因果关系的物化投射，真正的权力并不是他们所争夺的那些可以代表或置换"权力"二字的东西，如一顶虚伪的冠冕、一方虚伪的印玺、一张虚伪的任命书，等等，而是这种想法自身。尼采认为这种角逐是一种"男性化"特质的外化体现，这是很贴切的。因为在这场角逐中一败涂地的输家会被历史及其消费者耻笑，在男性——姑且如此认为——性别身份方面都会受到质疑。

历史应该也必须变得越来越"好"，对于那些无力逃脱这个引力坟墓的人而言，失败即有罪，一经判决，无从上诉。毫无疑问，历史正在变得越来越"好"的这种看法非常古典，很像是对某位至善的神灵的膜拜，宛如寒冷的人靠近火，人类就在这样的憧憬之中度过了几千年时光。

阿德勒的时代距离那位思想界的超新星福柯给人类社会观念带来又一次革新的年代还有几十年。即便已经有了马克思、弗洛伊德和索绪尔（Ferdinand de Saussure, 1857—1913）这样的人，思想家的主要观念大都还不能完全摆脱这种古典主义的影响。所谓古典主义观念，我们可以参考柏拉图主义和新柏拉图主义的思维方式，就是在肯定一个先验的主要观念的前提下，承认人类社会的一切能动努力都"朝着"这个主要观念运动。经过奥古斯丁（Saint Aurelius Augustinus，354—430）的思索，这种基调被以一种历史理论的形式固定了下来。后世的哲学家，从斯宾诺莎、维科、康德（Immanuel Kant，1724—1804）到荷尔德林，他们的学说里，这种古典主义的印象俯拾皆是。

坚持这种理论基调——即人生之外有一种终极的、形而上的目标是所有能动行为的目的因——的结果是，有一种辩证关系很容易被放大，即那种终极的目标和意义是"好"的，人类的所有能动行为是积极向上的，向着一种美好的目标奋斗的全部过程，我们姑且将其称为"积极努力"。这一点，如前文所说，直到尼采认为超人意志以下的社会是"群畜"，以及福柯注意到了现代社会的"负语词性质"，才算是出现了一点质疑的声音，但至今在凡人的思想中还占有大部分市场。

这种理论基调对阿德勒的影响当然也是不言而喻的，他也相信，至少部分相信人类文明的这种"积极努力"特性。他在《理解人性》的第一部"人的行为"的第二章"精神生活的社会性方面"里说：

> 我们总是把某个人与一个理想的人作比较，这个理想的人能以一种基本上对社会有用的方式，克服他面临的重重困难，是一个将社会感觉发展到某种高度的人。[1]

这样堂皇的理论总是似曾相识的。荷尔德林在1793年9月前后给他弟弟卡尔写的一封家书中也曾十分感性地说：

> 而现在，心灵的兄弟！那一目标，人类的教养和改

1　[奥地利]阿尔弗雷德·阿德勒：《理解人性》，第16页。

进，那一目标，在我们此生也许实现得并不完满，但是，在我们的作用范围内做的准备越多，就越容易在更美好的后世实现它。

一种伟大的情怀，伟大而俗套。几千年来很少有人能够逃离这种俗套。

当然，成功避秦的人还是有的。若非如此，我也不敢把书的目录照传统观念反着来排。

既然谈到了俗套，我想我们不应该绕开一位号称先驱的英国哲学家，杰里米·边沁（Jeremy Bentham，1748—1832）。这个出生在斯匹塔弗德一个律师家庭的伦敦人是主导英国哲学界近两百年的、当之无愧的一代宗师。我们觉得在此不得不谈到边沁的原因是，边沁的哲学理论可以用一句话概括：能将成果及实现成果的效率最大化的方式，就是正确的和正义的。这种观点给边沁带来了一顶"功利主义哲学家"的帽子，一直戴到今日的百度百科。然而，冷静地综观整个人类历史，则会发现人类文明毫无偏差地完全按照这个规律发展至今。

边沁在欧洲哲学家中被称为"激进者"的原因是，他对价值的判断非常务实，不受一些传统道德画蛇添足的舆论影响。他提倡女性有离婚的权利，主张捍卫动物权利，主张废除死刑，甚至为同性恋辩护。他的"激进"其实只是主张价值是现实而非教条的，既然很多社会现象的出现已经是既定的事实，那么刻意敌视它们并将它们推向对立之举看起来就不是很有必要了，而且多半徒劳无功。

可见，使最大多数应当获得幸福的人（但并不包括囚犯，损害社会的罪犯应该受到惩罚，他的晚辈福柯所精研的"圆形监狱"正是边沁最早设计出来的）获得最大限度的幸福，是边沁理解的历史规律，他因此而认为自己是"道德和立法的最大幸福体系的创始人"。这种价值观符合人类历史变得越来越"好"的主流观点。边沁去世之后很久，另一位哲学家、哈佛大学的约翰·罗尔斯（John Rawls，1921—2002）教授在1971年出版了《正义论》（*A Theory of Justice*），才算是扭转了世人投向历史发展的这种简洁、非黑即白且温情脉脉的眼光。罗尔斯在书中提出了更加理性的观点：他人的自由冒犯个体自由、不公平的普遍性，这两种情况的存在非主观意志所能转移，只要它们安于可接受的范围，同样无损于正义的精神。

边沁的观点可以说代表了宿命论古典主义的精髓，从历史变得越来越"好"的这种美梦之中，大多数人都不愿意醒来。

边沁到了晚年，睿智非但没有被苍老磨蚀，反而变得越来越尖锐。他"激进者"的这个名声绝非幸致。边沁临终时，喊来了他的一位同样活宝的医生朋友托马斯·史密斯（Thomas Southwood Smith，生卒年不详），要求他对自己的遗体进行防腐处理，并且公开展示。他认为此举自他而始，从此可以将这种"自体雕塑"用以"缅怀"的用途。边沁在遗嘱中说：

> 他（史密斯医生）将负责管理我着装完毕之后的遗体，以及我的椅子和晚年的用具。为了盛装这一整套东西，他将准备一个合适的箱子或者柜子，贴上一个铭牌，用醒目的字体刻上我的名字以及死亡日期。我身体的软组织部分也将被置入一些玻璃箱中，贴上类似的标签。如果有一天，我的至交好友与门徒相聚在一起，缅怀我这位道德和立法的最大幸福体系的创始人，我的执行人将把他们召集到放置这个箱子或柜子的屋子里来，在遗体在场的情况下见面。

在哀悼之后，史密斯医生兴冲冲地开始了实验，但是因为一时的误判，使用稀硫酸脱脂的时候操作失误，边沁的头颅被烧得黥黑，不成样子。不得已，医生只好找人用蜡做了一个假头，安在边沁的遗体标本上。

不过，对于边沁设想的公开展示和缅怀，史密斯医生总算不辱使命。时至今日，边沁还端坐在伦敦大学学院（University College London, UCL）的一个展示柜之中，傲然睥睨。他虽然不是伦敦大学学院的创办人，但是被奉为精神始祖。如果瞻仰者看得再仔细一点，不难在"自体雕塑"的两脚之间看到一团黑黢黢的物什——那正是边沁的头。

令人哭笑不得的是，1975 年，有一个来自伦敦大学学院的死对头伦敦国王学院（King's College London）的促狭鬼盗取了边沁的首级，开价 100 英镑赎金。后来学院着地交钱，双方以 10 英镑成交。

之后好像这个头颅攻防战变成了两个学校的一种友谊赛、一项优良传统。更离谱的传闻是，有人把边沁的头颅偷出来，在操场上当球踢。

不知道边沁泉下有知对此会作何感想，但是这一切倒是没有脱离他对人类历史的理解：边沁时代人们对骚扰尸体讳莫如深，很多富人在棺材外封以铁条，棺材里都装有防止盗尸的机关；而现在……不知道这是不是符合他设想中的社会理性和意识的进步。

历史就是一本书，无数悲欢离合的故事沉睡碧海，几家欢乐几家愁。

说到书，博尔赫斯在《小径分岔的花园》里提到的那部从头到尾环环相扣但又随时自相矛盾的小说，还有他在《通天塔图书馆》里见到的题为《经过梳理的雷》《石膏的痉挛》以及《啊哈哈哈斯-穆洛》的那些不知所云、似有深意，但更可能是胡言乱语的著作，可能并非空穴来风：它们只是不符合凡人世界的习惯性真实而已。为此，博尔赫斯说：

> 不敬神的人断言，图书馆里胡言乱语是正常的，而合乎情理的东西（甚至普通单纯的连贯性）几乎是奇迹般的例外。他们在谈论（我知道）"图书馆在发烧，里面的书惶惶不可终日，随时都有变成别的东西的危险，像谵妄的神一样肯定一切、否定一切、混淆一切"。那些不仅揭发而且举例说明了混乱的话，明显地证明了他们低下的品味和不可救药的无知。[1]

如果时空是无限的，可能性就是无限的。无限世界的规律必然大于单一世界的规律，而无限世界的规律在某种——很大程度上恰好就表现为单一世界的无序，而在此基础上，无限的无序则又大于一切规律在统计上的总和。

这些不知所云的、看起来很像一位无序的神在谵妄之中呓语的书，其中有一本现在已然出现在世上。1939年，在写完《尤利西斯》（*Ulysses*）十八年以后，乔伊斯（James Augustine Aloysius Joyce, 1882—1941）完成了《芬尼根的守灵夜》（*Finnegans Wake*）。《芬尼根的守灵夜》是乔伊斯的最后一部大作，在这本书出版之后不到两年，他就在苏黎世去世了。乔伊斯去世之后，无数人为之哀悼，其中又以他的一位文豪老朋友伍尔夫（Adeline Virginia Woolf, 1882—1941）最为悲痛。乔伊斯的死令她黯然神伤，不到三个月，伍尔夫即在一次忧郁症的情绪爆发之中蹈水自尽。

当然，乔伊斯和伍尔夫的死之间没有什么必然联系，将这些哀伤、负面和消极的事件串成一串，只是我个人的一种恶趣味而已，宛如编织一条剔透的露珠项链，晶莹而脆弱，稍纵即逝。而

1　[阿根廷] 豪尔赫·路易斯·博尔赫斯：《博尔赫斯全集》，小说卷，第121页。

对于伍尔夫而言，生活本来就是一个由不愉快的遭遇胡乱堆叠起来的、奇形怪状的、恶性物性的集合体，如是而已。我们来看看她在《到灯塔去》(*To the Lighthouse*) 里说过的这样一段话：

> 但是，有时候，特别是当她的心思从她手中正在干着的活儿稍微转移开去，突然出乎意料地，那浪潮声的含义就不那么仁慈了，它好像一阵骇人的隆隆鼓声，敲响了生命的节拍，使人想起这个海岛被冲毁了，被巨浪卷走吞没了，并且好像在警告她：她匆匆忙忙干了这样又干那样，可是岁月在悄悄地流逝，一切不过是转瞬即逝的彩虹罢了——那原来被别的声音所湮没、所掩盖的浪潮声，现在突然像雷声一般在她的耳际轰鸣，使她在一阵恐惧的冲动中抬起头来。[1]

生活就是这样的一种怪东西，怪诞而充满敌意。"思想"的光彩难以被它掩盖，但是"思想者"则终将不堪重负。

我们刚刚说的好像并不是这个话题？对了，《芬尼根的守灵夜》。撰写这本书的文字（单词），英语专业的中国人，百分之七十不认得，而对于高等教育程度以下的英国人而言，这个比例也不会有所下降。这并不是因为乔伊斯掌握了某种高深莫测的、隐秘派系的语言。说来简单，里面的很多词是乔伊斯自己创造的，他在不同语种间选取拼法、读音相近的词，设计一种兼顾几种语言的拼法，以营造似是而非的语境。我们来看这两个词：

Oorlog，这个词在荷兰语中是钟表的意思，但是也可以根据谐音解为法语的 horloge（战争）以及德语的 ohr（耳朵）；

Sygstryggs，这是个乔伊斯自造的词，它通过谐音既可解为英语的 six strokes（敲六下），也可以根据读音解为 Sitric（希崔

1　[英] 弗吉尼亚·伍尔夫:《到灯塔去》，瞿世镜译，上海译文出版社，2009。

克），一个挪威海盗的名字，此人在爱尔兰的据点后来发展成了沃特福德市。

所以 some saying by their Oorlog it was Sygstryggs to nine 这句话，根据这两个词的五个词义可以组合成几种意思，联系前文的"没有人看上去留着同一时代的胡须"和后文的"更多人赞成地方长官"这两句来看，它以报时为表义，也透露出了物换星移、人世沧桑之意。从理论上来说，这句话的意思可以通过这样一个表格来表示其中的关系：

	Sygstryggs 解为敲六下	Sygstryggs 解为希崔克
Oorlog 解为钟表	有人看看表说是八点半	有人说这是希崔克的时代
Oorlog 解为战争	有人说八点半开仗	有人说这是希崔克征服时留下的规矩
Oorlog 解为耳朵	有人听到钟声敲八点半	人们传说希崔克的故事

里面有几种自然生成的组合固然是浑不可解的，但是正确答案肯定不止一个，这是毫无疑问的。这只是半句话。可是在《芬尼根的守灵夜》里，几乎每一句都有五六个这样的词。

2014 年，复旦大学中文系教授戴从容女士经过八年苦战，将《芬尼根的守灵夜》翻译成中文。面对这种谐音词在赋格上的紊乱，甚至连一向被看成为纯粹审美目的、对内容影响不大的排版，都成了大问题。戴博士采用的是语意并列的办法，刚刚那半句话，她翻译出来是这样的：

　　一些人根据他们的【钟表 / 战争 / 耳朵】说是【九点差六下 / 希崔克】

方括号是我自己加上去的，这样的翻译可谓最大限度地照顾了传统阅读方式的句式习惯。但是它也向我们揭示了一个事实及其背后难以想象的神秘而空阔的未知领域，这个事实就是：这种传统的句式阅读习惯，它只是一种习惯，并非真理自身，它并不是不能打破的。

《芬尼根的守灵夜》中译本采用一页正文夹一页注解的方式，有的时候注解比正文还长，正文页面不得不空出若干行，以求与注解对齐。这加深了通篇文气支离破碎的印象，好像一堆打碎的玻璃。读者徜徉其间，每一秒钟都在苦苦思索眼前的一句话与前一句之间的因果关系，某些阅读水平特别高的读者可以将这种相对关系扩散到相邻的四五句，但是更多人——几乎全部——在浏览了书的第一页之后就从它的读者人群之中悄然隐去，并且在以后的时光里也不复出现。

博尔赫斯声称他父亲曾经在图书馆——通天塔的图书馆中发现过一本同样不知所云的书：

> 我父亲在一九五四区的一个六角形里看到的一本从第一行到最后一行全是MCV三个字母翻来覆去的重复……有人暗示说，每个字母可能牵连后面的字母，第七十一页第三行的MCV不可能和另一页另一位置的MCV具有相同的意义……[1]

这本MCV之书代表了通天塔图书馆本身的印象，六角形宛如蜂房并列，规律一成不变，延伸无穷无尽。但是《芬尼根的守灵夜》显然代表的是某种更有机的、在枚举上更无规律的统计印象。好像中国美术学院所在的小镇周边的那些黑暗的街道，如同黑暗的血脉一般扩散延伸，计划外的、难以统计的建筑和建筑之间若断若续的小径随时出现在选择的视野之中，又随时如同幽灵一般地消失得无影无踪。

这种无序倒反而有点像博尔赫斯在另一篇作品《永生》之中

1　[阿根廷] 豪尔赫·路易斯·博尔赫斯：《博尔赫斯全集》，小说卷，第118页。

描述的那座梦魇般诡异的永生者之城:

> 　　到处是此路不通的走廊、高不可及的窗户、通向斗室
> 或者枯井的华丽的门户、梯级和扶手朝下反装的难以置信
> 的楼梯。另一些梯级凌空装在壮观的墙上,在穹隆迷蒙的
> 顶端转了两三圈之后突然中断,不通向任何地方……我不
> 想描述它;一堆杂七杂八的字句,一只老虎或者一头公牛
> 的躯体,牙齿、器官和脑袋可怕地麇集在一起,互相联系
> 又互相排斥,也许是那座城市的相似的形象。[1]

无论维度如何提升,一种应对它的增熵算法总是如影随形,在更高的位置静静地鸟瞰、等待,世界正在从秩序跌落(也许是攀升,这并不重要)向无序。《芬尼根的守灵夜》代表了世界的某种维度印象,本来就不是为了"舒服地阅读"而被写出来的,它甚至不是为了"阅读"而被写出来的。人们对其讳莫如深,仿佛不敢直视。出于无序带来的寒意,也出于某种古老的恐惧,他们佝偻起来,将自己的两边衣领拉扯得更紧。

我敬重博尔赫斯。在忧心忡忡的青年时代我一度觉得博尔赫斯就是我的空气,直到年近半百的现在,我依然这样认为。我也敬重乔伊斯、索尔·贝娄(Saul Bellow,1915—2005)、金斯伯格和谷崎润一郎(Tanizaki Junichirō,1886—1965),我敬重所有古人,他们在面对人类文明进化这条黑暗的激流纵身一跃的时候,并没有忘记自己是一个独一无二的"人"。我敬重博尔赫斯,我甚至因此而敬重他的遗孀玛丽亚·儿玉(Maria Kodama)女士,不仅因为她给博尔赫斯买了那把举世闻名的中国手杖,更因为她在一次题词中曾写道:"愿博尔赫斯像水和空气一样永恒。"我敬重博尔赫斯。

1　[阿根廷] 豪尔赫·路易斯·博尔赫斯:《博尔赫斯全集》,小说卷,第200页。

数十年前的少年时代，每每百无聊赖之际仰视父亲盈壁积栋的书架，一个个我当时还不能理解的书名宛如一扇扇通向不同迷宫的门，等待人去探索。在这种终其一生的探险开始之前，书名已然耳熟能详，直到我终于翻开封面的那一刻，它们静默地等待，仿佛有无穷的耐心足够持续到永远。

在书架并不起眼的某格中间（但并非正中）的位置，有一本文学评论家恺蒂（郑海瑶）教授所写的题为《海天冰谷说书人》的书评小品。这飘逸的书名曾经引起少年时代的我的无限遐思。我觉得它谈论的可能是一个世界，或是一个星球，至少是一处世外桃源，那里的天空蔚蓝，冰川如同水晶珊瑚的丛林，湖水摇动着古堡的倒影，惊飞了水面的鸥鹭。

《海天冰谷说书人》是这本书评集中的一篇，它介绍的是一位即便是在英国也鲜为人知的散文家，乔治·迈凯·布朗（George Mackay Brown, 1921—1996）。他的知名度小到了离开他的故乡——在大西洋和北海交界处的天涯海角，奥克尼群岛——在英伦三岛都一书难求。他的很多书只印了一版，其中翻译成中文的更是只有一部，在二十世纪五六十年代的一套内参性质的世界文学丛书当中昙花一现。

乔治·迈凯·布朗好像就是我所说的那种人，他博闻强记，对人类文明的规律了如指掌，但是返璞归真，忠于自己心之所求。历史意志对凡人的蛊惑总会有挫败的时候，因为意志的决定力太绝对，所以个别人生追求的持不同意见者，会反过来将抵御历史意志的成就看成人生的价值之所在。这也是我如此编写本书目录的意图：在务实的历史以及受务实历史意志所掌控的大多数人看来"失败""无用"的这些人，杜甫、卡夫卡、伍尔夫，他们其实在历史知识的层级消费中居于极高的层次，这种层次高到了他们开始思索历史、怀疑历史，甚至对抗历史，在历史意志的惊涛骇浪之中为一个大写的"人"字谋求顶天立地的立足之点。总有鱼会试图离开水，走上陆地的。

仅凭这种探索，这些先辈也值得追忆。对于人类文明的逝水年华来说，这始终是一种优雅的回忆。

乔治·迈凯·布朗已然作古二十余年。我少年时，在《海天冰谷说书人》中初次了解到斯人斯事。苏格兰人有围着火炉讲故事的传统，恺蒂评价布朗的文风"空灵、流利、干净，他的英文如阳光下透明的海水那般清澈，水下的鹅卵石历历可数；又如冰谷里的铃声，悦耳，锐利，遥遥传来，有些野气，使人耳目一新"[1]。正是这种海天冰谷、不滞于物的特质，令我从少年时就心仪久之，这种仰慕至今不渝。而今已近知天命之年的我似乎又重新找到了负笈求学时代的某种浪漫，为了寻找一本《安德莉娜及其他小故事》(*Adrina and Other Stories*) 而费尽心机，上穷碧落下黄泉。布朗因为太过不求闻达，他的著作——更何况是指定这一本——在中国、日本、美国和欧洲各国，都已然很难觅其芳踪。茫茫寻觅之后，我的学生在欧洲一个无人问津的旧书网站帮我购得一本，它才出现在我的案头。掩卷而吁，我少年时的猜想没有错，空灵、洁净而寂寥的文风，宛如碧空如洗下的流水。我们来看看《安德莉娜》这个小故事结尾的这几句话：

> 以后，每每凝望着炉火，我都会想起那个冬日，那位来访者带到我门前的那幽光、那新芽、那清露，夜复一夜，我总是想象着她是如何总随着第一道晚光夜影、第一缕星海辉映萧然而来。然而，在那里，在她化为飞尘之处，新的一天正在喷薄绽放，地与海光彩重生。

这似乎也若有若无地揭示了布朗在俗世的名利之中没有斩获

1　恺蒂：《海天冰谷说书人》，敦煌文艺出版社，1994，第 3 页。

的答案：初秋晴朗的碧空裹挟着轻纱也似的白亮阳光涌进我的窗棂，宛如光的激流，俗世的载驰载驱并不是对所有人而言都那么重要。谁终将震撼人间，必长久深自缄默；谁终将点燃闪电，必长久如云漂泊。

跋

本书之付梓，首要感谢我的妻子。夫人无微不至地给我营造的生活氛围舒适而宁静，这是一种平淡的幸福。在生活清贫的日子里，获悉我和编辑商谈出版事宜时，夫人首先问我出版需要的匮资是否充足，是否需要她动用体己相助。这种不问成败的无条件支持令人永志难忘。多少个时光悄然流淌、光影游移的白昼时分，壶中的茶水汩汩作响，宠物兔和猫在房间里悄无声息地游弋，这是最适宜心无旁骛地沉思的环境。

致谢我的老友艺术社会学家蓝庆伟、王娅蕾夫妇。老同学庆伟、娅蕾在上一本书的宣传及这一本书的准备中，不遗余力地奔走襄助，这种急人如己的热情大有古风，令人感动。

致谢我的母校中国美术学院为本书的出版慷慨解囊。致谢老领导、中国美术学院影视与动画艺术学院苏夏院长的从中玉成。致谢老同事丁炬老师襄助本书出版工作的奔走。

致谢老朋友、旅美归来的极简主义作曲家、华南师范大学潘行紫旻教授为本书作序。潘博士热心帮助拙作在知乎平台上推广，斡旋知乎讲堂推出我上一本书书评介绍的有声读物。我十分珍视这一次机会，知乎平台的推广是一种考验，对于我来说，这是思想观念的当代史书写的一种活泼方式。

致谢好朋友西南民族大学翟一涛教授、中国美术学院的刘智海教授和杨振宇教授，为我安排了多次讲座和研究生课程，得以一抒己见，诚为快意。

致谢老朋友中国美术学院金石、宣学君二教授，长日多有教于我，海阔天空，以剑论禅，每每带来茅塞顿开的灵感。

致谢独立插漫艺术家殷舒女士，助我推敲日语诗句的词意问题。致谢我的学生、旅法动画艺术家叶子菁女士。我为了搜寻乔治·迈凯·布朗的一本冷僻著作而四方寻访、白头搔更短的时候，子菁觅到一本，直接替我买下，着朋友捎回国内。对于我的郑重感谢，她却一笑了之，随即岔开了话题。

二十余年以降，我想念我的母校，杭州大学。虽然这个名字早已随着人间世的风雨流年湮没于历史之中，但每每午夜梦回新生报到的那一天，第一步踏入青葱校园，花阴微雨鲜，还历历在目，好像昨天的事。杭州大学化学系附近有一个人工小湖，水泥的紫藤花架围了一圈，滤下纤细的秋日艳阳，宛如飘羽般轻柔。入学第一天路过这个小湖，心想"以后课间来这里坐坐，倒是不错"，可是转念间已然身在毕业典礼的会场；弹指一挥间，更是须发花白，年近半百，紫藤小湖天光云影一如既往，未尝踏足还是未尝踏足。一日日任由它飘摇的萍影映绿了湖畔教室的窗棂，随着微风在波光中动荡，像是在聚，又像在散。

我长吁短叹地将此事说给同学听，得到的反应都是大吃一惊：原来他们也曾想过在湖边徜徉该是多么惬意，原来他们的眼角也被鱼尾纹刻深，原来他们至今也没有得偿所愿。

从此我将那片紫藤花瓣不时在水面砸出点点涟漪的湖水（还有历史系教学楼边一处草木葱茏的小花园）看成自己心灵的圣地而再也不想轻易踏入，远远一瞥足矣。伟大触手可及，神秘近在咫尺。我学会了小心地呵护这些近在眉间心上而又容易熟视无睹的奇迹，它们为沉湎于思考的人生提供了一种胶着的氛围，但是大多数人却张开十指，任由它白白流走。

在那个宛如迷宫般的小花园旁边、藏书汗牛充栋的历史系教学楼里面，我度过了我的青春最美好的时光。《睹物》这本书的撰写，是对这段艰难但锲而不舍地思考的负笈岁月的一种回应。在大学时代，我师严建强教授传授的"博物馆学陈列设计"和"史学理论"两门课对我影响最大，至今令人沉思，不绝如缕。

这两门课的融会贯通之处在于，博物馆学通过展示语言对物品的解释，可以引申为历史文本中历史修辞对历史事件的解释。经过统计我们发现几乎一切存在，词与物，都有一种以上的解释。方向、立场和用心，往往南辕北辙。

这样一来，再像传统的历史解释方式那样，将一个东西是否存在、它存在的真正意义是什么，看成历史叙述的终极标准，这就很值得思量了。就好像我在文中提到的那个关于嵌错赏功宴乐铜壶的例子，解释来自各个方向，而且都有道理，没有谁对谁错；根据《蒙娜丽莎》那高深莫测的微笑演绎出来的各种故事，包括那个认为《蒙娜丽莎》其实是达·芬奇自画像的传说在内，都是齐东野语，没有对错，不能证明和证伪。

同样的，牧野之战、拉美西斯二世征服叙利亚、莱克星顿的枪声对于历史知识的消费者而言都是无法眼见为实的往事。历史是"自在"的，同样不能证明和证伪。

历史不提供任何证据，它不屑于被凡人信任，因为历史不信任凡人。

所以，凡人最好也不要无条件地信任历史。

历史是非黑即白的，但是它难以捉摸；历史知识和历史叙述最容易被混淆和曲解，它却是我们唯一可以把握的东西。为了确保这种把握尽量不要出现偏差——这种要求是人之常情，但毫无疑问也是一厢情愿——我们只能寄希望于历史知识的叙述者学识渊博、志趣高雅，并且不那么急功近利。

于是，除了发生过的历史之外，我们又有了一部正在叙述的历史。这"正在"二字则暗合了克罗奇在《历史学的理论和实际》中的那句话：一切历史都是当代史。我们也有了种种不一而足的、关于这种叙述的清规戒律，它们上升到道德层面，被要求奉行不移。

历史知识（回忆、辨别和叙述）从历史中无中生有，历史道德（阐释、修辞和赋格）又从历史知识中无中生有。不知道什么时候开始，我们已经泥足深陷于一种完全虚幻的语境方式之中，为了规则而证明规则。

我将这些规则的某种形而上的统计状态想象为一个晦暗的地下的神，他掌控一切。然后我在一个晚上梦见了他，形如尼德兰地方的一种苔原野兔，耳朵毛茸茸的，嘴巴里吧唧吧唧，好像永远在咀嚼着什么。

从此人类思想的自由被托付给这位谱系外的、名不见经传的神，也许谱系本身也只是它的一种想象而已。不被它——这只兔子——所喜闻乐见的思想，譬如马克斯·恩斯特艰涩阴暗的画作、乔伊斯无人通晓的文字和普鲁斯特令人生烦的喋喋不休，虽然也会出现在世上，但因为对兔子没有用，凡人们因而秉遵兔子的授意，漠不关心，厌于卒读，口诛笔伐。

这不是我说的，这是前文提到过的、博尔赫斯在《关于犹大的三种说法》里的话：

上帝

　　吩咐人们

　漠然置之。

　不希望他

可怕的秘密

在世间传播。

一种思想是否给予我们自由思考的可能性，无论是在思想还是在思想者，都是区分良莠的标志。我敬重博尔赫斯，如同敬重空气和水。

博尔赫斯的诗意已经成为我生命中熔铸血脉的某种东西，就好像他曾经写过这样一首俳句：

这些雨

也落在了

昔日的哪一天？

迦太基的

哪一所庭院？

我时常吟着这首诗，沉湎于对往昔的伤怀而不能自拔，眼神迷离，嘴里念念有词，俯视着窗外的流水。这小河多么平静，河畔的树冠几乎和水中的倒影连接在了一起，宛如绿色的城垣。动荡着的波影倒映在窗棂，多少个平静而从容的夜晚，就这样终焉于它举棋不定一般的、飘摇的、激滟的水光。

我养的那只硕大无朋的宠物兔去世好几年了，在为了纪念它而写的上一本书出版之后，我又写了这本书。在窗下水光的辉映中奋笔疾书，有一种令人踏实的被注视感。水光就是时间的魅影。司管日夜之灵，通晓万物之理，宁静地、沉默地引导大气的流动。

——2018 年 10 月 9 日于杭深飞机上

图书在版编目(CIP)数据

睹物：历史的展示及其层级消费／梁超著. —桂林：
广西师范大学出版社，2020.5
ISBN 978 – 7 – 5598 – 2449 – 3

Ⅰ. ①睹… Ⅱ. ①梁… Ⅲ. ①历史哲学 Ⅳ. ①K01

中国版本图书馆 CIP 数据核字(2019)第 280799 号

出 品 人：刘广汉
责任编辑：刘孝霞
助理编辑：宋书晔
装帧设计：宣学君

广西师范大学出版社出版发行

（广西桂林市五里店路 9 号　　　邮政编码：541004）
（网址：http://www.bbtpress.com）

出版人：黄轩庄

全国新华书店经销

销售热线：021 – 65200318　021 – 31260822 – 898

山东韵杰文化科技有限公司印刷

（山东省淄博市桓台县桓台大道西首　邮政编码：256401）

开本：890mm×1 240mm　1/32

印张：12　　　　　　字数：290 千字

2020 年 5 月第 1 版　　2020 年 5 月第 1 次印刷

定价：58.00 元